SOCIAL WORKER

ソーシャルワーカーのための
病院実習
ガイドブック

村上須賀子
竹内　一夫
横山　豊治　編著
前田美也子

勁草書房

はじめに――本書の特徴と使い方

　本書は医療現場のソーシャルワーカーと大学の教員らが「医療ソーシャルワーカーの養成のために」という，一点の目的のために，力を合わせて創り上げた実習ガイドブックである．

　病院でのソーシャルワーク実習は精神科医療分野を除いては体系化されておらず，未整備分野であった．2006年，社会福祉士養成課程における社会福祉士実習の指定施設に「病院・診療所・介護老人保健施設」など医療機関が加わったことで医療分野のソーシャルワーク実習は新たな展開を求められる時代となった．

　養成校と実習施設の契約は，実習先確保をめぐる競合の厳しさもあって，おおむね，前年度に終了しているのが一般的である．したがって，医療分野のソーシャルワーク実習は2007年度に本格化したといってよい．

　そこで，現場の医療ソーシャルワーカーには，実習依頼を受け，「何をポイントに，どんなプログラムで指導していけばいいだろうか」「目標をどのレベルまで求めて，その評価は？」と，戸惑いと疑問が起こることが想定された．他方，養成校においても，新たな教育プログラムとシステム構築への取り組みが急務であろうと思われた．

　必要とあらば，自らの知恵の最大限の提供を試みる．そうした，ソーシャルワーカー魂から，本書は生まれた．

　執筆陣が医療ソーシャルワーカー実務経験を持つ教員であり，病院実習が始まる以前より，実習指導を先駆的に取り組んできた医療ソーシャルワーカーたちであることから，病院実習に関わるあらゆる局面の疑問に応える構成となっている．

　心がけたのは，体験を基にリアルに記述することである．

　第Ⅰ部の事前学習基礎編では「医療福祉論」「医療ソーシャルワーク論」の講座を開講していない養成校での，病院実習前教育のテキストに見合う内容とした．社会福祉士養成課程では分野論である「医療福祉論」が必修とされていない現状を補完させる意図から患者理解，医療という場の理解を配している．

　第Ⅱ部は，病院実習に新たに取り組む養成校，また新たに実習生を受け入れる医療機関のソーシャルワーカー向けに，その手続き・方法・システムづくりのノウハウを具体的に盛り込んだ．特に，第Ⅱ部4章で取り上げた「実習で体得すべきこと」では，学ぶべきテーマに関して養成校教員側の意図と，実習指導者側の持つ，医療ソーシャルワーク実習についてのコンセプトとを双方向から執筆することにより，具体的，立体的に捉えることができるように目標内容を解説している．そして，7章の実習実践例では，養成校教員，実習指導者に加え，実習生の

記録も織り込み，実習のありさまを，三者のトライアングルで示している．実習本来の姿である，実習生と実習指導者，それに養成校教員とで，織り成す「学びの創造の協働作業」を紙面化したといえる．これが，まさに，本書の構成のコンセプトである．

　本書の執筆陣は40名あまりである．本書を利用して，実習プログラム開発・実習システムづくりなどの研修の機会があり，招請していただければ幸いである．

　本書は新たな実習体系に間に合わせるために，急遽編集したものである．今後，病院での実習実践が数多く蓄積されるであろう．それらの実践を基に，本書がより豊かに充実していくことを願っている．

　それらの取り組みが，真の医療ソーシャルワーク実習の足がかりになればと考えるのである．

　　　2007年　春

村上須賀子
竹内一夫
横山豊治
前田美也子

目 次

はじめに──本書の特徴と使い方 …………………………………………………………… i

序　章　医療ソーシャルワーク実習はなぜ必要か ………………………………………… 1
　　　　1　医療ソーシャルワーク実習はなぜ必要か　1
　　　　2　医療ソーシャルワーク実習の目的　4

第Ⅰ部　事前学習基礎編

第❶章　利用者理解 ……………………………………………………………………… 11
　　　　1　病むことの意味　11
　　　　2　病のステージ・過程　14
　　　　3　現代の病者の環境と医療ソーシャルワークの課題　17

第❷章　病のプロセスとソーシャルワーカーの役割 ………………………………… 21
　　　　1　急性疾患と医療ソーシャルワーカー　21
　　　　2　慢性疾患と医療ソーシャルワーカー　25
　　　　3　終末期ケアと医療ソーシャルワーカー　27

第❸章　医療機関という場の理解 ……………………………………………………… 33
　　　　1　病院というところ　33
　　　　2　医療の現状と制度改革　37
　　　　3　患者の経済負担と診療報酬　40
　　　　4　病院の種別と医療チームでの役割　42

第Ⅱ部　実習編

第❹章　実習準備【養成校】…………………………………………………………… 51
　　　　1　医療ソーシャルワーク実習システムの構築　51
　　　　2　実習のシラバス例　55
　　　　3　実習ノートの構成　63
　　　　4　事務手続きの流れ　66

目 次

第❺章 実習準備【実習現場】……………………………………………71
1 組織内の事前調整 71
2 実習プログラム・病院例 73
3 実習プログラム・介護老人保健施設例 77

第❻章 実習準備【学生】……………………………………………………81
1 医療現場での問題 81
2 闘病記に学ぶ 84
3 辞書，用語集 87
4 実習計画書 91
5 実習希望病院の状況理解と地域での役割の理解 93

第❼章 実習で体得すべきこと…………………………………………99
1 利用者理解 99
2 医療ソーシャルワーカーの役割の理解 103
3 医療機関での態度・マナーの理解 109
4 院内連携 111
5 地域連携 117
6 コミュニケーション・面接技法 121
7 自己覚知 128
8 スーパービジョン 132
9 秘密の保持 138
10 記録 142

第❽章 さまざまな実習の場における学びの特徴………………151
1 総合病院 151
2 リハビリテーション医療施設 154
3 療養型医療施設 156
4 介護老人保健施設 159

第❾章 実習教育の評価と実際…………………………………………163
1 教員と医療ソーシャルワーカーによる評価基準 163
2 実習生からの評価基準 167

第❿章 実習実践例………………………………………………………171
1 養成校と施設の連携──大阪社会医療センター付属病院実習の例 171
　（1）私の実習体験──現大阪市立大学医学部附属病院MSW 171
　（2）私の実習指導者体験──大阪社会医療センター付属病院MSW 174
　（3）実習指導教員の立場から 176
2 医療という場の理解──日野田中病院実習の例 179

　　　　（1）私の実習体験――現呉共済病院MSW　179
　　　　（2）私の実習指導者体験――医療法人社団康明会常務理事（元MSW）　184

第⓫章　実習のまとめ ……………………………………………………………………187
　　　1　事後学習の進め方――自己覚知を深めるために　187
　　　2　実習報告書　191
　　　3　実習報告会――大学主催で実施する報告会　194

第⓬章　地域職能団体の取り組み ………………………………………………………199
　　　1　愛知県医療ソーシャルワーカー協会　199
　　　2　職能団体による実習報告会　203

終　章　社会福祉士養成課程における病院実習の意味 ………………………………207
　　　1　社会福祉士養成と医療ソーシャルワーカー業務との関係　207
　　　2　社会福祉援助技術現場実習の医療機関への拡大　209
　　　3　新たな段階に入った医療ソーシャルワーク実習　211
　　　4　これからの医療ソーシャルワーク実習のあり方　212

【資　料】
1　医療ソーシャルワーカー業務指針　217
2　養成施設における指定規則　225
3　医療ソーシャルワーカー養成課程におけるカリキュラム例　227
4　社会福祉士及び介護福祉士法の一部を改正する法律案の要綱　231

事項索引 …………………………………………………………………………………233
人名索引 …………………………………………………………………………………238
執筆者一覧 ………………………………………………………………………………239

序章 医療ソーシャルワーク実習はなぜ必要か

1 医療ソーシャルワーク実習はなぜ必要か

(1) 対人援助専門職の養成教育

　対人援助の専門職には，医師，弁護士をはじめとして様々な職種があるが，その養成教育のしくみも多様である．

　たとえば，医師の場合は6年制の医学部医学科における養成教育の中に臨床実習があるが，医師法の改正により，2004年度からは卒業して医師国家試験に合格した後にも2年以上の臨床研修が義務付けられている．

　他方，弁護士になるためには，難関の司法試験に合格した上で司法修習を受けなければならず，法科大学院が2004年度からスタートしたことによって，その修習期間は「1年4ヶ月以上」から，「1年間」へと短縮化されつつあるが，その間に10か月間，地方裁判所・地方検察庁・弁護士会という司法の現場に配属されて，実際の事件の取扱いを体験的に学んでいる．

　医療技術職のなかでは，長年，4年制の薬学部で行われてきた薬剤師の養成教育が，2006年度から6年制に移行した．

　専修学校から始まった看護教育では，1992年度まで全国に10校しかなかった4年制大学の看護学科が，2006年度には143校となり，2007年度にはさらに12校増えて155校に達する．学士レベルの看護職養成課程が15年間で実に15倍に増えたことになり，教育の高度化が全国規模で急速に進んでいるといえる．

　こうして近年の専門職養成をめぐる動向が目まぐるしく変化している中で，保健医療の現場で働く社会福祉専門職である医療ソーシャルワーカー（MSW．以下同様）を育てる教育は，どのように行われているのであろうか．

　少し前まで，MSWたちのなかには，他職種の同僚などから，「え，医療ソーシャルワーカーの資格制度はないの？」と意外な表情で見られる者が少なくなかった．実際に，「医療ソーシャルワーカー」の国家資格制度はなく，したがってそれを養成するための公認の教育課程というものもなかった．それでも，病院職員の中では，専修学校・短大卒のコ・メディカルスタッフが中心で，医師，薬剤師以外に大卒者が少ない時代は，「福祉系学部の4年制大卒」ということで，いくらかの信用が得られることもあったが，高学歴化が進んだ現在では，大卒という学歴だけではとても通用しない時代になってきたといえる．

　もちろん，人の生活問題や傷病への不安，そして人の生死にも直面するMSWにとって，深い教養や人間観，多角的にものを見る目などが豊かに涵養されて身についていることは重要で

ある．その意味で，大学での教養教育の意義は極めて高いが，それらも含めて実践に対応できる専門的価値・知識・技術の教育体系が，MSW養成に関しては，21世紀の今に至っても未確立で混沌とした状況であることは，非常に大きな問題といわねばならない．

これまで，MSWとして医療機関に勤め始めた人々は，各大学・学校によって，また各担当教員によって，思い思いの方法による教育を受け，あるいは自己開拓で任意の実習をするなどして，現場に送り出されてきたといって良い．そこには多くの関係者によって，それなりの創意工夫と努力が向けられてきたことは確かだが，MSW専用の養成カリキュラムとして誰もが共有するスタンダードに基づいて行われていたわけではない．

1987年に社会福祉士及び介護福祉士法が制定されたことにより，10数科目の指定科目を中心とした教育については，多くの福祉系大学・学校に普及し，社会福祉士制度に対応した課程を持つ学校は，全国に約300校（4年制大学約190校）にまで広がっている．しかし，同法の制定前に多くの福祉系大学で開講されていた「医療社会事業論」「医療ソーシャルワーク論」というようなMSW養成に関わる専門科目は，その指定科目には含まれなかった．実践のフィールドに対応した専門科目の教育が資格制度から漏れ，実践のフィールドに身を置いて学ぶ実習教育についても，極めて不安定な状況での試行錯誤が繰り返されてきたといえよう．そして，医療ソーシャルワークの専門科目が社会福祉士指定科目に加えられないまま，2006年度から病院・診療所・介護老人保健施設が社会福祉士実習指定施設に加えられたことにより，医療ソーシャルワーク実習のスタンダードを構築する必要性は，益々高まったといえるのである．

(2) 実習教育の必要性

MSWには，患者・家族らの前で相談業務を行うにあたって，また，関係職種や関係機関などと協働，連携するにあたって，身につけておかなければならない専門的な知識や情報，そして援助技術がたくさんある．

たとえば，大学では「社会保障論」という科目の中で医療保障制度のしくみを学ぶが，「高額療養費の支給制度」を活用して自己負担を軽減する方法について患者にわかるように説明することが，大学を卒業したばかりの新人ワーカーにどれだけうまくできるであろうか．

この制度ひとつとってみても，今は昔と比べて負担限度額の計算方法が複雑になり，患者の所得も細かく考慮しなければならなくなっている上に，その患者や同じ保険証に入っている同一世帯の家族を含めて，過去1年間にどれくらい高額療養費の支給を受けているかといったことなども踏まえながら，実際にかかった医療費に応じて支給額や負担額を説明しなければならず，かなり実践的な知識と説明力が求められる．

また，同じことを説明するにしても，相手の理解力やワーカビリティ（クライエント自身が支援を活用する能力），あるいは説明を聞いたあと自分で実際に必要な手続きを取れるかどうかといった行動力やソーシャルスキル（社会生活技能）がどれだけあるか否かなどによっても，支援の仕方や関わりの程度を加減しなくてはならない．

患者本人に心身の機能低下がある場合，家族から詳しい事情を聴いたり，説明をしたりしなければならないかも知れない．しかし，家族がいない1人暮らしのケースであったら，どうしたら良いか．また，このような医療費をめぐる経済的問題をきっかけにして介入を始めたことによって，複雑な家庭背景や生活環境の問題が見えてきて，退院後の在宅生活再開に不安が予想されるようになったとしたら，MSWとしてどう対処したら良いか．

そのように，患者の社会的側面の問題やパーソナルな問題に対して，様々な判断が問われたり，臨機応変な援助行動が求められるのが，MSWの仕事である．

そして，患者の経済的問題の解決や社会復帰に向けた援助を行う上でも，その人の病状や回復見通し，継続的に必要となる体調管理や医療的管理の内容といった医学的・医療的な側面の情報にも理解が必要となる．

たとえば，傷病の後遺症が重く，障害が残るからだとなった場合，機能回復に望みをかけていた患者本人は，医師からの説明に対して，障害の受容ができず，自暴自棄的になったり，リハビリ治療への意欲を失ったりするかも知れない．その人の不安の先には，職場への復帰が絶望的になったことに伴う経済的な不安や生き甲斐の喪失といった心理的な危機があるかも知れない．そのような状態にある人を支えていくには，病気や障害を抱えることの不自由さや不安を共感的に理解できるだけの心身機能に関する知識も必要になる．

そう考えると，MSWは，人の心理面・身体面・社会面の3つの側面に目を向けなければならない職種であるといえる．

したがって，このように傷病によって心理社会的に困難な状況に直面している人たちを支援するMSWは，社会福祉学を学問的な基盤とするソーシャルワーカーでありながら，福祉施設・機関の相談員職よりも，保健医療に関する知識は当然，詳しく必要とされるし，専門的役割の異なる複数の職種がチームを組んで患者の健康回復に努める病院という組織のしくみや特性も，把握していなければならないのである．

それらを体得するには，大学・学校の中での授業だけでなく，実際にMSWが患者・家族とどのように接し，対応しているのか，また，患者・家族はMSWのもとを訪れるときに，どのような表情で来室するのかといった基本的なことから現場で直接学ぶ必要があり，そのために，MSWになろうとする人には病院実習が欠かせないのである．

MSWの仕事には，患者・家族との面接相談だけでなく，院内・院外の様々なところと電話や文書で連絡を取り合ったり，調整をしたりしなければならないことがあり，傍で見学しているだけでは見えにくい部分もある．そうした仕事の1つひとつにどのような意味があって，全体として患者の支援に結びついているのかをつかみ，自分でも適切な判断と実行ができるようになるためにはどういう努力をすれば良いのか気づけるような実習経験が，多くのMSW志望者に望まれる．

2 医療ソーシャルワーク実習の目的

(1) 社会福祉実習と医療ソーシャルワーク実習

　社会福祉士の資格が制定されたことによって，ソーシャルワーク実習がその専門職養成に不可欠な要素であることを世に示すこととなった．しかしながら，医療機関は長年にわたって，社会福祉士としての受験資格に必要とされる実習の指定実習先には入れられることなく経過してきたのであるが，2006年4月に医療機関が指定実習先に追加されたのである．

　この間多くの養成機関，大学では，医療ソーシャルワーク実習を資格とは直接的に関わらない任意実習として位置づけ，実習に関する単位認定もまちまちであった．

　このことは，「任意実習であるから」，という安易な捉え方で実習に望む学生を生み出すもとになったり，逆に「任意実習であるがゆえに」，自らの選択によって，確固たる目的意識を持って実習に望もうというタイプの学生を作り出す要素となってきた．

　また大学は，社会福祉士，精神保健福祉士養成のための指定科目の授業の実施展開に時間をとられ，非常に窮屈なカリキュラム構成の中で，医療ソーシャルワーク実習への教育を行ってきたといえる．

(2) 社会福祉士が医療ソーシャルワーク実習を行う意味

　多くの学生が指定実習を行う高齢者施設，障害児・者施設，介護福祉施設等の利用者は現象的には症状固定という状況にあったとしても，そこに至るまでの健康状態や現在の健康状態によって，利用者個々人の社会生活への参加度は大きく異なっている．実習に赴く学生は，社会福祉施設ではその結果としての状態を見ることとなっているのである．

　その状態に至るまでには，多くの支援と，本人たちの努力と，家族の力添えがあり，本人や家族の葛藤を経てきているのであり，この状況をいかにいきいきと理解し，またその意味することの重さを受け止めていくかが，本来社会福祉施設での支援には不可欠なのである．

　しかし社会福祉士の実習では，この種の医療ソーシャルワーク実習の経験は求められておらず，医療における援助の実体験を持たないままに，実習を終え，現場に入って行ったのである．

　このような状況から，本当に1人ひとりの生き様に寄り添った支援ができるのであろうか．

　現状の事前学習では，医学一般という科目の学習が設定されているだけであり，人が生活するうえで，それぞれの病気がどのような影響を及ぼし，それが社会活動をどのように制限していくのか，また，それらの病気は人の心理にどのような影響を与えるのか，後遺症としてはどのようなことが考えられ，その状態を乗り切っていくにはどのような手立てが必要なのかを，学ぶところまでの時間的余裕がない．

　これまでの学習が病気を知ることで終わっていたとするならば，医療ソーシャルワーク実習が制定された，これからの実習による学びでは，人が病気であること，病気になることの意味

とその現実を，実習という実体験を通して理解することとなり，単に，これまでのような知的学習で終わることではなくなっていく．実体験による学習，ここに医療ソーシャルワーク実習実施の大きな意味が存在するのである．

(3) 医療ソーシャルワーク実習の目的

　私たちは健康であることをさほど意識しないで，日々の生活を送り，それが当たり前のように感じているが，果たしてそうなのであろうか．ミクロのレベルで見るならば，さまざまな脅威にさらされながらも，各自に備えられた維持機能によって，何とか健康というバランスを保っているというのが，私達個々人の健康状態の実情であろう．何らかの折に，この均衡維持作用が崩れ，発病するにいたると，健康ということがいとも簡単に崩れるものであるのか，再び健康という状態を取り戻すためには大変なエネルギーが要るものであるのか，時には再び健康というものを手に入れられなくなり，慢性的に病を持ちつつ生活を送る羽目になる，ということを学ぶのである．

　医療ソーシャルワーク援助は人々が健康という状態の維持に失敗しない様に支援をしたり，不幸にして病を持つにいたったときにも，できれば再び健康を保持するための種々の取り組みを支援したり，たとえ健康を回復できなくても，いかにしてその生活を維持していくかの取り組みを支援することにある．

　医療ソーシャルワーク実習の目的は，医療ソーシャルワーク援助のプロセスがどのように組みたてられるのか，そこにおける援助の視点，利用者やその家族の葛藤や生活の理解と支援等を学ぶことにある．具体的には以下にまとめた6点が，医療ソーシャルワーク実習の中心的な目的ということになろう．しかしこの6点がすべて各自の実習目標に設定できるわけではない．実習生個々の能力，実習前の準備状況，実習期間中の利用者の状況，等々によって，いくつかに限定されることもある．また当初から計画的に目標を限定して，実習を進めるということもありうる．以上を前提に，各目標の内容について概説する．

1) 病気になること，障害を持つことを理解する

　病気を知り，障害を知ること，すなわちその状態を理解することは，利用者とその家族を理解するうえで，重要な情報ではある．何が原因で，その症状はどのようなものであり，どのような経過をたどり，どのような治療が必要なのか，その治療や，診断確定のための検査は，どの程度の身体的，精神的な負担を与えるものであるのかということがわかってはじめて，病気や障害そのものが，利用者やその家族にもたらす衝撃の度合いについての理解ができる．しかし医療ソーシャルワーク援助のためには，これらの情報だけでは不十分なのである．なぜならこれらの情報からだけでは，その生活への衝撃度が掴めないからである．病気になること，障害を持つことの意味は，1人ひとりの利用者のそれまでの人生での経験，そこで培われた価値観，家族や友人の支援，利用者やその家族の性格特性などによって大きく変化するからである．これらの情報を総合的に把握することで，その利用者がまたその家族がそれからの生活におい

てどのように対応していくことになるのかが予測でき，それに基づく支援の可能性を検討することが可能となるのである．

2）利用者，家族の療養への取り組み，その生活にかかわる問題について理解する

利用者や家族がどのように療養生活に関わっていくのかは，①で取り上げた衝撃の強さによって異なるであろうし，さらに，利用者や家族が，その生活の中で何に重きを置いているのかによって，さまざまに異なってくるであろう．それまでの彼らの相互における情緒的なつながりの強さや，物理的な距離の近さ，また共に過ごした時間的な経緯によって，療養への取り組みも異なってくるし，利用者の年代によっても，療養によって生じる問題の種類は異なってくる．援助者として予測できる問題と，利用者やその家族が予測している問題との間に大きな隔たりが見られることも多々あるが，専門職の意見を一方的に押し付けるのではなく，利用者のペースをにらみつつ，問題を捉える視野の拡大への支援を提供していくことの必要性を学ぶことも必要となる．

3）患者（利用者）とその家族の支援のあり方について理解する

医療機関に通院したり，入院して治療を受けたり，またリハビリテーションに取り組んだりしているのは，利用者本人ではあるが，その利用者は，その家族システムを構成する一員であり，その観点からすると，家族全体，すなわち利用者が所属する家族システム全体が病んでいることになる．このように考えると，利用者，家族をそれぞれ個別のものとして考えるのではなく，互いに影響を及ぼしあっている家族というシステムを構成するパーツと捉え，それぞれ固有の目的を遂行できるように支援するとともに，家族というシステムとしての目的遂行のための支援を，平行して行っていく必要がある事を心に留めておかなければならない．この視点を欠くと，患者は回復したが，家族は病んだという結果を招くことになるのである．

4）人が生きることの意味を再確認する

医療機関は常に，「生」と「死」が並存している場であり，時には待ち望まれた新しい生命の誕生に立ち合うこともあれば，時にはその人の思い半ばにして，その人生を閉じていく，無念さの思いがひしひしと伝わってくるのを受け止めながら，利用者の最期に立ち合うこともある．さまざまな「生」と「死」に出会い，人が生きていくとは，また自分が生きていくとはということを，問いかけられ，また，自ら問うていくことを迫られるのも医療機関である．

特に医療機関で出会う「死」は，多くの場合，予測を超えた「死」であり，それだけに，本人や家族のさまざまな感情を残すし，医療従事者の感情を動かすものでもある．したがって，関わる専門職として，自らの感情に流されない支援を行なうためにも，各自の死生観を見つめる努力が必要とされる．

5）根拠に基づいた支援のあり方を学ぶ

医療機関でのソーシャルワーク援助は，日本の医療行政の動きとともに大きく変化してきた．病院の機能分化に従い，MSW個々人が在籍する医療機関が，どのような機能を遂行しようとしているのかによって，治療法や入院期間が変わり，それによって利用者への関わり方，援助

に費やせる時間が変わってくる．またその医療機関の機能によって，他専門職から求められる援助内容も大きく変化する．さらに医療が医療に関わる情報提供と，利用者の理解に基づいた同意によって（インフォームド・コンセント）展開されていくことが求められているが，この理解に基づいた同意を得るためには，根拠に基づいた医療や検査（Evidence-Based Medicine）の実施が不可欠となる．このような環境の下でソーシャルワーク援助を提供するということになると，その援助も利用者が納得できる根拠に基づいたソーシャルワーク援助でなければならなくなる．短期・課題解決型の支援を中心に，ケアマネジメントや危機介入などの理論に基づいた支援方法の熟達と，その適切な使用ということが，これからのワーカーには益々求められることとなろう．

6）チームケアの必要性を学ぶ

科学の進歩に伴って，医療がこれだけ専門分化していくと，1人の医師がすべてをこなすことは到底不可能であるし，医療を支える専門職も，医療の分化に従って細分化されてきている．医療ソーシャルワークの援助も，対象とする利用者の疾病の特長によって，支援の方法や内容を変えていくことが必要であろうし，各疾病特有の利用者の心理や，家族の抱える問題にMSWも精通していくことが求められる．また，クライエントの立場に立てば，自分たちのことが一番わかっているのは自分たちであり，その意見を汲みながら支援のあり方を検討してもらいたいという希望を持つであろう．これもごく当然のことである．介護保険下での，サービス担当者会議に利用者の出席を求めたり，クライエントの自宅で会議を開くことが求められるのも，このような考えに基づき，「利用者にもっとも詳しい専門家」として利用者を位置づけている．

医療現場もこのような観点から，これまでの医療従事者（専門職）だけにとらわれない家族や，利用者を含めた医療チーム（ケアチーム）を構成し，援助に取り組んでいくことが必要とされている．

（4）さらなる専門性の学び――専門職としての価値，倫理を学ぶ

すべての領域のソーシャルワーク実習に共通するが，実習期間のすべてを通して，大学や養成機関の事前学習で学んだ，社会福祉専門職としての価値，倫理を医療，看護，リハ，介護等の医療関係専門職の持つ価値，倫理と比べながら，その共通するところと，ソーシャルワーク独自の価値，倫理ということについて，学び，整理していくことも実習における重要な課題である．

自分の専門とする領域の独自性が理解できて，初めて他職種の独自性，専門性を明確に理解することができる．これが達成できてはじめて，他専門職の独自性をうまく発揮してもらい，同時に自らの専門性を発揮することができるようになり，多くの異なる専門職とのチームワークを組むことが可能となるのである．このためにも，実習期間を通じて，自らの，また，他専門職の価値と倫理をしっかりと学ぶことが必要とされる．

参考文献

岡本榮一・小池将文・竹内一夫・宮崎昭夫・山本圭介編(2003)『三訂福祉実習ハンドブック』中央法規出版.

佐藤俊一・竹内一夫編著(1999)『医療福祉学概論』川島書店.

第Ⅰ部
事前学習基礎編

第①章　利用者理解

1　病むことの意味

(1)　主体的に生きることと身体

　私たちは，病気になること，障害を抱えることで，それまであたりまえにしてきた生活が続けられなくなる事態に直面する．「仕事ができない」「学校に行けない」「家事ができない」といったことは，自分のしたいことができなくなるだけでなく，同時に社会的な存在としての価値が低められるようなこととして体験される．その結果，家庭，学校，さらには職場で自分の居場所がない，生活しづらいと感じることになる．

　このように病気や障害により社会的役割が果たせないことで，「自分らしさ」を発揮できにくくなったり，できなくなる．それまでの私と別人になったわけではないのに，病気があることで別のように感じてしまうのである．他人の目から「役に立たない」という評価を向けられたり，保護される生活を強いられることになる．そのことも加わって，なおさら自分で自分のことを低めてしまう．しかし，実際には，身体が病気になったのであって，私が変わってしまったわけではない．ただし，これから紹介するように身体をどのようにとらえるかで病む人の世界を理解することが，大きく異なることになる．

　病気や障害のないとき，日常生活のなかで自分の身体を対象として意識することは限られている．立ち上がるとき，向きを変えるとき，歩き出すときに足や手を対象としてとらえて動かそうとしなくても，身体と自分のとる行動は一体化したものとして体験される．ところが，病気で身体を自由に動かせない人にとっては，身体を対象としてとらえ動かすことをしなければならない．自分の身体と行動が一体化がされておらず，意識的に結合させることが必要になる．そのため，自分の行動に不自由を感じるのだが，それは「自分のあり方が不自由と感じる体験」（佐藤・竹内，1999）となる．こうした身体の問題とは，医療の対象として取りあげられる生物学的な肉体としてではなく，私たちが慣れ親しんでいる生きられる身体として体験される．具体的な例から考えてみよう．

　私がかかわっている日本ミュージック・ケア（集団音楽療法）協会[1]での研修会で，メンバーの理学療法士から次のような事例とその理解が提起された．

　脳梗塞の後遺症ために右片麻痺のある方が，私の担当する保健所のデイサービスのメンバーにいます．その方は，病院でのリハビリテーションを継続して受けていましたが，麻痺側の方はいくらリハビリをしても動かせないままだったそうです．ところが，デイサービスのプログラムで

> ミュージックケアの実践のなかで，気がついてみたら音楽に合わせて手を動かしていたのです．同時に，驚いたことは，今まで他人に麻痺側を触れられることをとても嫌がっていたのに，そのときは触れられることを嫌がらずに他者を受け入れることができていました．このことを，どのようにことばにして伝えたらいいのか，私にはうまくできません．

　私は，彼の話を聴いて，次のようなことを感じ，研修会のなかで明らかにしていった．
　健康なとき，私たちは手の先まで自分であり，同時に手の先までが自分であるなどいうことを確かめてもいない．しかし，不自由となった右手は，自分の身体であるのにもかかわらず自分のものとして感じられなく，異物としての対象でしかなかった．それが，音楽に合わせて動かせたことで自分のものとなった．右手が自分の主体として戻ってきたのである．当然のことだが，自分にとっても主体とならないものを他人から触れられることは嫌なことである．自分のものとなったことで，右手は異物としての客体から主体になったのである．右手と行動が一体化されたことで，利用者は自由になり，主体的に生きられる第一歩となった．
　こうした例からわかることは，病気やケガによる障害のために身体を対象としてしかとらえられないことで，身体機能の問題としてだけでなく，主体的な生き方ができなくなるという課題となる．健康であたりまえに行動できていたときには気づかないことだが，実は身体が私たちの行動を可能とし，さらに個々のその人らしさの基本を支えてくれているのである．このように利用者をトータルに理解することが，保健医療分野におけるソーシャルワーカーの視点として必要となる．

(2) 苦悩することで生まれる生きる意味

　病気になること，障害を生きること，老いていくことは，誰もが人生のなかで直面することである．私たちは，そうしたことを不幸なこととし，避けようとする．そのために予防という観点から保健医療・福祉サービスがあり，また困ったときに対応するサービスの充実が求められている．専門サービスの質が高められることは，利用者にとって役立つものであろう．ただし，いくら提供されるサービスがよくなっても，その人の人生の質（quality of life）[2]が高められ，「生きていてよかった」と感じられるものにならなければ意味がない．したがって，これまでの良質なサービスを利用することで人生の質を高めるという発想からではなく，まず人生の質を高める生き方をハッキリさせ，その実現のためにサービスを役立たせるという発想への転換が必要となろう．では，人生の質を高める生き方とは，どのように実現できるのだろうか．次にそのことを考えてみたい．
　私たちは，病気や障害を生きるなかで，先に示したように身体が不自由となり，自分のあり方が不自由になる．また，有用性という観点からすれば，役に立たない存在として自己を体験する．未来に大きな不安を感じ，不治の病いの場合には死を意識することになる．こうした体験からわかるように，病気であることを受け入れることは簡単なことではなく，病む人は「苦

悩する」ことになる．しかし，「意味への意志」[3]で知られるオーストリアの精神科医フランクル（V.Frankl）は，反対に「苦悩することで意味のある人生を実現できると指摘し，病気になっても得るものがある」(Frankl, 1993)と言うのである．以下，フランクルの考えを紹介しながら，「生きる意味」[4]を考えてみたい．

　もし，私たちは病気にもならず，歳をとることもなければ，今日しなければならないことを，1年後でも，10年後にも延ばしてしまう．しかし，病気によって自分の生命に限りがあったり，さまざまな価値を実現することが制限されることで，私たちは人生の，さらにはできごとの「一回性」を理解していく．そして，この一回性のなかで，私たちは「人生から問われたことに応えていく」(フランクル, 1961)のである．このように，病気になったことで健康なときにはわからなかった人生の質を高める生き方が可能となる．

　もう1つの大切なことが，個人の独自性を表す人間の不完全さに対する考え方である．多くの人は，社会で成功するために，より完全さを求めて生きている．しかし，病気の人にとっては望めることではなく，逆に自分のダメなことばかりに気づくことになる．だが，このダメさや弱さが，実は個人のかけがえのなさを表している．すべての人が完全になれば，完全ということで同じ人になってしまう．フランクル (1993) は「その人のやり方で不完全なのはその人だけです．こうして，積極的に表現すると，ひとりひとりの人間が，なんらかの仕方でかけがえがなく，代替不可能で，代わりのいない存在になる（傍点筆者）」と言う．そして，この代わりのいない存在に「なる」ことで，人生の質は高められるのである．

(3) 自分らしく生きる

　私たちは，簡単に治癒しない病気になったとき，治る見込みはあるのか，治療方法をどのようにするのか，自分の生活をどうするかといったことで苦悩する．エッセイストの岸本葉子 (2003) は自らの虫垂がんの体験から，病いを生きることを「思いもよらぬ局面を，次々と人に提示して，大きな問いを投げかけてくる一方で，それと対極にある些事の連続である」（傍点筆者）と表現している．そして，がんに対する不安は消えないが，日々の生活のなかでの小さな目標に向かって生きることで不安を克服している．彼女がこのように考えられるようになったのは，誰かに任せて決めるのではなく，悩み，苦しみ，さらにいろいろ調べたり，体験したことから，自分で決めるという態度が大切な生き方になると気づいたからである．

　何か劇的な毎日が続くのではなく，不完全な人間が誠実に生きることで独自な生き方をすることができる．そして，私たちの生は，人生の一回性として死において完成することになる．ホスピスケアを展開している山崎章郎 (1996) は，「人生の始まりである誕生は自分では選ぶことはできないが，人生の終わりは自分で選ぶことができるように」と表現することで，誰もが自分の望む場所で終末を迎えられることを訴えている．また，どんな生き方をしたり，思想，宗教をもっていても，「死の前では，人はすべて平等である」(山崎, 1996)と指摘している．そして，このことが正しく理解されれば，死によって生を完成することが可能となる．

私たちにとって死ほど，確実なことはない．ただし，それは死ということで，私たちの生が最後に1つの同じものになってしまうことではない．反対に，死を前にして平等であるとは，フランクル（1993）が自らの体験から教えてくれるように「ナチスの親衛隊に死を押しつけられるのではなく，『死を自分のものにする』こと」なのである．死を自分のものにすることで，私たちは自分らしく生き，死ぬことができる．つまり，生きることの個々の独自性と同様に，死ぬことも個人的なものである．死の前での平等とは，個々が，それぞれの個人的な死に方ができるということである．

他方で，生きる意味の発見も病いを生きるなかでの決断から生まれる．死を前にして，本人が残された日々をどのように過ごすかを決められ，実際に望んだ生活をできることが，まさしく人生の質を高めることになる．それが，人生から問われたことに応える責任となる．フランクル（2004）は「人間は『自分』を決断します．決断存在としての人間は，何かを決断するだけでなく，そのつど自分自身のあり方を決断するのです」と明言している．したがって，病むことは，さまざまなことを失う体験だけではなく，今の自分のあり方を決断することで責任ある生き方ができ，成長する機会になるのである．

利用者の病むことの意味を理解することで，それに応答するソーシャルワーカーの役割が見えてくることになる．ぜひ，苦悩する人とともに歩むことができるような援助者になって欲しい．

2 病のステージ・過程

（1） 病者から患者へ

病者と患者は同義語ではない．私たちはよく経験することだが，疲れが取れない，熱っぽい，時々痛みがあるなど，なんとなく体の具合が悪い感じを自覚してもすぐには医療機関に足を運ばないものだ（図1-1）．

仕事を早く切り上げ，いつもより早く床について，これまでの自己の体験や回復力を頼って様子をみる．また，回りの友人や知人の体験を尋ねたり置き薬を飲んだり，サプリメントを試したりして一時凌ぎをする．それでも回復しなくて，痛みに耐えられなくなった時や，日頃の役割が果たせなくなった時，いよいよ，病人だと思わざるをえなくなり，受診行動に移るのが一般的だ．しかし，具合の悪さが常態化してそのまま放置する場合や，受診とその後の治療に要する金銭の負担，学業，就業への影響など，通常の役割の中断を恐れて放置する人もいる．診療の窓口では，「なぜここまで放って置いたのだろう」と，驚かされる初診者に出会うことがあるのは，こうした葛藤が背景にあるからだ．

要は，医療機関を訪れた病者たちは，このような揺れ動く心情の末にやっと窓口にたどり着いた人々であることを認識しておくことが肝要である．銀行や郵便局の窓口を訪ねた人々とは異なりさまざまな思いをかかえて，窓口に現れているのである．

事故や発作などで救急車で緊急に搬送された場合は病者のみならず家族も，恐怖に近い極度の不安感の渦中にある．

いずれにしても，医師による確定診断がつき，病者である人は，初めて患者になるのである．

図1-1　病気・経験するステージ

	Ⅰ	Ⅱ	Ⅲ	Ⅳ	Ⅴ
決心	症状という体験	病人だと思い込む	受診	患者の役割を認識する	力を高める・リハビリテーション
	何か具合が悪い	通常の役割の放棄	専門家の助言を求める	専門的治療を受け入れる	病人ではなくなる
行動	自己の回復力や体験の活用・自己対応	素人の組織やメンバーから得た素人療法で一時的に納得する	病気の権威ある判断を探し求める．治療手続きを契約する	治療を継続する	通常の役割をとり始める
結果	否定（健康への逃避）→	否定←	否定←	拒絶反応←	拒絶（慢性疾患）←
	↓	↓	↓	↓	↓
	放置	ドクターショッピング	セカンドオピニオン	仮病	
	↓	↓	↓	↓	↓
	受容 →	受容 →	確認 →	受容 →	受容 →

出典：C. B. Germain（1984）*Social Work Practice in Health Care*. p.38を翻訳引用．

(2) 受　診

いざ受診に際しても望む医療サービスの提供を得られるところはどこかと，さまざまな準備過程を経る．診たてのよいところ，優しく，親切なところはどこか，友人，知人近隣の人々やインターネットからも情報を集める．満足が得られなければ，病院からまた違う病院へとドクターショッピングが繰り返される．

(3) 治療・患者の役割を認識する

治療が開始されると，かつて経験もしなかった数々のストレスを受けることになる．

① 医療機関の環境

　　治療の場は医療機器，医療機材を始め，その光景，音，においなど，日頃，接することのない未知なる環境である．手術室，ICUなどは，最たる特殊性があり，それはICU症候群を発症させるくらいの緊張をもたらすものなのである．さらに，見知らぬ専門職がゆきかい，聞きなれない専門用語が飛び交っている．

② 慣れ親しんだ環境からの分離

　　家族，友人，ペットなど，日常生活で親しく交流している存在から一時的にせよ，離れねばならない．自宅の慣れ親しんだ家具，景色，空気などの環境からの分離も大きなストレスである．

③ 病気そのものがもたらすストレス

苦しい症状そのものがストレスである．さらに検査や治療に伴う苦痛や禁止事項にも耐えねばならない．

④ 自己の概念の変化に対する恐怖

病気によってはさまざまな障害を残す場合もある．身体の一部の喪失など外見の変化を伴う場合には特に自己の概念の変更を強いられる深刻なストレスに対面せざるを得ない．また，性的な問題に関与する場合の恐怖感も大きいものである．

⑤ 経済的負担を強いられる

治療費捻出のための負担はもとより，自己が就労できないための減収，家族が就労制限しなければならない場合の減収，治療費外や，保険診療外の経費，交通費など付随して現れる経済負担は思いのほか嵩むものである．

⑥ 地位や，家族内の継続的役割を失う

個人は日常的にさまざまな役割を担って生活している．家庭内の役割，職場の役割，職能団体での役割，地域社会での役割，サークル，趣味の集まりでの役割などなど，個々人により役割の重みや量は異なるだろう．しかし，その個人にとっては，「余人に変えがたい役割」には違いはない．これらの喪失により，自己評価が脅かされ，自己の方向性を失いかねない．

⑦ 中，長期的将来への不安を持つ

特に慢性的な疾患の場合，不確実な将来への不安があり，生活上の中，長期的計画が持てなくなる．未来が語れなくなる．

⑧ 生命，生きていくことへの不安

重大な病気の場合は，「底知れぬ恐怖」と共に生きねばならない．それは限られた命の予後の恐怖という過酷なストレスが持続することを意味する．

言うまでもないが，これらのストレスは相互に影響し，複合的に現れる．

（4） 力を高める・リハビリテーション

治療による症状の除去とともに，あらゆる意味でのリハビリテーションが図られる．身体機能はもちろんのこと，「患者になること」がもたらした依存的な心理・情緒的な傾向や行動パターンに修正をかけねばならない．この際患者自身の力が最も発揮される．動機付け如何によって，それは大きく左右されるものだ．上記ストレスからの解放も含まれるだろうし，生活上の具体的で明確な目標設定が決め手である．

（5） 病人ではなくなる，通常の役割を取り始める

そして，徐々に病人ではなくなり，患者でもなくなる．

3 現代の病者の環境と医療ソーシャルワークの課題

(1) 現代社会環境と病者の関係

　医療ソーシャルワークを必要とする人々とは，どのよう人々であろうか．疾病を抱えたり，障害を抱えるに至った人々すべてが，医療ソーシャルワークを必要とする人々とはいえない．これらの人々が，なんらかの生活問題上のニーズを抱えた時，医療ソーシャルワークが求められる．

　この生活問題上のニーズの表出は，社会の変化により歴史的に変遷してきた．戦後，抗生物質の登場により，我が国の疾病構造は，感染症から成人病，生活習慣病へと大きく転換した．このことは，医療ソーシャルワークのありようの転換をも意味している．つまり，「治療の場が提供され，その費用が保障されれば患者は回復者となり，やがて元の生活に復帰する」といった問題解決のありようから，「長い年月，病いと共に生活する人々へ，生活問題上のニーズが発生したその都度対応する」といった過程に変わったのである．

　このような社会環境と疾病との関係性を現代社会に概観すれば図1-2のように表すことが出来よう．

　成長型社会が終焉した時代，終身雇用も崩れ，誰もが陥りかねない「隣り合わせの貧困」の時代にあるといえよう．また，地域共同体の脆弱化が進むなか，家族機能は縮小し家族内介護力は消失しつつある．とりわけ，患者の場合，医療現場における環境の変化は重要な要素である．医療費適正化政策のもと，在院日数の削減が図られ，6か月以上の医療保険上での継続した入院が2002（平成14）年4月より原則不可能になった．また病院機能分化により，一医療機関で治療が完結することはなく，その病態に即した医療機関を選択しなければならない事態となっている．

　結果，何がおこっているか．

　いわゆる「退院問題」の浮上と医療費自己負担困難層の広がりである．

　「退院問題」とは，家庭で継続して医療と介護を受けられるようコーディネイトを要する人々，急性期，回復期のリハビリテーションや長期の療養が保障される医療機関の選択を迫られる人々など，適切な療養の場の確保に困難をきたす人々の問題である．家族内介護力の低下が見られ，なおかつ，家族を取り巻く地域環境は，都会にあっては無関心と個人主義，山間島嶼部にあっては過疎化，高齢化が著しい今日，「地域医療」「在宅医療」と言葉だけが先行しているのが現状である．

　また，医療費の自己負担増加の問題を考える時，企業のリストラが進行し，中高齢者のリストラや若年層のニート・フリーターなどの非正規職員化が広がりを見せ，ワーキングプアと称され社会問題化している今日，国民各層が「隣り合わせの貧困」の危険性をはらんでいる状況下では，この経済的問題は医療ソーシャルワークの核として認識する必要があるだろう．

第Ⅰ部　事前学習基礎編

図1-2　現代社会環境と病者の関係

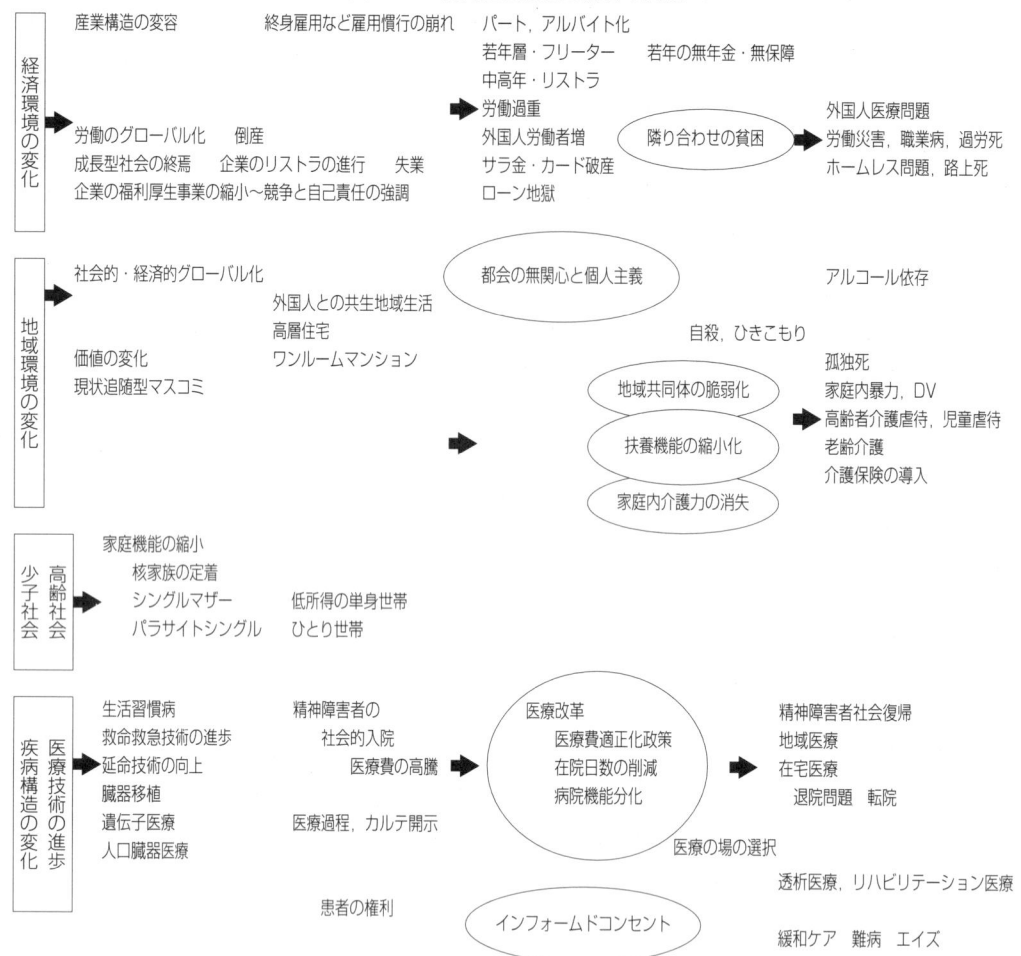

出典：村上須賀子（2002）「第6章　医療福祉の援助を必要とする人びと」児島美都子・成清美治編著『現代医療福祉概論』学文社, p.121を一部改変.

（2）　医療ソーシャルワークの課題

　医療ソーシャルワークの課題を以下のようにまとめることができるであろう．

①　医療を必要としているにもかかわらず，経済的理由から医療を受けられない人々の問題である．これらの人々に対しては経済的支援が必要となる．社会福祉が伝統的に基本命題としてきた「貧困問題」は，時代が移り変わろうと不変である．しかし，前述したように，今日の貧困の現われ方は，旧来の貧困層とその周辺に限って固定的に表出するものとは異なっている．今日の貧困は，極めて不安定な経済基盤上で営まれている消費生活において，発病，事故など急に医療を必要とする状況に至った場合，即，困窮に陥ってしまうという流動的で「隣り合わせの貧困」または「豊かさのなかの貧困」ともいえるものである．帰属意識としては中産階級に属している人々のなかでも，病気になり就労困難となった場合，たちまちカード破産し医療費の支払いに困窮するといった例はその典型である．

② 生活習慣病や要介護高齢者，重度障害者など療養が長期にわたり，医療と介護が一体となったサービスを必要とする人々のニーズである．

　ひとつは在宅療養生活に向けた支援である．たとえば，人工呼吸器を装着して四肢麻痺の重度障害を負った人々や癌やエイズなど緩和ケアを自宅で受けようとする人々の療養生活環境のコーディネイトである．他方は病状や要介護度，自宅からの距離などを踏まえ，転医先の医療，介護サービスも考慮に入れた医療機関の選択に関する支援などである．

③ 疾病・障害ゆえに，職を失い，帰るべき家を失い，家庭生活を営むべき家族を失ったなど，元の生活基盤を失った人々の問題である．これらの人々には自立を支援するための相談援助が最も重要な課題となる．

④ 疾病・障害に付随して生起する役割機能の転換に関わる問題である．人は誰でもある一定の役割を担って生活している．家庭で，職場で，友人関係で，近隣社会で，サークル活動などの小集団も加えれば，多くの役割を遂行して生きている．疾病・障害ゆえに，この役割を担うことが困難になった時，役割の転換や代替えを整えたり，人間関係の調整などの援助を必要としてくる．

注

［第1項］

1）ミュージック・ケアとは，NPO法人日本ミュージック・ケア協会で行っている音楽療法のことである．主にグループを活用しながら「だれでも，どこでも，いつでも」をモットーにケアとして音楽療法を実践・教育・研究している．

2）quality of lifeは，QOLという略語で表され，生活の質，生命の質とも訳されているが，ここでは生きる意味が問われるという観点から「人生の質」としている．

3）フランクル自身のナチス強制収容所の体験から生みだされた生に対する根本的な考えである．彼はいかなる時にも人間は，外的に課された制限に対して内的な自由を決断することができると指摘している．この決断とは人生から問われたことに応えていくことであり，そのなかで人間は生きる意味の発見をし，この意味の発見によって生の充足がもたらされる．

　このナチス強制収容所の体験を元にした『夜と霧』は，たくさんの国で読まれ続けている．日本でもたくさんのフランクルの著書が翻訳されているが，病むことの意味を学ぶには，参考となるものが多い．

4）ここでの生きる意味の紹介は，V. フランクル（1957）『愛と死』を参考にしている．

参考文献

［第1項］

Victor E. Frankl（1984）*Homo Patiens : Versuch einer Pathodizee*. Verlag Hans Huber Bern. V. フランクル／山田邦男・松田美佳訳（2004）『苦悩する人間』春秋社．

Victor E. Frankl（1947）*Trotzdem Ja zum Leben sagen*. Franz Deuticke, Wien. V. フランクル／山田邦男・松田美佳訳（1993）『それでも人生にイエスと言う』春秋社．

Victor E. Frankl（1947）*Ein Psycholog Erlebt Das Konzentrationslager*. Jugend und Volk, Wien. V. フ

ランクル／霜山徳爾訳（1961）『夜と霧』みすず書房.
Victor E. Frankl（1946，1952）*Aerztlliche Seelsorge*. Franz Deuticke, Wien. V. フランクル／霜山徳爾訳（1957）『死と愛』みすず書房.
岸本葉子（2003）『がんから始まる』晶文社.
佐藤俊一・竹内一夫編著（1999）『医療福祉学概論』川島書店.
佐藤俊一（近刊）「サービスとしての発想と人生の質」幡山久美子編『臨床に必要な医療福祉』弘文堂.
山崎章郎（1996）『続 病院で死ぬということ』文藝春秋.
［第2項］
Carel Bailey Germain（1984）*Social Work Practice in Health Care*. THE FREE PRESS.
［第3項］
児島美都子・成清美治編著（2002）『現代医療福祉概論』学文社.

第❷章 病のプロセスとソーシャルワーカーの役割

1　急性疾患と医療ソーシャルワーカー

(1)　急性期医療機関と医療ソーシャルワーカー

　疾患にはそれぞれ，急性期，亜急性期，慢性期のそれぞれの段階があり，その機関の担う役割によって各段階の状態によって色分けされてくる．特定機能病院（大学付属病院など）は，主に難病や疾患の診断の探索（急性期）を担い，地域中核病院は急性期症状から寛解（急性期〜亜急性期）を担う．対象となる疾患の範囲は広く，そこで発生する問題は多岐にわたる．医療費，生活費等の経済問題や疾患によって離職しなければならなくなった患者の就労問題，同様に復学・就学等の教育問題，退院問題等である．急性期医療機関における諸段階とMSWの関わりを表（表2-1）にまとめてみた．

　特に急性期医療機関のMSWは，この諸段階に起こる問題に対して，短時間に効果的な援助を提供しなければならない．そのためには，介入の仕方は様々であるが，早期に介入し（多くの患者の場合，在院期間が1〜3週間である．無論，神経難病やがんの患者のように，月単位の場合もある），患者・家族や彼等を取り巻く環境，問題等を把握しなければならない．特に急性期医療機関のMSWは，疾患を抱えているクライエントが対象となるため，その疾患や疾患によって起こる日常生活動作（ADL）の変化やそれを補う医療処置等を理解することが不可欠となる．

(2)　医療関連情報の収集と理解

　上で述べたように患者・家族を理解するためには，あらゆる情報を収集し，それを精査し，評価しなければならない．しかしその評価もMSWの感覚や感性に委ねられることになり，ともすれば独りよがりにならないともいえない．患者を取巻く環境を含んだ全体像を評価するためのツールとして，評価表を使用するのも1つの目安となる．筆者が所属する東京大学医学部付属病院地域医療連携部では，BADL（Basic Activities of Daily Living：基本的日常生活動作能力），IADL（Inst-rumental Activities of Daily Living：手段的日常生活動作能力），医療処置内容，痴呆の有無，Quality of Lifeの評価として，鳥羽が開発した意欲の指標（Vitality Index）を使用して患者個人を理解し，他方宮森等が開発した家族介護スコアを使用し，その時々の家族介護能力を評価し，患者理解へ役立てている．ただ誤解のないように注釈を入れると，決してこれらに依存しないということと評価した時点の評価であることを忘れてはならないことである．

表2-1 急性期機関MSWプロセス

経過	場所	課題	社会資源
急性期 発症 増悪	大学病院・医療センター・地域中核病院 一般病院等	医療費・生活費	身体障害者手帳取得，生活保護法，公費（各種医療助成制度），基金，年金諸手当等
安定期		疾患による患者・家族の不安 介護問題	患者会，ボランティア団体等 市区町村介護保険窓口，介護保険事業所，地域包括支援センター，ボランティア団体等
		居宅以外の生活の場の確保 家族へのサポート（レスパイトケア）	→施設入所：老人ホーム 　　　　　　介護老人福祉施設 　　　　　　養護老人ホーム 　　　　　　軽費老人ホーム 　　　　　　グループホーム 　　　　　　有料老人ホーム 　　　　　　介護老人保健施設
		慢性疾患の管理，維持的リハビリテーション，施設入所までのワンクッション，家族へのサポート（レスパイトケア）	→病院　療養病床 　　　　介護療養型医療施設
		専門的リハビリテーションの手配	リハビリ病院，回復期リハビリテーション病棟を有する病院
生活への移行期：退院	職場・学校	職場復帰・復学への調整，保護的復学・復職・転校・転職，再就職の相談・技術の獲得	職場，学校関係者，ハローワーク等，授産施設
	自宅	フォローアップ・医学的管理 ADL強化 日常生活訓練 気晴らし・生きがい（障害受容） 職能訓練・管理	→医療機関　地域医療機関 →通所施設 　　心身障害者福祉センター 　　　〃　　スポーツセンター 　　授産施設 　　福祉作業所・工場
		在宅生活の安定，介護疲れ，生きがい，地域の連帯	往診，訪問看護，入浴・給食・ヘルパー派遣等，ショートステイ・緊急一時保護
		ADLの強化 日常生活訓練，家族へのサポート（レスパイトケア）	介護老人保健施設（デイケア） 介護老人福祉施設（デイサービス） →中間的入所施設（重度）更生施設 　　　　　　　　介護老人保健施設

出典：筆者作成．

1）BADL（Basic Activities of Daily Living：基本的日常生活動作能力）

BADLとは，自立した生活を営む上での，身体面における基本的機能のことである．BADLに含まれる要素は，以下のように分類できる．

〈上肢機能と巧緻性（動作の巧みさ・器用さ）に依存する項目〉食事，整容，着がえ．

〈下肢機能に依存する項目〉起立，室内歩行，屋外歩行，階段昇降

表2−2　意欲の指標（Vitality Index）

1）起床（Wake up）	
いつも定時に起床している	2
起こさないと起床しないことがある	1
自分から起床することがない	0
2）意思疎通（communication）	
自分から挨拶する，話しかける	2
挨拶，呼びかけに対し応答や笑顔がみられる	1
反応がない	0
3）食事（feeding）	
自分で進んで食べようとする	2
促されると食べようとする	1
食事に関心がない，全く食べようとしない	0
4）排泄（On and Off Toilet）	
いつも自ら便意尿意を伝える，あるいは自分で排便，排尿を行う	2
時々便意，尿意を伝える	1
排泄に全く興味が無い	0
5）リハビリ，活動（Rehabilitation, Activity）	
自らリハビリに向かう，活動を求める	2
促されて向かう	1
拒否，無関心	0

除外規定：意識障害，高度の臓器障害，急性疾患（肺炎などの発熱）
判定上の注意
1）薬剤の影響（睡眠薬など）を除外．起座できない場合，開眼し覚醒していれば2点．
2）失語の合併がある場合，言語以外の表現でよい．
3）器質的消化器疾患を除外．麻痺で食事介護が必要な場合，介助により摂食意欲があれば2点（口まで運んであげた場合も積極的に食べようとすれば2点）．
4）失禁の有無は問わない．尿意不明の場合，失禁後にいつも不快を伝えれば2点．
5）リハビリでなくとも散歩やレクリエーション，テレビでもいい．寝たきりの場合，受動的理学運動に対する反応で判定する．

出典：鳥羽研二（2003）『高齢者総合的機能評価ガイドライン』厚生科学研究所，p.103．

〈上下肢体幹機能の協調運動能力に関する項目〉入浴，排泄動作

〈膀胱直腸機能，上下肢機能，認知能力に関する項目〉排尿，排便機能

当部では，10項目から構成されるBarthel Index（バーセル・インデックス：機能的評価）を使用している．

2）IADL（Instrumental Activities of Daily Living：手段的日常生活動作能力）

IADLとはBADLよりも複雑な社会生活を営むための日常生活動作を指し，食事の用意や片付け，買い物，電話，金銭管理などが含まれる．

医療処置：注射，抹消点滴，IVH（中心静脈栄養），経鼻経管栄養，胃瘻，在宅酸素，気管切開，人工呼吸器，酸素モニター，吸引，自己導尿，膀胱留置カテーテル，ストマ，褥創処置，疼痛管理，腹膜透析，血液透析等．これらの情報は退院や転院時に援助する際には，特に必須となる情報である．

3）意欲の指標（Vitality Index）

この指標は，起床，挨拶，食事，排泄，リハビリ，活動の5項目の意欲を測定することによって，どのような治療，刺激が介護負担を減らすか検討できる．特に高齢者の症例には有用で

表2-3　在宅介護評価表

介護者	・健康（2）・病弱orなし（0）	介護者の専念	・可能（1）・不可能（0）
介護を代わられるもの	・いる（1）・なし（0）	公的年金以外の収入	・あり（1）・なし（0）
患者の病室	・あり（1）・なし（0）	住宅	・自宅（1）・借家（0）
食事	・自立（1）・介助（0）	排便	・自立（1）・介助（0）
入浴	・自立（1）・介助（0）	屋内活動	・自立（1）・介助（0）
着衣	・自立（1）・介助（0）	意思疎通障害	・なし（1）・あり（0）
異常行動	・なし（2）・あり（0）	医療処置	・なし（1）・あり（0）
介護者の介護意欲	・良好（4）・普通（2）・不良（0）	患者の闘病意欲	・良好（4）・普通（2）・不良（0）
合計（　　　）			

出典：宮森正・岡島重孝（1992）「在宅スコアーの開発」『日本プライマリー・ケア学会誌』15号，pp.58-64.

ある（表2-2）．

4）在宅介護評価表

この評価表は，16項目と比較的少ない項目を短時間に判断することができる（表2-3）．

（3）ツールとしての社会資源

表2-1にあるように，急性期医療機関のMSWの患者援助には，社会資源の活用が不可欠である．たとえば急性期医療機関では，疾患を持ちながら自宅へ帰る症例が少なくない．そのような援助の場合は，医療面と生活面を考慮したアセスメントが必要である．医療面については，往診医，訪問看護，訪問リハビリを活用し，家族介護力に問題があり生活支援が必要な場合は，ホームヘルプサービスやデイサービス等を活用する．また高齢者世帯や軽度認知症の単身者の場合，食事をおろそかにする傾向があるので，民間の配食サービス等公的介護サービス以外のサービスを利用する必要がある．他方医療保険未加入者や路上生活者等が急病になって，医療費の問題が派生することも珍しくない．その場合はあらゆる経済的資源を有用に活用する必要がある．

これらの社会資源は，援助のプロセスの中で患者・家族に提供するタイミングを考慮しなければならない．「○○制度は使えるから申請したらどうか」という会話をよく耳にする．しかし，社会資源は，患者や家族にとってその時々によって，意味が違ってくることがあるので（たとえば社会復帰の妨げになったり，家族関係を悪化させる場合もある等），「この制度（施策）は，今提供するべきか，今後にすべきか」を判断する必要がある．

（4）今後の課題

医療が必要な患者への退院援助はearly discharge（早過ぎる退院）と非難されていたが，今や一般的になってきている．以前にも増して，医療が必要な患者がMSWの対象となってきている．これは何もMSWだけの援助で足りる問題ではない．医療が必要な患者が退院することは，自分の家へ帰ることを意味するわけであり（転院の場合もあるが転院出来る患者は，限定されるだろう），その患者を支える地域のケアマネジャー，ヘルパー，施設等の問題でもある．医療機関とこれらの職種，機関との連携が今にも増して必要であると考える．

2　慢性疾患と医療ソーシャルワーカー

慢性疾患患者へのソーシャルワーク実践の基本的な視点は以下の点があげられる．

① 病とともに生きる患者および家族の人生観，価値観，主体性を尊重し，自己決定を大切にする．

　患者は急性期症状の集中的治療時期には，入院や休業など，日常生活の中断を余儀なくされるが，大部分の時期は通常の役割を担いつつ療養生活を続けることになる．つまり，生活の中に病がある．「病と共に生きる患者」という生活者であるとの認識が重要である．従って慢性疾患患者のソーシャルワークの基本は，まず治療ありきではなく，まず生活ありきの視点であろう．

② 長期にわたる医療費の捻出に対してなど，経済生活の保障は常に優先課題である．

　医療保険の自己負担がゼロだった時代は過去となってしまった．月々の一定額の負担が家計から出てゆく．医療費はローンを組んで耐久消費財を購入するとか進学など，予定や計画した後の支出とは異なる．しかも病との生活では，過酷な労働が出来ないため収入は低めになりがちである．長期療養生活は医療費，生活費など経済面での生活基盤整備が不可欠である．

③ 疾患の特性を認識したうえで，病態の変化に伴って表出する生活問題を予測することに留意する．時期に適した支援を組み立てる．

　病態の変化にともなって生起する生活問題のそれぞれに対応するソーシャルワークの例としてリウマチ患者の場合をあげておこう．リウマチの病態の変化としては発病，診断，再燃，そして関節の変形の進行という過程を想定し，その変化に対応する心の変化を曲線で表してみた（図2-1）．

・発病，診断，精神的落ち込み

　外来でリウマチと診断された時期，一様に体験される心の軌跡は「なぜ自分だけがこういう病いにとりつかれたのだろうか」という怒りや「私もあのような障害者になるのだろうか」と外来患者を観察して自分の将来を悲観する抑うつ状態であろう．この時期，ドクターショッピングをしたり，書物により知識を得たりして病いを確認する過程がある．リウマチ友の会を紹介しても，病いの受容がなされていない時期には，集団所属には拒否反応がある．

・病いの受容

　徐々に，病いを伴った生活の受容がなされると，他の患者の生活スタイルを学ぶ過程がある．リウマチ友の会が開催する療養相談会もその参考になっている．この時期，医療福祉の生活問題上のニーズは通院医療費負担の問題である．悪性関節リウマチに認定されたり，重度障害者になった時点からは，医療費公費負担制度がある．しかし，進行，悪化を避けるために初期からの継続的治療が必要であるにもかかわらず，その医療費，交通費の援助がない

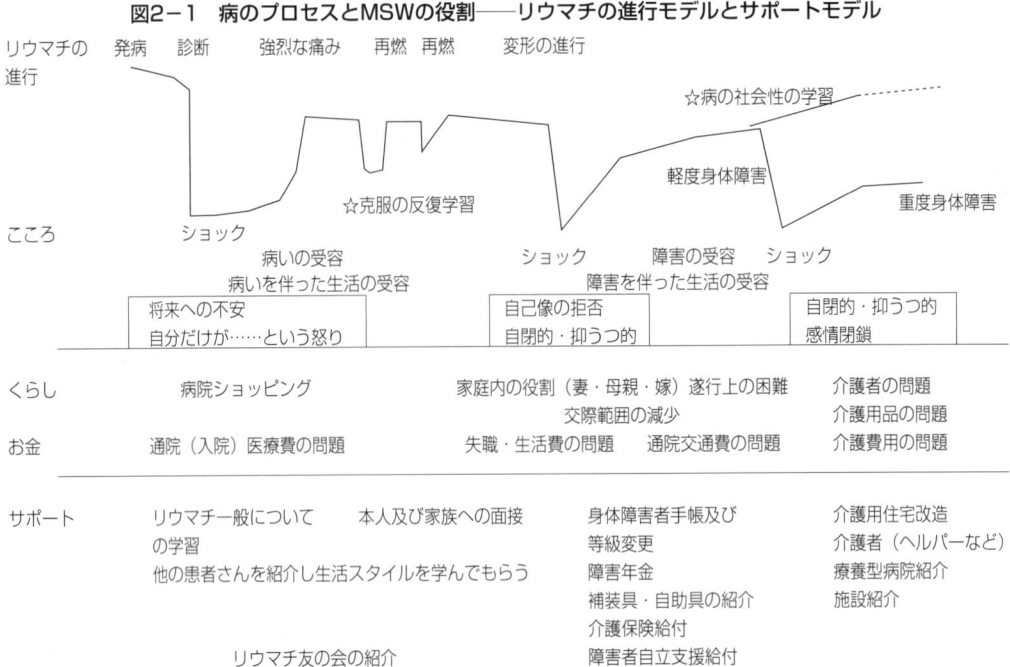

図2-1 病のプロセスとMSWの役割——リウマチの進行モデルとサポートモデル

出典：村上須賀子（2002）「第6章　医療福祉の援助を必要とする人びと」児島美都子・成清美治編著『現代医療福祉概論』学文社，p.125を一部改変．

ため家計に気兼ねして治療を中断する人もおり，こうしたリウマチ疾患のみならず慢性疾患患者の医療費問題は重要な課題である．

・障害の受容

　リウマチが再燃し，そのつど病いの受容を反復学習することが繰り返されるが，関節の変形が進行し障害が加わってくるとまた大きな精神的落ち込みを経験する．スワンネックとも称されるリウマチ特有の"曲がった指"は受け入れ難いもので，変形していく自己像を拒否したい，晒したくない心理から，自閉的，抑うつ的になりがちである．この時期ソーシャルワーク実践としては，家庭内の役割分担の調整や精神的援助を目的とする面接や，リウマチ友の会参加への働きかけなど，濃厚なソーシャルワークを展開する必要がある．そして身体障害者手帳申請や障害年金申請支援をタイムリーに運ばなければならない．たとえば，障害年金を受給することにより，肩身の狭い無収入者から脱して，家庭内の位置を獲得し，夫婦の関係も変容した例も多く，収入面での手だては重要である．

④　患者のライフサイクルとその時々の固有の役割を重ね，いま，家庭や職場で，どのような役割遂行上の困難があるのか，さらに今後予想される困難についてもおおまかに視野に入れて支援を組み立てる．

　人はそれぞれ固有の家庭や地域社会の中でさまざまな役割を担うことで関係性を保ちながら生きている．その役割はライフサイクルと共に変化してゆく．役割が果せない生活上の困難もライフサイクルと共に変化する．たとえば，若いリウマチ女性患者の家庭内の役割を考

えてみる．出産育児期には関節の痛みのためわが子を抱けない，子どもの活発な動きに体力的に対応できないなどの問題がある．また，中年期の女性患者では，自ら病を抱えながら老親の介護者の役割を担わなければならない立場の人もいる．このように年代に応じて果たすべき役割が変化していくなかで，療養生活が家庭内の役割遂行上いかなる問題を引き起こすか，その都度，生活のあり方を調整していくソーシャルワークが必要であろう．就労年齢の人には，職場の配置転換や転職などの対応を余儀なくされる場合もあり，社会復帰援助のための強力なソーシャルワークを要する．

⑤ 福祉サービスはもとより，医療サービスをめぐるコーディネート役をも担うことから，各診療科，関連他職種，他機能医療機関の特性や限界を把握しておく．

糖尿病から糖尿病性網膜症による視力障害に至ったりまた糖尿病性腎症を発症したり慢性疾患ゆえに障害を負ったり，合併症にみまわれることも少なくない．こうした場合，国の制度はもとより地域の社会福祉施設や医療関係機関の存在と，その力量も評価して熟知しておく必要がある．病院内の各診療科関連他職種との関係つくりも同様である．

⑥ 病とともに生きる意味を獲得し，「病の社会性の学習」を支援する視点をもつ（患者同士の相互支援の促進や患者会活動，闘病記執筆支援など）．

慢性疾患患者は単に支援を求めているだけの存在ではない．病と巧みに付き合いながら意欲的にライフスタイルを編み出していく力強さが患者たちにはある．殊に患者会などの当事者グループの役員を引き受け活動している人々にはそれが顕著である．障害や痛みは自分だけではないのだという"気付き"，そして他の患者の痛みや悩みに思いを馳せる目配り気配りなど，"病の社会性の学習"と表現してみた．たとえば，リウマチ友の会の役員会での一コマである．「身体障害者手帳を手に入れて，障害者センターに通えるようになった．そこで片麻痺の患者さんたちに接するうちに，リウマチほど辛い病気はこの世にないと思っていたけど，片麻痺の人も大変な問題を抱えているのがわかった」とある役員が発言するとメンバーは一様に肯いていた．視野の拡がりがうかがい知れる．患者の会での親睦交流の中で，闘病の励ましを得るという受け身の姿勢にとどまらず，同病者のためや他の障害者のために何かをするという積極的な闘病姿勢に発展させる力をこれら患者会や当事者グループの活動は内含している．こうした当事者グループの活動を支援することは，一人一人の疾病・障害を抱えた人やその家族のエンパワメントの機会を保障することに繋がり重要な医療ソーシャルワーク実践といえる．

3 終末期ケアと医療ソーシャルワーカー

(1) 終末期ケアと緩和ケア

人間は誰にも例外なく「死」という終着駅がある．その終着駅に近いとき，それを終末期と言い，終末期ケアは広義に言えば，高齢者施設で高齢者が老衰で自然死するときのケアも終末

期ケアである．最近では，エンド・オブ・ライフといって，人生の最終章をどのようにその人らしく締めくくるのかについて考えられ，ケアの実践も始まっている．

しかし長年，日本の医療の中では「死」は「敗北」であり，医療の対象からは遠ざけられてきた．たとえば，悪性腫瘍（がん）が進行し疼痛に苦しんでいても，治癒できないものは，医師にとっては積極的な治療の対象とはならず，患者は苦痛のうちに死に至るという状況であった．

1970年代になり，ようやく河野博臣や柏木哲夫等により，日本の病院にターミナルケア（終末期ケア）の概念が導入され，1981年に日本で初めて聖隷三方原病院にホスピスが設置された．ホスピス運動はその後社会運動として展開され，日本の医療政策への提言となった．また「ターミナルケア（終末期ケア）」という言葉は，患者，家族にとっては受け入れがたいイメージがあり，疼痛や様々な苦痛を緩和するという「緩和ケア（パリアティブ・ケア）」が使われるようになった．

緩和ケア病棟

厚生労働省は1990年に診療報酬の算定対象として「緩和ケア病棟入院料」を設定した．緩和ケア病棟は，「主として末期の悪性腫瘍及び後天性免疫不全症候群の患者を入院させ，緩和ケアを行う病棟である」として，その施設基準も制定した．医師や看護の基準や施設の構造設備，入退棟判定体制，病床の個室基準などが規定された．そして2002年の施設基準の改定では，緩和ケア病棟を設置する病院が，財団法人日本医療機能評価機構等が行う医療機能評価を受けていることが義務づけられた．また同2002年には，一般病棟においても緩和ケアチームが設置されていれば，緩和ケア診療加算が算定されるなど，病院における緩和ケアの普及が進んでいる．これらの許認可は地方自治体が行っていて，2006年9月1日現在の緩和ケア病棟承認施設は，162施設で，緩和ケア診療加算承認施設は5施設である．

緩和ケア

緩和ケアの定義は2002年にWHO（世界保健機構）で変更され，「緩和ケアとは，生命を脅かす疾患による問題に直面している患者とその家族に対して，疾患の早期より痛み，身体的問題，心理的問題，スピリチュアルな（霊的な・魂の）問題に関してきちんとした評価をおこない，それが障害とならないように予防したり対処したりすることで，クオリティ・オブ・ライフ（生活の質・生命の質）を改善するためのアプローチである」となっている．

言い換えれば，緩和ケアの目的は「生命を脅かす病気によって起こる全人的苦痛（身体的痛み・心理的痛み・社会的痛み・霊的，実存的痛み）を緩和し，患者と家族がその人らしい穏やかで快適な生活ができるよう，様々な専門職とボランティアがチームとして包括的なケアを提供すること」である．

また日本では「ホスピス」を「緩和ケア」と同義語で使い，緩和ケア病棟の名称をホスピス

としている病院もあるため,「ホスピス緩和ケア」と呼称することに,一応の整理がされている.

ホスピス緩和ケアを提供する形態

ホスピス緩和ケアは,病棟という施設において提供されるのみではなく,提供の仕方は様々である.現在ホスピス緩和ケアを提供される形態(日本ホスピス緩和ケア協会「ホスピス緩和ケアの基準」から)としては,①ホスピス・緩和ケア病棟②一般病棟の緩和支援チーム③ホスピス・緩和ケアの専門外来④訪問診療,訪問看護,訪問介護などの地域における在宅サービス⑤デイケアの5つの形態がある.

(2) ホスピス・緩和ケアにおけるソーシャルワーク

ホスピス緩和ケアにおいてMSWは,ホスピス緩和ケアの歴史や理念などをふまえた上で,患者や家族に対して,MSWとしての専門性を駆使しながら,チームの一員としてケアを行う.

相談窓口としての援助

患者・家族は治癒の見込みがないと診断され,今後の治療方法や療養の場について選択をせざるを得ないとき,どのような状況に陥るだろうか.多くの患者・家族は,動揺し不安で一杯になる.ましてや治癒のための積極的な治療から,治癒を目的としない緩和ケアへの変更(ギアチェンジ)は,患者や家族にとっては単なる療養の場の選択ではなく,苦悩や混乱を伴う転帰なのである.それは否応なく「死」に直面させられることであり,家族や仕事や地域との関係において,再復帰するためではなく,人生の幕引きのための「関係の整理」への転換に向き合うことになるのである.MSWは,このような患者や家族の苦悩や混乱を受容し,伴走者の立場で心理的援助や支援を行う.

また,医療費や個室料金の負担についての心配や,仕事ができなくなることでの収入の低下に伴う生活費等の経済的な問題に対して,関連制度を使って負担の軽減や解決のための援助を行う.その他,入院や療養に伴って生じる介護問題,子どもの世話や養育の問題,あるいは仕事に関する問題などについて,フォーマル・インフォーマルな社会資源の活用によって援助を行う.

入院中の援助

表2-4は,2001年に緩和ケア病棟承認施設に所属するMSWを対象に行った,業務実態調査のためのアンケート調査結果のうち,入院中の援助活動を示したものである.

援助活動で最も多いのが,経済的問題への援助である.これはソーシャルワーカーの最も専門的な活動の1つである.次に多い活動が,単身者への援助である.患者の中には,家族が遠方に住んでいたり,離別や死別により身寄りがなくなった単身者もいる.このような患者にと

って孤独ではない，穏やかな最期の時間を過ごすために，ボランティアなどの活用によって日常的な生活を支援する．

表中⑦の患者・家族の在宅療養援助は，患者の多くが，生活の場である自宅での療養を望んでいることを示している．限りある生命の中で，患者にとっては，たとえ短時間であっても自宅で過ごす時間や空間が重要な意味を持つ．慢性期の患者とは違い，病状が許す状況で，外泊や退院が即決に近い形で決定される．このためMSWは，レンタルベッドや車いすなどの日常用具を早急に手配することや，必要に応じて地域の関係機関や関係職種と，支援のための連絡調整などを段取りよく行うことが期待される．

表2-4　入院中のMSW業務　　　　　　　　（重複回答　n=53）

業務内容	実施数と回答者割合（％）
①医療費や生活困難への援助	52（98.1）
②単身者の療養援助	47（88.6）
③家族間の葛藤や確執に対しての調整援助	25（47.1）
④病気病状の受容困難援助	18（33.9）
⑤スタッフのケアに対する不満への調整援助	34（64.1）
⑥仕事や社会的役割に伴う自己実現ニーズ援助	30（56.6）
⑦患者・家族の在宅療養援助	44（83.0）
⑧生活圏域外での療養の場の選択ニーズへの援助	36（67.9）
⑨その他	7（13.2）

出典：平成13年度（財）日本ホスピス・緩和ケア研究振興財団調査・研究報告書第1号，p.33より抜粋（正司報告）．

死別後の援助

家族と疎遠になっていた単身者が死亡した場合は，亡骸を家族に引き取ってもらうための連絡調整から始まる．家族の引き取りが困難な場合には，福祉事務所や民生委員などの地域の関係機関の支援を得て，埋葬などの援助を行う．

また家族が大切な人の死を受け入れ，その「死」が残された者への生きる力に変わるまで，悲嘆や喪失の感情あるいは自責の感情を充分に表出することを支援する．配偶者が残され，孤立が予測されるような場合には，ボランティアや社会活動への参加支援を行ったりする．家族を経済的に支えていた人との死別には，遺族の生活の再設計のため，年金や就労など経済的自立に向けての援助を行う．

ホスピス緩和ケアにおけるソーシャルワーカーは，患者・家族に対する入院前から死別後までの継続的な援助活動から，ボランティアの組織化，ホスピス緩和ケアの普及・啓発活動など，チームの一員として今後ますます期待される役割を担っている．

参考文献

［第1項］

鳥羽研二（2003）『高齢者総合的機能評価ガイドライン』厚生科学研究所．

宮森正・岡島重孝（1992）「在宅介護スコアの開発」『日本プライマリケア学会誌』15：58-64．
大内尉義・村嶋幸代（2002）『退院支援――東大病院医療社会福祉部の実践から』杏林書院．
村上須賀子（2005）『新時代の医療ソーシャルワークの理論と実際――ヒロシマに学ぶ』大学教育出版．

［第2項］
児島美都子・成清美治編著（2002）『現代医療福祉概論』学文社．
岡本榮一・小池将文・竹内一夫・宮崎昭夫・山本圭介編集（2003）『三訂　福祉実習ハンドブック』中央法規出版．

［第3項］
Cicely S, Mary Banes／武田文和訳（1990）『死に向かって生きる――末期がん患者のケア・プログラム』医学書院．
正司明美（2005）「ホスピスおよび緩和ケアにおけるソーシャルワークガイドライン（試案）」『山口県立大学社会福祉学部紀要』11：9-22．
福地智巴（2004）「緩和ケア病棟」荒川義子・村上須賀子編著『実践的医療ソーシャルワーク論』170-175，金原出版株式会社．

第3章　医療機関という場の理解

1　病院というところ

はじめに

　誰もが日常的に見聞きする「病院」「診療所」とはどのようなところなのだろうか．保健・医療・福祉のサービスの送り手として知っておきたい基本的な知識を整理しておきたい．そこで次のことについて簡単にまとめてみよう．①医療施設の種類について②医療施設と法規について③医療施設の組織について④医療施設の経済性について⑤医療という領域の特殊性について．

(1)　医療施設の種類について

　一般的には，病院，診療所のことを「医療機関」という．この医療機関という施設は「医療を提供する」施設と「医療を提供できない」施設とに区別されている．前者を「医療提供施設」とも言う．それは次の3種類である．①病院②診療所③介護老人保健施設である．病院，診療所はさらに次のように区分されている．（イ）高度な医療を提供する病院（特定機能病院〈医療法四条2〉）（ロ）一般（急性期）の医療を提供する病院，診療所（ハ）長期入院（慢性期）の医療を提供する（療養病床を有する）病院，診療所．さらに上記の（ロ）（ハ）の病院，診療所をサポートする病院（地域医療支援病院〈医療法第四条〉），無料低額診療事業施設[1]などがある．
　もうひとつの区分として病院には病床種別というものがある（医療法第七条2）．それは次の5区分である．①精神病床②感染症病床③結核病床④療養病床⑤一般病床がそれである．なお，ここでいう「療養病床」とは，上記の①～③以外の病床で長期療養を必要とする人のための病床のことである．同じく「一般病床」とは，上記の①～④以外の病床で一般急性期の人のための病床のことである．当然ながら入院期間は短期間である．
　後者の「医療を提供できない施設」としては①助産所②薬局③訪問看護ステーション④歯科技工所⑤衛生検査所⑥施術所などである．
　これらの医療関係施設と，各種の保健機関や施設，各種の社会福祉施設，その他，地域のボランティア活動などと，医療機関との連携，協働が拡大の一途であることも，医療機関を知るうえでは理解を深めておきたいものである．

(2)　医療施設と法規について

　わが国は主権在民の法治国家である．必然として医療や医療機関と法規との関係も密接であ

る．医療は患者さんや利用者の生活そのものとの関わりの中にある．それだけに法規との関係も多岐にわたる．なかでも，もっとも密接な関係にあるのが医療関係法規（衛生法規）である．そればかりではなく，行政法規，刑法，民法などとの関連もある．

まず，医療関係（衛生）法規について概略を見てみよう．医療機関の理念，開設，管理などを主とする「医療法」の第一条には医療法の「目的」「医療提供の理念」「国及び地方公共団体の責務」「医師等の責務」「定義」などが明記されている．「医師等の責務」の項には「医療の担い手は，第一条の二に規定する理念に基づき，医療を受ける者に対し，良質かつ適切な医療を行うよう努めなければならない．」「医療の担い手は，医療を提供するに当たり，適切な説明を行い，医療を受ける者の理解を得るように努めなければならない．」その他，「医療提供施設相互の機能分担及び業務の連携」「診療に必要な情報の交換」「当該医療施設を他の医療施設の医療の担い手の利用への配慮」などのことが記されている．

また，第一条の五「定義」の項では，「病院，診療所」について，第一条の六では「介護老人保健施設」が，第二条では「助産所」がそれぞれ定義されている．さらに，第四条には「地域医療支援病院，特定機能病院」が規定されている．

以上は医療を提供する「施設」に関する法規であるが，次に重要な法規は医療を提供する「人」に関してのものである．すなわち，医療関係者の「資格」や「業務」についての法規である．「医師法」「歯科医師法」「保健師・助産師・看護師法」（通称・保助看法）をはじめとする医療関係各職の法規がある．ここで留意すべきことは，これらの医療関係職種に現在のところ「社会福祉士・介護福祉士」は含まれていないことである．「医療法」と「医療関係職各法」などを一括して「医事法規」ともいう．この他に「薬事法規」「公衆衛生法規〈保健衛生法規・予防衛生法規・環境衛生法規と分ける場合もある〉」などがある（個々の法律については各種の六法を参照されたい）．

以上で概観した法規とともに忘れてはならないのが関係行政機関の仕組みである．保健・医療・福祉を主管する中央の行政機関は「厚生労働省」である．次に都道府県，市町村に区分される．さらに行政機関の第一線の機関として，保健所，保健センター，福祉事務所，福祉センター，児童相談所などの相談所等から構成されている．

このように，医療や医療機関に関わる諸法規は多種多様で膨大なものである．

MSWの資質，力量の変化について医療関係職者から苦情を聞くことがある．ひとことでいえば，医療関係法規に弱いという次第である．その養成課程，教育カリキュラムなどとも無縁ではない．だが，それは我々の問題であって，医療現場には関係のないことである．従って，そのことの了解を他に求めることは出来ない．医療機関でMSWとして仕事をすることを志すならば，社会福祉関係は勿論のこと，医療関係，社会保険関係，労働関係・民法等の法規などについても必ず目を通しておきたいものである．

(3) 医療施設の組織について

　組織の最小単位は2人からである．組織を構成している員数の多い少ないとは関係なく，人の集合体が組織である．病院（医療機関）もそのひとつである．そこには当然，命令系統や役割分担がある．組織には，ごく一般的なピラミッド型からドーナツ型までいろいろな形態がある．しかし今ここでは，いわゆる組織論を展開することが目的ではない．はじめて医療機関で働く人の多くが戸惑うことのひとつに医療機関の組織がある．そのことについて言及することがここでの目的である．

　通常の場合，組織には組織図がある．それを通してその組織を理解するのが普通の方法である．しかし，医療機関の場合は，それだけでは組織の内側を理解することは難しい．簡単にいえば，二重構造になっているからである．すなわち，理事長や院長を頂点とする経営管理組織と1人の患者さんの診療を担当する主治医を頂点とする診療組織との二重構造である．この場合の医師（主治医）の権限は，担当する患者さんの診療に関することだけである．従って，病院にもよるが，診療を除く病棟管理などの責任者は誰となっているかを確認する必要がある．このことが明確になっていない場合が多い．なぜそのことが問題なのか答えは簡単である．そのことが明確でないと，結果的に上司（命令権限者）が複数存在してしまうことになるからである．このことは上司との人間関係の構築の上でも大切な要素ともなる．お互いに理屈や理論では承知しているものの，いざとなると診療以外のことでも医師の意見が優位になることが多い．ことがらに応じて対応することが求められる．

　さらにこのような複雑な状況を生みだした要因として考えておかねばならないことがらとして，診療組織が個々の診療科を中心に形成されてきたわが国の歴史という特殊事情がある．このことは，一患者，一職員の問題ではないが，現実的には患者さんや職員が困ることが多い．また，このことの対応の仕方も個々ばらばらのことが多く，いわゆる強い者，声が大きい者が支配的になる要素ともなる．結果として組織が組織として機能しない「組織図あって組織なし」の状態になる．責任の所在もあいまいになる．このような中からは患者中心のサービスは生まれにくいといっても良い．しかし患者中心の理念は守らなければならない．

　そこで医療機関の組織の場合，その組織の潤滑油的な役割のひとつとしてMSWの働きもある．医療機関の組織は，一般的には「診療部門」「診療技術部門」「看護部門」「事務部門（管理部門）」の4部門で構成されている．その各々は部門として独立していることが多い．まれに「診療部門」と「診療技術部門」を一体化して「診療部門」としている場合もある．

　MSWの場合，組織的位置づけは一定ではない．医療技術部門（例：医療福祉科），事務部門（例：医事課）などが多い．もうひとつの形がある．院長や副院長に直属した独立部門がそれである．医療機関の多くは部課科制を採っているがその責任と権限は必ずしも同等ではない．MSWの場合はさらに曖昧である．その原因のひとつとしてMSWの国家資格がいまだに実現していないことが考えられる．

(4) 医療施設の経済性について

　病院の経済はどのようになっているのだろうか．医療事業は公益事業であるが，だからといってその収益・費用の経済性を無視することは出来ない．医療事業の経済の概略をここに示したい．

　医療事業の経済性の基本は，保険診療に基づく診療報酬制度である．その実際から統制経済とも言われている．診療報酬制度は，療養担当規則という枠の中で展開する．それは，医療関係行為や基準ごとに日本全国共通の単価（1点10円）と設定されている．通常これを「点数出来高払制度」ということが多い．すなわち，あるひとつの診療行為は，どこの地域のどのような医療機関でどのような医師や看護師，関係技術者などが行っても同じ点数で計算される．この積み重ねが収益（収入）の大部分である（＊特殊な手術の場合などはこの限りではない）．この基本に基づいていわゆる医療費は設定されている．しかし，基準を満たしているかどうかに応じて加算，減算もある．

　そのひとつの例として「平均在院日数」がある．入院料は，急性期病棟（床）か慢性期病棟（床）かによって，その病院（病棟）の平均在院日数に制限がある．その平均日数の制限を計算上超えると入院料は大幅に下がる（減算）．そのために，病院（病棟）は平均在院日数を制限（基準）内に保つ必要がある．そればかりではない，病院の商品の中心は病床である．ゆえに病床の占床率や回転率も収益にとって大きな問題となる．そこでそのキーパーソンとしてMSWが利用されることが多い．

　このようにして得られた収益（収入）から必要な費用（支出）を産み出さなければならない．この収益・費用のバランスで赤字になったり黒字になったりする．普通この段階を「医業収支」という．これに「医業外収支」や「減価償却費」を加えて利益の有無が分かる．これらの数字の中には，顧客である患者さんや利用者へのサービスの向上，地域社会の健康上・生活上のQOLの維持向上，加えて，事業を支える従業員とその家族の生活の維持，さらには施設や設備の整備などの費用も考慮しなければならない．

　そこで，あらためて問われる課題がある．それは，従業員の資質のことである．一言で言えばより少ない費用で，より良い結果（顧客満足度も含む）を産み出す人材の確保である．いずれ，医療費の定額制（DRG）が実施されるとの話もあるが，その時はさらに1人ひとりの資質が問われる．一般的には「効率」がポイントとなるであろう．

(5) 医療という領域の特殊性について

　世間の常識は医療界の非常識，医療界の常識は世間の非常識といわれる．それだけ特殊なことが多いといえる．昔から医師，牧師，弁護士，教師を聖職者という．最近はこれに福祉を加えることがある．これらの職業の共通性は顧客はお願いする側であり，こちらはその願いを受け止める側という形である．そのためか，顧客が頭を下げてお礼をいうのが通例である．もうひとつの側面はその報酬が成功報酬ではないことである．医療機関を訪れ受診を申し出，それ

が受理された時点で「診療契約」が成立する．受診者は自分の抱える痛み，苦しみ，悩みを軽減することを願い期待する．多くの場合期待は実現するが，それは保障事項ではない．単純な不安が苦しみに変わってしまうことも少なくない．それでも，患者さんや利用者は「ありがとうございました」の言葉を添えてお金を支払うことが多い．不合理，不条理と言っても良い．最近は，インフォームド・コンセント（説明と了解）とか，QOL（生活環境の質），さらには第三者による評価などが日常化されかなり改善されてきたものの，本質的な部分はもう一歩の感がある．

そのような一見不条理にみえることが問題なのではない．その不合理さ不条理さに疑問を感じない，それが当たり前として慣れてしまうことに問題がある．恐ろしいことでもある．心身の痛みを受け止める場所や職業が医療機関である．昔から「病気を治すのではなく，人を癒すのが医療である」といわれ続けて今日がある．患者中心の医療，包括的医療に向かって前進している昨今ではあるが，もう少し時間と研鑽が必要なようである．

2 医療の現状と制度改革

はじめに

わが国は，第2次世界大戦後，社会保障制度としての医療保障を制度的に確立している国である．その根幹は，国民皆保険制度によりすべての国民に対する「平等」が約束され，さらに病気にならないようにするための保健医療，病気や怪我をしたら高度先進医療技術を駆使して早く治す医療，そして家庭復帰や職場復帰等社会復帰のための医療＝リハビリテーション医療という3段階の医療，すなわち「包括的医療」という国際的な理念を基礎とする制度体系となっている．

しかし，戦後様々な変動のなかで，今述べた2つの大きな理念（平等原則，包括的医療）が危機に瀕している．以下，その歴史的経過を簡単に触れ，次に最新の医療制度改革の概要を整理しつつ問題点を述べ，合わせて今後の課題を提起する．紙数の制限があるので制度概要等は参考文献として紹介する資料を参照されたい．

（1） わが国の医療の基本構造とその変容

第2次世界大戦後，わが国の医療は1958（昭和33）年，「国民皆保険」体制，すなわち健康保険制度を中核に据えた保険システムによる医療提供体制を確立した．さらに公費負担医療すなわち公的扶助による医療の提供が，保険の限界を補完している．

そして具体的に医療を提供するシステムは，自由開業医制すなわち医師の自由裁量による医療提供が基本となり，その自由裁量の財源的裏付けが「出来高払い」と呼ばれる診療報酬の支払い方式であった．

1970年代の後半からいわゆる「社会的入院」が社会問題化しまた将来の高齢化社会に対応す

るために，遂に国は1985年に医療法を改正（第1次医療法改正）し，病床規制を開始した．しかしながらこの法律は2年間の猶予期間があり，法律の施行が1987年からであったために，この2年間に「駆け込み増床」という現象が全国各地で発生し，ほとんどの地域で結果的に「過剰病床」となりその影響が今日まで続いている．

1990年に第2次医療法改正が行われ，「機能分担と連携」というスローガンとともに，専門特化した機関同士の連携による医療が制度化され，さらに専門特化した機関同士が競争によって質を上げるという競争原理が容認された．これは，先の第1次医療法改正によって量の供給（病床数の増加を容認する政策）を中心とする政策を断念し，次に第2次医療法改正によって，「医療の質の向上」と同時に「コストの削減」も図る政策に転換されたことを意味し，戦後わが国の医療政策を見るうえでもっとも大きな政策転換であったといえる．

第2次医療法改正に合わせて2年に1度行われる診療報酬改定では，1990年代から今日までの基本方針をみると，医療の質の向上を図るために巧みに「競争原理」を組み込み，またコスト削減のために，診療報酬の包括化を長期療養型の医療機関・病棟から実施するように政策誘導が開始された．

いま少し詳しくみると，1990年代の診療報酬改定の基本的方針は，社会的入院等長期入院の是正とアメリカのマネージド・ケアの支払い方式であるDRG-PPS（Diagnosis Related Group/Prospective Payment System診断群別包括支払い方式）をモデルに，病院を高度・急性期医療を担う機関として，平均在院日数の短縮を中心的課題に据えて診療報酬の改定が行われるが，その具体的内容は多岐に渡っている．現在，アメリカの「DRG-PPS」の日本版といわれるDPC（Diagnosis Procedure Combination診断群分類）が，大規模病院を中心に普及の途上にある．

(2) 医療制度改革下における「医療と介護の連携」

さて，1990年代の医療制度改革は，1999年第3次医療法改正を行い「地域医療支援病院」を制度化し，これによってわが国の医療が急性期医療中心とする地域医療の中核的機関を位置づけたことになり，今後地域医療支援病院を中心とした医療圏が整備されていくことになると思われるが，過疎問題や高齢化問題で悩む地方には，荷の重い改革となった．

さらに2001年に第4次医療法改正が行われるが，この改正では入院医療体制の整備（病床区分の見直し）という名目で，全国の医療機関に病床種別の届け出を義務付けた．具体的には，個々の医療機関（とくに民間）に対して，今後一般急性期医療機関として医療を行うのか，長期療養患者のための医療を行うのかの選択を迫った制度改正であった．

つまり，介護保険制度の施行により介護報酬を財源とする介護療養型医療施設を新設するにあたり，多くの長期療養型病院が医療保険から介護保険に一部のベッドを移し，医療保険病棟と介護保険病棟を併せ持つ民間病院が一般的形態となった．しかしいわゆる「社会的入院」が一向に解消されないことなどを理由に，第4次医療法改正では医療保険と介護保険の両方を原資とする医療機関に対して，今後急性期医療に専念し医療の質を向上させるのか，慢性期医療

を選択し介護重視の医療を行うのかその選択を迫った改革であった．

そして，第4次医療法改正を受けて，2002年に行われた診療報酬改定では，入院医療における医療保険の守備範囲が原則最大6か月とし，それを超える入院については介護保険に切り替えるという方針が明らかとなり，「医療と介護の連携」というスローガンが登場した．つまり，医療機関に混在した急性期対応と慢性期対応の患者に対して，前者は医療保険，後者は介護保険という役割分担を行ったことになる．

(3) 2006（平成18）年度医療制度改革と介護保険改革

2006（平成18）年2月10日に「医療制度改革関連法案（「健康保険法等の一部を改正する法律案」「良質な医療を提供する体制の確立を図るための医療法等の一部を改正する法律案」）」が閣議決定され通常国会に提出された．そして6月14日参議院本会議で，21項目の付帯決議を付け可決成立した．

これとは別に2006（平成18）年4月からは，改正された介護保険制度が施行され，すでに2005年10月から施行された施設給付の見直し（食費と居住費の自己負担化）とともに，4月改正では新たな「予防給付」を設け，予防給付のケアマネジメントを中心とする総合相談機能として期待される「地域包括支援センター」が誕生した．しかしながら地域包括支援センターの理念はともかくとして，その設置や運営には様々な問題が山積しているにもかかわらず，高齢者虐待等の困難ケースの窓口対応も期待され，船出早々に困難な課題を背負うことになった．

ところで，今回の医療制度改革は非常に多方面に亘っているが，とくに注目したいのは療養病床の再編計画が明らかになったことである．概要は今後6年かけて医療療養病床を現在の25万床から15万床へ介護療養病床の13万床は全廃，あわせて23万床もの病床を削減し，それらを有料老人ホームや老人保健施設に転換するというものである．

現在，都道府県では，1980年代の後半から「計画行政」のスタイルをとっており，老人福祉計画や老人保健計画などにより県単位で必要数を策定しながら事業展開が進んでいる．従来のような「箱物主義」と呼ばれる大規模施設建設は，その財源の問題や収容施設というマイナスイメージから今後は行わず，いわゆる「小規模多機能」と呼ばれる地域密着型の施設を数多くつくるように国の方針も変更されてきている．従って，単に療養病床を転換するといっても看板だけ変えるような転換では意味を成さず，その地域の計画に乗っ取ったものでなくてはならない．

しかしながら，この転換計画でもっとも深刻な被害を被っているのは，他ならぬ現在療養を続けている患者である．多くの患者は入院している病院が，治療の場であり生活の場であるという環境が長く続いている．国を挙げて在宅復帰や地域で支えるなどとスローガンが飛び交っているが，容易に在宅にシフトできるような患者群ではないことは調査等で明らかとなってきた．

国を挙げて大きな政策転換を標榜しても，国の意向を先取りして早くからパイオニア的に実

践しているところと，古い体質のまま旧態依然とした事業を続けているところとの「格差」は益々拡大していく傾向にあり，この療養病床の転換計画も地域によって大きな差が出ることは想像に難くない．療養病床の転換計画は，様々な障壁を考慮すると実質的には「療養病床転換政策」ではなく6年かけて「療養病床を削減する計画」であることを改めて認識すべきである．現在，長期療養病院に入院している患者はいったいどこに行けばいいのか，どこに安住の地があるのか，間違っても「死」を宣告されたとは思いたくはない．

今回の医療制度改革は，この他にも後期高齢者医療制度の創設やいわゆる「混合診療」の解禁に向けた準備，長期療養患者の入院医療から在宅医療への転換，そして小児・産科医療対策，そして国民皆保険の堅持が柱である．しかしながら，今回の改革も財源対策が柱であり，様々なサービスのハードルが益々高くなった．そのなかで国民皆保険の堅持とは現実的にどのようなことを意味しているのか，現在療養中の患者にどのような新たな試練が待ち受けているのか，真剣に考える時期にさしかかっている．

3　患者の経済負担と診療報酬

(1)　患者の経済負担の変遷

かつて，「医は仁術」[2]と言われ，慈善事業の対象として疾病と貧困の悪循環を断ち切る努力が払われてきた．明治の初期，疾病は救済事業の対象として治療費を無料又は低額な料金で診る医療機関が出現した．国の施策としては，1869年11月，官立函館病院で貧困者の無料診療，無料入院，施薬を実施したという記録が残されている．民間で最も古い記録としては，長崎の十善寺病院（現，十善会病院）が1875年に開設されている．中でも施薬救療を目的とした済生会が1911年に設立され，貧困階層の医療を展開したことは，医療福祉事業の先駆的な診療であったということが出来る[3]．

わが国の医療保険の源流は，1905年の鐘紡，八幡製鉄所による共済組合の設立に求めることができるが，富国強兵の国是のもと労働力の保持を目的に1922年に健康保険法が成立した．1927年の施行に当たって，診療報酬は点数制により，支払いは医師会に一括するという方式が政府の方針であったという（川上，1965）．労働力の保持を目的にしただけに，労働者本人の自己負担はなく，業務上・業務外を問わず医療給付がなされ，労働者家族の疾病・負傷に対して5割給付されるようになったのは，第2次世界大戦中の1942年のことであった．また，厚生省が発足した1938年に農山漁村の住民を対象とした国民健康保険法が成立し，1961年に国民すべてが公的医療保険に加入する国民皆保険体制が整えられた．皆保険実現当初，国民健康保険の給付率は5割であったが，1963年には世帯主の7割給付が，1968年には世帯員の7割給付が実現し今日に至っている．その後，1965年以降の経済成長を背景に，「福祉元年」と言われた1973年には，健康保険の家族給付が5割から入院8割・入院外7割に引き上げられ，国民健康保険にも高額療養費制度が創設されるとともに，老人医療の無料化が実現した．

しかし，同年秋のオイルショックに端を発する世界的な不況により，「福祉見直し」が始まり，1980年代に入ると，1982年の老人保健法制定による老人医療の有料化，1984年の健康保険法抜本改革による健康保険本人の10割給付が廃止され1割負担となった．健康保険本人負担は，その後，1997年に2割に，2003年に3割に引き上げられた．高齢者も同様で，老人保健法実施当初の定額負担から定率（1割・高所得者2割）に引き上げられた．そして，2006年10月より，現役並み所得の高齢者（70歳以上）の窓口負担を2割から3割に引き上げ，療養病床の70歳以上の患者の食費・光熱費などを原則自己負担にし，2008年度には，70歳から74歳までの窓口負担が原則2割に引き上げられることになっている．以上，患者の経済負担の変遷を概観してみたが，現在の状況としては，2006年度のマイナス3.16％にも及ぶ診療報酬減額改定により，国の厳しい医療費抑制政策が進行し，患者の経済負担が益々大きくなりつつある．

(2) 診療報酬とは何か

さて，風邪をひいて高熱がでたような場合，近くの診療所や病院に行って，医師の診察を受け，薬を処方して貰って一安心ということになるが，この時，多くの人は事前に治療費がいくらになるのか強く意識することはない．というのは，医療の値段は，公定価格であり，患者が窓口で支払うのは多くて3割であるから，よほど，頻繁に診療所や病院を利用するのでなければ，それほど意識する必要がないからである．たとえば，咳と発熱で近くの内科医院に行った場合，どれくらいの費用がかかるのか考えてみると，初診料が2,700円，医師による処方料が420円，薬剤師による調剤料等が170円ほど，薬代が1,320円ほどで合計4,600円ほどになるが，患者が窓口で支払う額は，このうちの3割の1,380円ほどである[3]．食材や衣料品のように，店によって値段が違い，日常的に頻繁に購入しなければならない場合，1円でも安い物を求めるのが一般的である．それに比べると大きな違いがある．このように，わが国においては，国民皆保険制度のもと，保険証1枚で安心して医療を受ける体制が整備されており，健康保険法によって医療提供の理念が明らかにされ，診療報酬制度によって保険財源の配分が規定されているという構造を持っている．診療報酬の請求・審査・支払いの流れは，図3-1のとおりである．

診療報酬とは，医療の価格表のことであり，医療行為ごとに，その難易度と所要時間などによって価格が定められている．現在の診療報酬体系は，1958年に制定された「新医療体系」が母体になっているが，前項で概観したように，1922年に成立した健康保険法において，報酬は点数制にしていくことがすでに決められていたようである．価格表は，医科，老人，歯科，調剤の4種類からなり，金額でなく点数（1点が10円）で表示されているため，一般的には「診療報酬点数表」と呼ばれている．一方，診療報酬は，「単価×回数」で支払われる「出来高払い方式」であるため，必ずしも必要ではない治療が行われる可能性が高いと言われている．そのため「包括払い方式（マルメ）」へ移行することが検討されてきた[4]．

診療報酬は，厚生労働大臣によって告示される．厚生労働大臣は，告示に先立って中央社会保険医療協議会（中医協と呼ばれることが一般的）に諮問し，その答申を受け診療報酬を決定す

図3-1 診療報酬の請求・審査・支払いの流れ

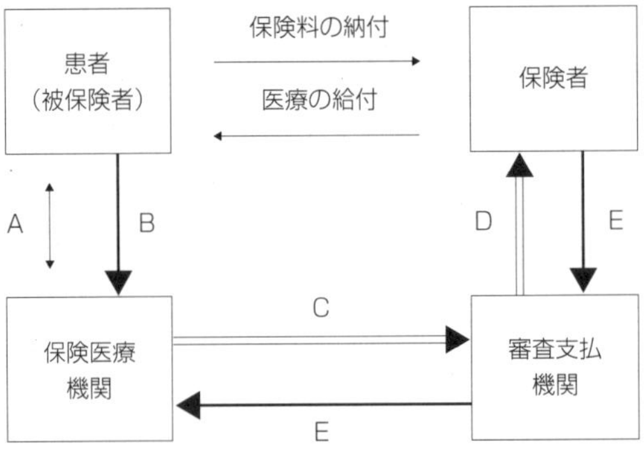

A＝受診・診察
B＝自己負担分の支払
C＝診療報酬請求書（レセプト）
D＝審査済み診療報酬請求書
E＝診療報酬の支払い（患者の自己負担分を除く）

出典：加藤由美著／荒川義子・村上須賀子編（2004）『実践的医療ソーシャルワーク論』金原出版，p.135の図1に筆者加筆．

る．中医協は，大きく分けて診療側委員7人，支払側委員7人，公益側委員6人（計20人）の3者構成となっている[5]．診療側委員は，医師，歯科医師，薬剤師の代表者，支払側委員は，保険者，被保険者，事業主の代表者，公益側委員は，学識経験者などの代表者であり，公開審議が行われている．

　診療報酬改定はおおむね2年に1回行われているが，2006年度の改定においては，中医協の権限が大幅に縮小され，内閣と厚生労働省ペースで改定が進められたということが出来る．診療報酬の点数を変えることによって，医療政策を一定の方向へ導くことができるということから，診療報酬とは，医療の値段を表示した価格表という意味だけでなく，政策誘導を果たす機能を持っているということができる．たとえば，2006年度改定により，心臓・肺臓・肝臓・膵臓の移植が保険点数化されたことは，脳死下での臓器提供を更に推進したいということの表れとみることが出来る．

4　病院の種別と医療チームでの役割

はじめに

　医療法改正などにより病院の種別・病棟区分は表3-1で示すような変遷を遂げてきた．
　MSWの役割は医療機関の種別で大きく異なる．実習を行う前に以下のように2分される医療機関の種別を把握して機能や役割を理解する必要がある．

表3-1 病院の種別・病棟区分

西暦	病院・病棟・病床変遷
1989	緩和ケア病棟
1992	特定機能病院
1993	療養型病床群
1997	地域医療支援病院
	療養型病床群（有床診療所）
2000	急性期特定病院
	回復期リハビリテーション病棟
2001	療養病床群分かれる
	医療保険型療養病床
	介護保険型療養病床
2004	亜急性期病棟

出典：筆者作成．

（1） 医療法による医療機関の区分

1）特定機能病院

急性期医療を専門とする大学病院や国立病院で厚生労働省の承認が必要である．高度な医療を提供し高度な医療の研究，開発，評価，研修を行う．

2）地域医療支援病院

地域医療支援病院は都道府県の承認が必要である．地域の医療機関を支援する機能，能力，一定の建物の構造や設備等を有することが必要である．その他の条件として①紹介患者が一定以上ある．②逆紹介が一定以上ある．③建物，設備，医療機器を地域の医師が利用できる体制がある．④緊急医療の提供がされている．⑤地域の医療従事者に向けて研修を実施していること等である．

3）一般病院

精神病床，結核病床，感染症病床，療養病床以外の病床を持つ病院である．入院基本料が在院日数，看護配置，看護師配置比率で設定される．

4）精神病院

精神疾患を持つ患者が入院できる．精神疾患の特徴に応じる治療と患者の保護ができる設備がある．

5）診療所

19人以下の患者が入院できる病床を持つ所と持たない所がある．

（2） 診療報酬制度による病棟の種類

診療報酬制度は，出来高払いと包括払いが基本であるが出来高払いと包括払いの組み合わせもある．

1）急性期病棟

特定機能病院等を対象に一般病床に入院する患者に対して，急性期医療に係る診断群分類別

包括評価（DPC）が導入されている．DPCは，包括払いと出来高払いの組み合わせである．
① 救急救命センター

重篤な救急患者に対して濃厚な治療を行う場合，救急救命入院料が設定されている．常時専任の医師，看護師，麻酔医が常駐することが条件になる．

② 集中治療室（ICU）

集中治療室は，厚生労働大臣が定める施設基準に適合している病院が重篤な患者に対して濃厚な治療を行う場合，集中治療室管理料が設定されている．

③ 脳卒中ケアユニット（SCU）

脳梗塞，脳出血，くも膜下の患者に対する専門の治療を行う．

④ ハイケアユニット（HCU）

特定集中治療室の入院患者に準じた状態の患者を治療の対象にしている．特定集中治療室と一般病棟の中間的な治療室と位置づけられている．

2）一般病棟

一般病棟は，平均在院日数19日以内から平均在院日数規定なしの5段階になった．入院基本料も5段階に設定され在院日数，看護配置，看護師配置比率で変わる．

入院が90日を超える老人保健法規定の医療を受ける老人患者は「特定患者」と呼ばれ包括払いの対象になる．

3）亜急性期病床

急性期における治療を終えた患者が在宅復帰に向けて回復していく時期を療養する病床である．退院患者の6割以上が在宅に退院する要件がある．入院期間は90日を限度とする包括払いである．

4）回復期リハビリテーション病棟

ADLの向上と家庭復帰を目的としたリハビリテーションを集中的に行なう．脳血管疾患，大腿骨頚部骨折等で急性期病院に入院して2か月以内の人が対象である．入院基本料は包括払いである．

5）緩和ケア病棟

治療が必要なく終末期にある患者のQOLの向上のために専門家のチームで行われるケアである．末期のために生じる症状を軽減し支え励まし無意味な延命治療を行なわず身体的な痛みのコントロール・精神的・社会的なケアを行う．病名が告知され余命が6か月以内というがんの患者かエイズの患者が対象である．入院料は包括払いである．個室が原則である．室料差額があるところとないところがある．

6）療養病棟

長期に療養し投薬が少なく治療も必要のない患者が対象で包括払いである．医療保険対応では2006年7月より医療必要度（医療区分1，2，3），ADLの状態区分（ADL区分1，2，3）で入院基本料がAからEに分けられた．療養病床には介護保険型医療施設があるが，2011年度末ま

でに廃止することが決定した．

7）特殊疾患病床
長期の介護療養を行なう脊髄損傷等の重症患者，重度の意識障害者，筋ジストロフィーの患者，難病患者等である．入院料は包括払いである．

8）精神科病院
精神症状の治療を行なう病院である．本人の同意に基づく任意入院が原則であるが，治療に対する本人の同意が得られない場合には法的に定められた手続きに基づく入院制度がある．それらは，措置入院，緊急措置入院，医療保護入院，応急入院である．

9）精神科急性期治療病棟
急性期の集中的な治療を要する精神疾患の患者を受け入れる．診療報酬は包括払いである．

10）老人性痴呆疾患病棟
幻覚・妄想・夜間せん妄・徘徊などの精神症状および行動異常の治療を行なう．生活機能の回復のため訓練指導を行なう．医療費は包括払いである．

（3）医療チームでの役割

患者の入院する医療機関は，医療機能分化によって変化する．医療機関は，出来高払いや包括払いによって費用負担も大きく変わる．MSWの役割は，在院日数，病状により大きく変わる．急性期病棟においては，短期間に在宅療養か，転院か，介護保険関係施設入所かの判断を行わなければならない．転院の場合の医療機関は一般病棟か，亜急性期病床か，回復期リハビリテーション病棟か，緩和ケア病棟か，療養病棟か判断しなければならない．患者の退院援助を行うためには，退院時における患者の病状を理解することが重要である．急性期の治療が終わった後は，治療継続か，在宅への準備か，機能訓練か，終末のケアか，長期の介護が必要かを評価しなければならない．

亜急性期病床病棟では，入院して90日以内と入院中の患者の60％以上が在宅（介護保険関係施設含む）へ向けて退院することが義務付けられている．医師，看護師とチームを組み患者の退院計画に早期に参加することが求められている．回復期リハビリテーション病棟では，疾患ごとにリハビリの算定の上限の期限があるため個別の退院計画を作成する必要がある．MSWには患者の機能回復の状況やゴールの設定を把握して在宅に退院できるかどうかの評価が求められる．自宅に退院できない場合は患者の機能回復の状況によって介護保険関係の施設を含む退院先を検討しなければならない．緩和ケア病棟では，紹介された患者が，緩和ケア病棟の目的に合う患者であるかどうかの評価に参加することが求められる．療養病棟では，長期の介護を目的としている．介護の状況が軽くなった患者の場合は，介護保険関係施設への入所の評価が求められる．

医師や看護師等の医療チームと共に評価を共有して患者の退院援助を行わなくてはならない．医療機能分化の理解なしでは，MSWの役割も理解できない．実習において医療機能分化の現

状を理解することは，重要なことである．

注

［第1項］

1) 病気の治療をしたいが，経済的な理由で受診できない，公的医療保険を持っているが一部負担金が払えない．わが国は国民皆保険，皆年金が前提であるが，現実のこととして「保険未加入」の人が増えている．そのようなことで悩んでいる人も少なくない．そこで利用できるのが「無料低額診療事業」である．この事業は，「社会福祉法」に規定されている「第二種社会福祉事業」である．この事業を実施している医療施設を「無料低額診療施設」という．別名「福祉医療施設」ともいう．「さて困った」というとき，無料または低額な料金で診療が受けられる医療機関（病院・診療所）である．

　このことは，医療保険関係者，福祉・介護領域の人たちにも意外に知られていない．この医療施設は一般の医療機関で社会福祉法人が経営しているところが多い（ごく稀に日赤・財団法人・宗教法人の経営もある）．この施設が存在していない県もあるが，おおむね全国的に設置されている．なかでも東京・神奈川・京都・大阪に多い．全国に280余施設がある．社会福祉法人・全国社会福祉協議会の組織のひとつとして「全国福祉医療施設協議会」として活動をしている．

　この無料低額診療事業には次のような基準（必須基準）がある．地域によってはこれに独自の基準（選択基準）を付加している．概略次のとおりである．

① 低所得者，要保護者，行路病人，一定の住居を持たない者，野外において生活している者等の生活困難者を対象とする診療費の減免方法を定めて明示すること．
② 生活保護法による保護を受けている者及び無料又は診療費の10％以上の減免を受けた者の延べ数が取り扱い患者の総延べ数の10％以上であること．
③ 医療上，生活上の相談に応ずるためにMSWが100床に1名の割合で必置されていること．かつ，そのために必要な施設（専用の相談室，面接室，専用の電話など）を備えること．
④ 生活保護法による保護を受けている者その他の生計困難者を対象として定期的に無料の健康相談，保健教育を行うこと．

［第3項］

2) 「医は仁術（じんじゅつ）」の「仁」とは儒教における最重要な徳であり，主に他人に対する優しさを表している．

3) 2006年度診療報酬改定により，初診料は病院も診療所も270点に一本化された．

4) 包括払い方式の一つが，DRG／PPS（diagnosis of related groups/prospective payment system）であり，DRGは「治療に要した資源量（治療コスト）に基づく疾病分類」，PPSは「初診から治癒までの費用を一括して支払う方式」のことで，アメリカで導入され世界的に普及した．DRGは，わが国においても1998年から国立病院などで実験が行われたが，2003年で中止となった．DRGに代わって実施されたのがDPC（diagnosis of procedure combination：診断群分類）というもので，「疾病別の日額定額制が基本となった支払方式」のことで，これを導入する病院が徐々に増えている．

5) 2006年度の中医協改革により，委員数の見直しが行われ，診療側8人が7人に，支払側8人が7人に，公益側4人が6人になった．

参考文献

[第2項]

山路克文(2006)「第7章　今日の医療制度改革と介護保険改正の経済と財政」坂本忠次・住居広士編著『介護保険の経済と財政』勁草書房.

平成18年6月14日に参議院本会議で可決成立した「医療制度改革関連法(健康保険法,医療法等改正)については全文を一読することを勧めるが,とくに「21項目の附帯決議」は重要であり,附帯決議に従って政策が変更されてくると思われるので今後を注目したい.

[第3項]

川上武(1965)『現代日本医療史——開業医制の変遷』勁草書房.

池田敬正・土井洋一(2000)『日本社会福祉綜合年表』法律文化社.

児島美都子・成清美治編著(2002)『現代医療福祉論』学文社.

加藤由美(2004)「診療報酬を読み解く知識」荒川義子・村上須賀子編著『実践的医療ソーシャルワーク論』133-139,金原出版株式会社.

結城康博(2006)『医療の値段』岩波新書.

大内講一(2006)『改正医療保険関係法の概要と企業実務』日本法令.

[第4項]

荒川義子・村上須賀子編著(2004)『実践的医療ソーシャルワーク論』金原出版.

中野豊(2006)『すぐわかる診療報酬2006』デンドララライトジャパン.

村上須賀子・佐々木哲二郎編著(2007)『医療福祉総合ガイドブック　2007』医学書院.

MSW

第Ⅱ部
実習編

第4章　実習準備【養成校】

1　医療ソーシャルワーク実習システムの構築

(1)　学びの効率を高めるための実習システム

　学生にとって実習は単に，医療現場での実務に触れるという程度のものに終わらず，生命的危機状態と隣り合わせの中で，いかに患者（利用者）やその家族のwell-beingを確保していくか，そのためにMSWがどのようなかかわりを，誰と，どのような方法で行っているのかを理解するとともに，短時間での効率的，効果的な援助とはいかなるものであるのかを学んでいけるものでなければならない．特に医療機関の時間の流れは，社会福祉施設に比較して相対的に早く，急テンポでことが運ばれていく．このような流れの速さに惑わされることなく，学生が実りのある実習を体験出来るためには，医療ソーシャルワーク実習を希望する学生が，大学での事前学習で何をどのように学び，実習中の学びがどのようなプロセスで進み，さらに実習後には，実習中の学びをどのような方法でまとめるか，また，学生の学びを教育機関と実習指導者とが，どのように支えるのか，というような事柄が全体として，しっかりと検討され，システム作りがなされ，学生達に提示される必要がある．

1）実習担当教員の組織化

　学生の実習をサポートするためには，実習担当教員に，医療現場という，患者の生命を預かる特殊な場についての認識と，学生が実習中に受けるストレスに対応するための支援に関する力量が求められる．医療機関という場は，人々の生活の中に以前は日常的に存在していた「誕生と死」が存在している場なのであるが，それらが非日常化した状況が当然である現在の多くの学生にとっては，日常生活でありえない事柄が，それも次々に生じてくる，衝撃的な経験を余儀なくされる場なのである．

　このような衝撃にさらされる学生を正面から受け止めてやれる実習担当教員の存在は，学生にとって，どれほど心強い存在であろうか．

　理想を言えば，医療ソーシャルワーク実習の担当教員には，医療機関での実務経験を，それが無理ならば，少なくても医療機関でのそれ相当の実習経験を持った教員が配置されることが望まれる．しかし現実的には各大学や，養成機関が，そのような教員配置を必ずしも実現できる状況にはない．実経験の伴わない状況への対応は，実習担当教員にとっても大きな負担である．これらの負担を軽減し，学生への指導効果を高めるには，教員間でのコンサルテーションシステムや，現任のMSWとの間での，コンサルテーションシステムの構築が必要となろう．

2）実習担当者会議の設定とスーパービジョン

　実習期間中の巡回指導については，同一教員か巡回指導に当たれることが理想であろうが，現実的には，実習担当教員も実習以外の他の校務を持っており，授業や他の実習訪問の予定等の関係で，同じ実習先に継続して実習訪問に当たれないことも生じる．医療機関での実習経験や実務経験のない教員が訪問指導に当たる場合，学生の直面している問題を，実情に即して受け止められなかったり，学生の実習課題や実習目標の設定の問題点に気づかなかったりしてしまう可能性もある．このような問題への対応には，複数教員，それも様々な臨床経験を持った教員による実習担当者会議の設定が有効である．この場での検討が教員の気付きを進め，このことはさらに，教員による学生へのスーパービジョンの質を高めることにもなり，学生の学習を効果的に進めていくための重要な動因ともなる．

3）実習先の選定方法の設定とそこでの留意点

　学生の実習先を選定する場合，その方法による利点をうまく生かすことと，欠点をうまく補うことが必要とされる．

① 学生が実習先を自己開拓する場合

　　学生が実習先を自己開拓する利点は，学生の自立度を高められることであるが，学生が十分な情報収集のもとで行動をしているとは限らず，学生の希望理由と医療機関の実情，また，医療機関の特長によって，学生の希望する実習が行われる可能性があるかどうかの検討を行うことが必要となり，手間と時間はかかる．実習担当教員もこれまでの経験から，またそれまでの実習から確認している状況と，学生が希望する実習とがうまく合致するのか，また，実習希望先がその学生の計画に対応できる状況であるのかを検討し，可能性があれば更なる接触を実習先と継続させることが必要となるし，学生の希望とマッチしないことが明白ならば，他の医療機関の実習の可能性を検討させることとなる．

② 実習先を養成機関で選定し，受入数の学生を送り出す場合

　　実習先選定に時間をかけることが出来ない場合には，大学や養成機関が選定した（契約実習先）に学生を送り出すことになる．この場合，先に述べた自己開拓方式以上に，学生の実習への動機付けと，学生と実習先とのマッチングに，実習担当者は気を使わなければならない．この場合実習先に関する情報はまず養成機関が責任を持ち提供しなければならない．それをもとに学生個々人が，自らの希望する実習が展開できる可能性を，教員と共に検討することが必要となる．この初期情報が不充分であれば，実習機関とのミスマッチが生じてしまい，実習の効果をあげられなくなってしまう．

4）現場実習担当者との打ち合わせ会

　実習生を引き受けた場合，実習現場の指導者は，医療機関の職員としての業務にあわせ，実習生の教育指導という役割を引き受けることになる．実習は現場の新入職員教育と異なり，養成機関での事前教育に積み上げる形での実習指導となるわけであるから，養成機関が何をどう教育し，指導してきたかの情報に欠けた場合，それまでの指導と異なった情報が学生に伝達さ

れたり，あるいはまだ学べていない事柄が，既に学んでいることとして処理されたりと，情報の欠如が双方の混乱を生じる発端となる可能性がある．

　今後は医療機関が指定実習施設に加えられたことにより，基本的な情報の統一は可能となるはずであるが，一方，教育機関での実習事前教育の実施にあたっては，医療機関の特殊性をふまえた事前教育と，社会福祉施設や機関についての事前教育とを，どのように整合性を保ちながら行うのかという新たな問題が生じるであろう．

　不要な混乱を避け，医療機関での実習を有効に，かつ効果的に実施していくためには，少なくとも実習現場の指導者（スーパーバイザー）と養成機関との間での，実習実施上の事前打ち合わせが必要となろう．

　打ち合わせ項目として考えられるものには，次のような内容が考えられる．

① 実習実施形態（集中，分散，分散集中）の確認

　　医療ソーシャルワーク実習の場合，様々な疾病とその重症度の異なる患者の理解や，病状の理解，また検査や治療の理解など，学生が基本的に学ぶべきこと，調べるべきこと，理解すべき情報の量が多く，短期集中型の実習では，日々の動きに圧倒され，時間をとって考え，疑問を追及する余裕を失ってしまうことが見うけられる．このような事態を防ぎ，自ら学ぶ姿勢を体得させ，実習での学習効果を高めるためには，週に2日程度の分散型の実習が望ましいと考えられる．

② 実習到達目標の設定

　　たとえば患者や家族の問題理解，アセスメントとワーカーの援助計画の設立，情報収集，情報提供など，実習生がどこまでの達成度を実習目標に定めるかによって，設定される実習期間は大きく異なってくる．入院時面接や，簡単な情報収集や情報提供であっても，苦痛や不安を持っている患者や家族に面接するとなると，それなりの態度や，視点を持っていることが必要となる．どこまでを実習のゴールとするのかを，実習希望学生ひとりひとりとしっかり話し合うと共に，実習受け入れ機関の担当者とも，一緒に検討する機会を設け，個々の学生の力量と，実習受け入れ機関の状況に合わせ，両者に不要な圧がかからないように，配慮していくことが必要となる．

③ 実習前の学習内容

　　実習機関の専門性によって，学生に期待される事前学習の内容は微妙に異なってくる．従って事前に指示された内容の習得状況の確認，指導のための対応を，一般的な授業という形式を踏んで行うのか，個別指導を通して行なうのかの決定が必要となる．

④ 実習中の指導の方法

　　実習受け入れ先のワーカーを非常勤講師として依頼し，学生の実習中の指導を依頼している大学もある．学生の立場からすれば，大学の教員と実習先のワーカーとの連携で指導が受けられることがもっとも望ましい姿だと言える．いずれにしても事前の打ち合わせの中で，それぞれの役割，連絡調整方法などを確認しておき，一体として指導がなされてい

るという実感を学生が持てるように配慮すべきであろう．

⑤ 実習評価の方法

社会福祉士の受験資格取得のための実習である限りは，実習評価を実習先に依頼することになる．この場合，実習先の評価をどの程度教育機関の実習評価に反映させるかを事前に明確に決めておく必要がある．実習先の評価が生かされないということであるなら，それは指定実習といえないことになろう．

⑥ 実習継続困難と実習引き受け先が，また，実習担当教員が判断したときの対応．

ア．実習継続困難と実習先が判断した場合

その理由が正当なものであるならば，大学としてその判断に従うことが必要となる．その場合，本人が希望すれば，再度実習を行なうチャンスを与えるのか，失格とするのか，という取り決めと，再実習を設定するなら，そのための条件設定，実習の実施方法についての取り決めが必要となる．

イ．事前学習中に，実習担当教員が，学生の精神的な状態，また，実習への動機付け等の状況から，実習実施が困難であると判断した場合

筆者の経験で，学生を，また実習先の利用者を保護するということから考えて，実習を中止することはやむをえないことと，いったん判断したものの，本人や担当教員の強い思いで，実習実施へと踏み切ったことがあった．しかし，結果として，実習を中断したり，実習そのものの効果を挙げられず，実習先に迷惑をかける結果を招いたことがある．このような場合，教員も，学生も勇気ある撤退をするべきであるが，単に中止をすれば良いのではなく，それなりの対応システムの設置が必要となる．

ウ．ガイダンスシステムの設置で考えるべきこと

実習先の利用者の権利を保護し，学生の学習権を守りながらも，実習の学びを意義あるものにしていくためには，事前教育中の方向転換への支援やガイダンス，また不幸にして中止にいたった場合の，学生へのアフターケアシステムの構築が不可欠となる．実習を実施に移す勇気と，中断する勇気をしっかり持てる学生の育成と，専門職教育の厳しさに正面から取り組める教員の育成が求められる．

この種のガイダンスに当たる教員としては，臨床現場で実際に専門職として勤務したそれ相当の経験のある教員か，現任者の非常勤講師と教員がチームを組み対応に当たることが望ましい．

(2) 社会福祉施設実習と医療機関での実習

これまでは医療ソーシャルワーク実習に関しては，社会福祉施設，機関での実習を終えた後の付加実習，あるいは，アドバンスの実習としての位置づけが多く見られた．

社会福祉士受験資格取得のための指定科目だけでは，医療の現実，保健医療サービスの仕組み，健康保険法，医療法，保健師助産師看護師法での規定内容と，現行の医療サービスとの関

連など，医療ソーシャルワーク援助を考える上での基本情報に事欠いていた．したがってこれまで多くの大学や養成機関では，医療福祉論，医療ソーシャルワーク論，医療経営論，医療サービス論等の関連科目を配置し，それの履修を実習選択条件としていたのである．

しかし，社会福祉士受験資格取得に必要な指定科目の中の実習のひとつと位置づけられた場合，これまでの実習選択条件を付加することが適切なことであるかどうかの検討を改めてする必要が出てくる．現実的な問題としては，社会福祉施設機関での実習を終了し，人々の生活を支援するということがいかなることであるのか，地域での生活を維持していくということがどのような支援を必要とするのかなどの理解を習得した後に，さらにそこに病気という異常事態が発生したときに，どのような支援を行いうるのかを学ぶというのが筋道ではないかと考える．

(3) 医療ソーシャルワーク実習コーディネーターの設置

地域の限られた実習資源（医療機関）を有効に活用し，学生の実習の効果を上げ，さらに実習希望学生の実習を適正に実施していくためには，各県のMSWの専門職能団体と地域の教育機関，養成機関との連携で，医療ソーシャルワーク実習が，教育機関や，実習引き受け先の状況によって，大きく異なることがないように，それらの調整を図る実習コーディネーターの設置が望まれる．

(4) 他専門職の養成教育を見据えた上でのシステム構築

学生としては，今まで受験資格につながらない実習として認識していただけに，その動機付けが低かったことが考えられるが，今後の動向として予測できることは，実習希望学生の増加であり，下手をすると実習先の取り合いという最も望ましくない事態を生じることになる．

また，今，実習時間の延長についての検討もなされている．おおよその方向性が見えてきている状況にあって，特に医療に関連する専門職の場合，その実習期間の設定は厳しく，実習指導体制も厳しいものが求められている．このような状況からすると，医療ソーシャルワーク実習も，社会福祉士受験資格取得の単に1分野という位置づけに留まらず，将来を見越した実施方法の検討を早急に行なう必要があろう．

2 実習のシラバス例

(1) 医療ソーシャルワーク実習の位置付け

ここで紹介する「医療ソーシャルワーク実習」〈実習指導〉のシラバス例は，本書の前文にもあるように，「社会福祉援助技術現場実習に上乗せし，MSW養成を意図して医療機関実習を実施してきた」4年制の社会福祉系大学を想定したものである．実際の例ではなく，筆者が2つの社会福祉系大学で担当した実習指導をふまえ，今後の医療ソーシャルワーク実習に関わる実習指導のあり方として，ひとつのモデルとして提示するものである．

ここでは,「医療ソーシャルワーク実習」を,医療機関で実施する〈現場実習〉と,教室内で実施する演習形態の〈実習指導〉の両方を含む単一の科目としている.社会福祉士養成課程では,「社会福祉援助技術現場実習指導」と「社会福祉援助技術現場実習」とが独立した科目となっているが,それとは位置づけを異にしている.その理由は,〈実習指導〉は,〈現場実習〉とは不可分であり,同時並行的におこなわれることが不可欠だと考えるからである.

「医療ソーシャルワーク実習」の単位認定の実際は次のようになる.〈現場実習〉部分は,出勤日数,実習日誌,実習指導者による評価などをふまえて担当教員が評価をおこなう.一方,〈実習指導〉部分は,出席日数,レポート,実習報告会におけるプレゼンテーションなどをふまえた担当教員が評価をおこなう.このように,〈現場実習〉と〈実習指導〉とは個々に評価をおこなったうえで,「医療ソーシャルワーク実習」としての総合的な評価をおこなう.その際,一方の評価が高くても,他方の評価が低く,「医療ソーシャルワーク実習」としての総合評価が単位認定に値しない場合には,次年度以降に再度,〈現場実習〉と〈実習指導〉の両方を同時に履修することになり,片方だけで単位認定をすることはしない.

「医療ソーシャルワーク実習」の時間数は220時間で,4年次の8〜9月の夏季休暇期間中に医療機関でおこなう実習(1日8時間×5日間/週×4週間=160時間)と,教室内でおこなう実習指導(60時間)から成り立っている.このような前提のもとで,次のような条件で実施している.

第1に,履修対象は,MSWを第1志望としている者としている.

第2に,先修要件は2つあり,1つは,3年次までに社会福祉士養成課程における全科目を履修済みであることと,もう1つは,2年次の選択科目である「医療福祉論」(通年科目)と,3年次の選択科目である「医療ソーシャルワーク論」(通年科目)及び「医療ソーシャルワーク演習」(通年科目)を履修済みであること,となっている.

第3に,教室内でおこなう実習指導のクラスは,2クラス用意されており,少人数教育の重要性に鑑み,1クラスあたりの定員を10人としている.

以上のような条件のもとで次に紹介するのは,「医療ソーシャルワーク実習」のうち,教室内でおこなう〈実習指導〉部分のシラバス例である.

(2) 医療ソーシャルワーク実習〈実習指導〉の要点

医療ソーシャルワーク実習〈実習指導〉は,前期・後期それぞれ15コマずつあり,以下の10の柱から成っている.

① ガイダンス:最初の2コマ分を本科目のガイダンスとして位置付けている.1回目は,医療ソーシャルワーク実習の目的・意義,位置付けについて,小グループでディスカッション後,説明する.〈実習指導〉と〈現場実習〉との関係についてもここで説明する.

2回目は,実習課題・実習目標・実習計画について,そのあり方や具体例について説明する.また,〈現場実習〉は,県医療社会事業協会の会員が所属する医療機関を中心にお

表4-1 医療ソーシャルワーク実習＜実習指導＞のシラバス例

目標	医療ソーシャルワーク実習は，3年次の社会福祉援助技術現場実習に上乗せして行い，社会福祉士としての実践能力をより高めるとともに，医療ソーシャルワーカーとしての実践能力の習得を図る．
概要	前期：事前指導 　①実習の意義，②問題意識や動機の明確化，③実習の実際，④実習計画書の作成， 　⑤実習に向けてのガイダンス 実習中：巡回指導（1回／週） 後期：事後指導 　①実習のふりかえり，②実習報告会へ向けてのグループ研究，③実習報告書の作成， 　④個別面接，⑤実習総括と卒後に向けてのガイダンス
教科書	村上須賀子ら編『ソーシャルワーカーのための病院実習ガイドブック』勁草書房，2007年
備考	単位認定は，医療ソーシャルワーク実習＜現場実習＞とともに，総合評価によっておこなう．

授業内容

回	テーマ	内容	
1	ガイダンス①	医療ソーシャルワーク実習の意義や位置付けについて	
2	ガイダンス②	実習課題・実習目標・実習計画のあり方，実習先の選定	
3	事前学習①	医療福祉論の要点（医療福祉の理念，医療政策，医療機関，チーム医療等）	
4	事前学習②	医療ソーシャルワーク論の要点（患者理解，医療ソーシャルワークの展開）	
5	事前学習③	医療ソーシャルワーク演習の要点（個別援助技術を中心に）	
6	事前学習④	医療ソーシャルワーク演習の要点（集団援助技術を中心に）	
7	事前学習⑤	医療ソーシャルワーク演習の要点（地域援助技術，その他）	
8	事前学習⑥	実習先研究レポートの検討	
9	実習計画の検討①	実習計画案の作成	
10	実習計画の検討②	実習計画案の作成	
11	事前訪問	実習予定先への事前訪問し，実習計画案の指導を受ける	
12	実習計画の検討①	実習計画案の作成	
13	実習計画の検討②	実習計画案の作成	
14	実習直前ガイダンス①	実習記録の説明	
15	実習直前ガイダンス②	実習上の注意事項について　　　夏期休暇期間　医療ソーシャルワーク実習〈現場実習〉	
16	実習直後報告会	口頭での報告をおこなう	
17	実習場面の振り返り①	毎回2人ずつ，実習場面の振り返りをおこなう	個別面接
18	実習場面の振り返り②		
19	実習場面の振り返り③		
20	実習場面の振り返り④		
21	実習場面の振り返り⑤		
22	課題研究①	小グループを編成し，実習から得た新たな課題について検討する	
23	課題研究②		
24	課題研究③	各グループからの研究発表をおこなう	
25	実習報告会に向けて①	毎回2人ずつ，実習報告会の模擬プレゼンテーションをおこなう	個別面接
26	演習報告会に向けて②		
27	演習報告会に向けて③		
28	演習報告会に向けて④		
29	演習報告会に向けて⑤		
30	実習指導のまとめ	実習指導・現場実習のふりかえりをおこなう／卒後に向けてのガイダンス	

注：実習報告は，次の2回実施する．学内で実施する実習報告会には，実習指導者を招聘する．また，県医療社会事業協会主催の実習報告会では，他大学の実習生との交流会を実施する．
出典：筆者作成．

こなっているため，それぞれの医療機関名，所在，特徴等について説明する．

② 事前学習：事前学習は計6コマ実施する．3回目は，2年次に履修した「医療福祉論」の復習として位置付ける．4回目は，3年次に履修した「医療ソーシャルワーク論」の復習として位置付ける．5回目〜7回目の3回分は，3年次に履修した「医療ソーシャルワーク演習」の復習として位置付る．8回目は，既に内定または決定している実習先につい

③ 実習計画作成に向けて：9～10回の2コマ分で，各自の実習計画案を発表してもらい検討する．実習先の事前訪問をはさんだ後，12～13回目の2コマ分で，修正した各自の実習計画案を発表してもらい検討する．

④ 事前訪問：10回目の1コマ分は，教室内での授業は実施せず，各自で実習予定先に事前訪問をおこない，実習予定先の医療機関の説明，実習計画案についての指導，実習に向けての準備や注意事項についての説明等を受ける．

⑤ 実習直前ガイダンス：14回目は，実習記録についての説明をおこなう．15回目は，実習上の注意事項についての説明をおこなう．

⑥ 実習直後報告会：後期の最初の授業である16回目は，実習記録を持参し，口頭で実習のふりかえりをおこなう．

⑦ 実習場面の検討：17～21回の5コマ分は，毎回2人ずつ，実習場面の振り返りを報告してもらい検討する．

⑧ 課題研究：22～24回の3コマ分は，実習から得た各自の課題を交流し，小グループを編成して，研究レポートをまとめ，報告する．

⑨ 実習報告会準備：25～29回の5コマ分は，毎回2人ずつ，実習報告会に向けての模擬プレゼンテーションしてもらい，検討する．

⑩ 実習指導のまとめ：最後の30回目は，1年間の医療ソーシャルワーク実習の振り返りとまとめ，及び卒後に向けてのガイダンスをおこなう．なお，学内での実習報告会は，後期授業の定期試験終了後に，実習指導者を招聘して，2クラス合同でおこなう．また，県医療社会事業協会主催でおこなう実習報告会にも出席することとする．

以上は，筆者が考える「医療ソーシャルワーク実習」〈実習指導〉のあり方である．

(3) 広島国際大学 医療福祉学部 医療福祉学科の実習システム例（2007年4月現在）

広島国際大学では，医療福祉実習に先立ち，2年次後期に医療福祉論Ⅰ，3年次前期に医療福祉論Ⅱ，3年次前期・後期に医療ソーシャルワーク論を先修科目（同時履修可能）としている．また，医療分野の知識については，1年次医学概論Ⅰ，Ⅱ（社会福祉士必修科目），選択科目の医学用語概論及び内科学概論を履修するように指導している．実際に医療福祉実習を履修するかどうかは，3年次の12月頃までに医療福祉実習希望のレポート作成，医療福祉実習及び精神保健福祉援助実習担当の教員4名と学生の面接を経て決定する．

1）医療福祉論Ⅰ・Ⅱ

◇医療福祉論Ⅰ　医療福祉についての基本的な概念について，医療の主体者である"利用者"とその人を取り巻く人の福祉と権利という側面と，巨大な医療システムの中で利用者の福祉や権利がどのようにとらえられているかという側面との両側面から理解する．

表4-2　広島国際大学の医療福祉実習の流れ

年次	前　　　期	夏休み	後　　　期	春休み
1	◎医学概論Ⅰ		◎医学概論Ⅱ	
2			○医療福祉論Ⅰ △医学用語概論	
3	○医療福祉論Ⅱ ○医療ソーシャルワーク論 △内科学概論	◎社会福祉実習 （4W180時間）	○医療ソーシャルワーク論	○医療福祉 実習学内実習 医療福祉実習 （2W）＊
4	医療福祉実習（2W）＊			

◎卒業のための必須科目（社会福祉士必修科目）
△望ましい科目
○選択必修科目（医療福祉実習先修科目）
注：基本的に医療福祉実習は3年次～4年次の春休み期間に2週間（90時間）行うか，4年次のうちに2週間（90時間）行うかのいずれかを選択する．
出典：筆者作成．

◇医療福祉論Ⅱ　医療福祉論Ⅰで学んだ医療福祉の理念，基本的な視点，援助方法やプロセスについての知識，技術をもとにⅡでは，MSWとしての実践力を高めていく．テキストの事例や仮想事例等を通して，所々にワークショップ形式を取り入れ，MSWの援助姿勢，考え方，方法等について考えていく．MSWが連携していく保健医療分野の専門職の実践も含め，医療機関を利用する当事者の存在について理解するとともに，MSWがもつべき医療福祉の固有の価値，知識や技術について学ぶ．

2）医療ソーシャルワーク論

◇保健・医療の領域においてMSWに対する役割期待は非常に高まってきている．しかし，その求められる役割のみをこなすだけではなく，患者・家族の福祉を高めるための役割を開拓・創造していくことが出来なければ，専門職としての責務を果たすことにはならない．そこで，本講義では基本的な知識と技術を習得することを目指すとともに，新たな役割の開拓・創造を視野に入れた援助視点について学ぶ．

3）医療福祉実習の選択について

◇医療福祉実習選択に先だって，学生には2つのレポート課題を課し，後に行われる医療福祉実習選択のための面接に用いている．

4）医療福祉実習学内実習について

第1回のオリエンテーションから，第2～5回のゲストスピーカーによる講義は，医療福祉実習と精神保健福祉援助実習を希望する学生全員が参加する．この後，医療福祉実習希望者と精神保健福祉援助実習希望者に分かれて，それぞれの学内実習を受講する．

第Ⅱ部　実習編

●レポート1（形式，量は自由）

医療福祉実習・精神保健福祉援助実習についてのレポート課題

学生番号		氏　　名	
希望実習 （○印は 一カ所）		医療福祉実習と精神保健福祉援助実習の両方を希望	
		精神保健福祉援助実習のみを希望	
		医療福祉実習のみを希望	

＊実習の種別に関係なく次の1～6すべての設題についてレポートしてください．

1. いずれかを選んで記述してください．ただし，両方希望する人は①，②とも書いてください．
   ①精神保健福祉援助実習希望者　　あなたが精神保健福祉士取得を目指す理由は何ですか．
   ②医療福祉実習希望者　　　　　　あなたが医療福祉実習を希望する理由は何ですか．

2. 医療ソーシャルワーカー（精神保健福祉士を含む）がもっていなければならない資質とは何ですか．

3. 実習生のあなたにとって，患者（利用者）さんはどのような存在ですか？

4. あなたが社会福祉援助技術現場実習で感じた自分の課題は何でしたか．

5. あなたの実習の目的と実習に臨む心構えを書いてください．

6. 実習期間中で実習生として気をつけておくべき点を優先順に5つ挙げてください．

＊＊＊＊＊＊＊＊＊＊＊＊＊＊＊＊＊＊＊＊＊＊＊＊＊＊＊＊＊＊＊＊＊＊＊
◎ 形式自由，必ず別紙にそれぞれの設題にしたがって書いてください．（ワープロ可）

その際，記述例のように設問の番号と設題を書いてください．

（記述例）
1. あなたが精神保健福祉士取得を目指す理由は何ですか．
   私が..

提　出　先

　　　○○研究室（○号館○階○○○）へ

いずれの場合も必ず別紙『実習希望調査票』と共に持参すること．
提出の際は，この用紙を一番上にしてレポートに綴じること．
レポートは2部（コピー可）提出してください．

＊提出期限　　年　月　日（　）午後　　時まで（厳守）これ以後は一切受け取りません．

●レポート2（形式，量は自由）

◇病院の待合室に半日座って，見たこと，感じたこと，考えたことを書きなさい

表4−3 医療福祉実習学内実習

(広島国際大学医療福祉学部医療福祉学科 2005年度)

回	指 導 項 目	内 容 等
1	学内実習オリエンテーション	学内実習の全体的な説明,留意事項等
2	実習指導者から学ぶ(1)	ゲストスピーカー 総合病院のMSW
3	実習指導者から学ぶ(2)	〃 療養型病院のMSW
4	実習指導者から学ぶ(3)	〃 精神障害者社会復帰施設PSW
5	実習指導者から学ぶ(4)	〃 精神科単科病院PSW
6	実習生が守るべき義務と心得	◇服装,言動,出勤態度,規則の厳守,利用者への接し方,実習記録の扱い,健康管理,その他についての説明を行う.実習生が実習期間中,実習後を通して守らなければならない事柄について理解する. ◇実習に際しての留意事項 配布:実習記録
7	個別指導(1) 実習の目的と動機	◇すでに,事前のレポート課題にも書いているが,ここでは,自分の実習テーマについて,いろんな側面から考えてみる.指導教員とのやりとりを通して実習課題を深めていく.実習の課題は,急性期の病院での相談援助を学びたい,療養型の医療機関でじっくり利用者とかかわりたい,地域と病院との連携の仕方を学びたい,医療機関での他の専門職との連携の取り方など様々な課題があると思われる. ◇達成したい課題は最初からだめだと思わないこと.たとえば,面接場面への同席など.無理な場合は,模擬面接などをお願いしてみると良い.
8	グループワーク(1) 実習の目標	◇自分の目標をグループ内で出し合って,検討してみる.ここでは,自分の目標の設定の仕方はこれでよいのか,他の実習生はどのような目標を設定しているのか,一面的な目標になっていないかどうか,自分が実習する医療機関に合った目標となっているか,など吟味してみる.
9	病院のシステムと診療報酬制度	◇医療機関の機能分化とMSW実践,診療報酬制度について
10	課題の遂行(1)自己覚知	◇自己覚知について考える MSWは実践における患者・家族や関係職種からの学びをとおして,専門職のありかたや自己覚知を深めていく
11	学外実習の意義と達成課題 (実習目的の明確化)	◇自分にとっての実習の意味,実習の達成課題,実習目的を明確にする.好きな人には距離を置くように,反対に嫌いな人には距離を前に縮められるように意識する.相手に対してどこが好きなのか,どこが嫌いなのか考えてみる.
12	学外実習の意義と達成課題 (実習目的の明確化)	◇実習の目的を明確化し,その目的に対する達成課題について (実習課題例) ・MSWにおける生態学的視点とは ・退院に向けての社会資源を理解する ・実習する医療機関のネットワークについて把握する ・他職種との関わり方の違いについて把握する ・MSWにどんな役割が期待されているか ・攻撃的なクライエント,無口なクライエントへのかかわり方 ・専門的な関わりと個人的な関わりとの違い ◇実習での具体的な課題を設定する方がよい. ◇目標があまり大きいと,達成することが難しくなる.
13	インテーク面接の情報聴取法①	◇インテーク面接はワーカーにとって大変重要である. 　MSWは相談に来られるのを待つのではなく,病棟に出て行く. 　病棟で行う初回面接を演じてみる.次の4つの項目を聞く. 　・疾病理解　クライエントがどんな症状で,いつから始まったかなど理解しているか 　・家族構成　カルテで見ているかもしれないが,白紙の状態で聴く 　・病　　歴　病歴がなければ,疾病理解をするまでに時間がかかってしまったことが予想される.病歴があれば,再発の意識はどうだったのか. 　・経済状況(社会状況を含む) ◇入院患者は,MSWのことを知らないことが多い.いきなり病室に行っても驚かれるので,自己紹介,情報の意味,使用目的を前もって説明しておかなければならない. ◇クライエントへの声かけを想定してMSWは考えてみる 　「はじめまして,私は相談室のワーカーをしております○○と申します.よろしくお願いします.医師,看護師等とチームを組み,患者さんからお聞きしてチームで治療を進めていくという役割を担っております.今日は患者さんにお会いしてお話を伺いたいと思い,こちらに寄らせて頂きました.患者さんから得た情報は,治

		療を進めていく上で使用するものですので，それ以外で使用することはありませんので，ご安心下さい．今，お時間はよろしいでしょうか」
14	インテーク面接の情報聴取法②	
15	課題の遂行（2） 　実習記録の書き方	◇配布物：事例のプリント 　与えられた事例を見て，実習記録を作成する．実習記録とは，単なる起こったこと，事実の記録ではない．この事例に関わって実習生として何をどのように考えたのか，記述すること．
16	課題の演習 　実習記録の書き方	◇許可を得て紹介する「卒業生の記録」から学ぶ　実習を通してどのように実習生が変化したか
17	一般病院における患者・家族の理解	◇配布物：事例のプリント 事例を通して，患者や家族の実際の気持ちと状況を把握する．このとき，社会資源や制度などの情報が必要になるが，その情報のみにとらわれると本末転倒である．たとえば，障害者手帳を申請すると言うことがその人にとってどんな意味を持つのか，などについて考えて欲しい． ◇医師に伝えたくても，伝えられないという気持ちを患者さんがいだくこともある．MSWはその時に，どう動いたらよいのか，考える．他職種との日頃の連携，関係が重要になってくる．
18	インテーク面接の情報聴取法③	
19	インテーク面接の情報聴取法④	
20	インフォームド・コンセントとセカンドオピニオン	◇インフォームド・コンセントにおけるMSWの役割 クライエントにとって十分な情報量 ＞ ドクターが提供したと思う情報量 このギャップの差を少しでも縮めるようにする． ◇クライエントのセカンドオピニオンの理解と活用
21	退院計画とクリニカル・パス	◇退院計画（Discharge Planning）とクリニカル・パス 　退院について患者や家族はとまどうことが多い．患者や家族の負担を軽減できるようにMSWが早めに動くことが重要．
22	インテーク面接（演習）	
23	インテーク面接（演習）	
24	精神障害者への理解	◇精神障害者について理解する（精神科医の教員による講義）
25	個別指導（2） 　個別課題の設定①	
26	個別指導（3） 　個別課題の設定②	
27	インテーク面接（演習）	
28	インテーク面接（演習）	
29	患者の権利とQOL	◇患者の権利に関する宣言，患者のQOLについて
30	インテーク面接（演習）	
31	インテーク面接（演習）	
32	4年生の実習体験から学ぶ	◇すでに医療福祉実習を終えた4年生によるスピーチとグループに分かれての討論．グループは希望する実習機関の種類別
33	実習後の取り組みと課題の整理	
34	グループワーク（2） 　実習に臨むに当たって	◇実習では「待っていてね」と言われることも多いが，相談室にただ，ぼうっと座っているのではなく，MSWの電話での対応，メモの取り方，言葉などを観察する良い機会となる．MSWに「すみません，今の電話でのやりとりで気になったんですが，お聞きしてもよろしいでしょうか」などと聞いてみる．
35	個別指導（4）	◇医療福祉実習への不安，課題など（個別指導）

出典：筆者作成．

相談を想定したロールプレイ

3　実習ノートの構成

(1)　病院実習における記録の意味

　実習で体験したことや，そこから感じたこと・考えたことを実習ノートに記録することは，実習を通して学んだことを整理するために大切な作業である．"実習日誌"や"実習記録"等の名称で大学から配布される記録用紙には，1日の実習内容や所感，その日の目標や反省，また実習指導者のコメント欄などが設けられているのが一般的で，その日の実習を振り返って作成することが課されている．どのような施設・機関で実習を行う場合であっても，この日々の記録が実習記録の基本である．

　しかし病院での実習には，この基本となる実習日誌の他にも，学びを深めるためいくつかの記録様式が用意されることが望ましい．病院でのソーシャルワークには，保健・医療に関する情報の収集・整理が必要であり，またMSWによる相談援助は患者との面接を中心に進められるので，実際の面接にふれて学習する機会が持たれることも多い．そこで患者に対するアセスメントや面接の際の援助技術について確認するため，実習日誌とは別の記録様式を合わせて用いることが有効である．

(2)　病院実習の記録様式例

　以下に病院実習を行う際の記録様式の例を3例紹介する．各自の実習内容に合わせて，利用してみるとよい．

　① 実習機関の概要

　　実習に臨む前に実習先についての情報を整理し，理解を深めるために作成する．可能な範囲で事前に調べ，不明の点は事前訪問の際に確認したり，パンフレット等の資料により

表4-4　実習機関の概要

機関・施設名			種別	
設置・運営主体			設立	年　　月　　日
所在地	〒　　－ 　　　　　　　　　　　　　　電話　　　　　／fax.			
診療科目				
病床数		外来患者数		人／日
関連施設	施設名，種別，病床数，職員数等			
職員構成 職員総数 計　　人	職名 / 人数 ソーシャルワーカー　　　　　人 　（社会福祉士）　　　　　　人 　（精神保健福祉士）　　　　人 医師　　　　　　　　　　　　人 看護師　　　　　　　　　　　人 保健師　　　　　　　　　　　人 栄養士　　　　　　　　　　　人 保育士　　　　　　　　　　　人 介護職員　　　　　　　　　　人 　（介護福祉士）　　　　　　人		職名 / 人数 理学療法士　　　　　　人 作業療法士　　　　　　人 言語療法士　　　　　　人 視機能療法士　　　　　人 放射線技師　　　　　　人 臨床検査技師　　　　　人 事務職員　　　　　　　人 その他　　　　　　　　人 　　　　　　　　　　　人 　　　　　　　　　　　人	
機関・施設の沿革				
地域の特徴				

記入しておく（表4-4参照）．

② 面接同席の記録

　　面接への同席は，MSWと患者との実際のやりとりから，多くを学ぶ機会である．同席の許可を得られた場合は，非言語面も含めて丁寧な観察を行い，利用者とその問題やMSWの対応について理解を深めたい．同席中はメモ等はとらず聴くことに集中して，終了後各項目について簡単に記入し実習指導者の評価を受けるとよい．これは面接室での面接に限定せず，病室や待合室等でのやりとりの中で生活場面面接と考えられるものについても使用するとよい（表4-5参照）．

③ 面接記録

　　長期の実習の場合など，実習生の学習の進度によっては，インテークや簡単な制度紹介等の面接を実際に担当する機会を与えられることもある．その際は実習先の記録様式を用いるのが一般的だが，1例としてこのような様式を用いてもよい．また面接後にその逐

表4-5 面接同席の記録

実習生氏名　　　　　　　　　　　　　　　　　　　　　　　　　　　年　月　日記

相談者について

〈相談者の様子　姿勢，表情，身振り，口調等の非言語の表現にも着目する〉
例：病棟の看護師に付き添われて相談室を訪れたが，看護師がもどってしまうと落ち着かない様子で室内を見回していた．面接が始まってからも終始うつむき加減で，ぼそぼそと小さな声でこれまでの生活について話す．今後のことが不安でしかたがないようで，「私は退院させられてしまうのでしょうか」と，何度も繰り返す．

〈相談者の主訴〉
例：入院して検査したところ，手術が必要との診断を受けた．しばらく前に職場を解雇されており，所持金はわずかしか残っていないので，入院費の支払いができない．

〈実習生の考える課題〉
例：入院費の支払いの問題が主訴であるが，そのことから今後治療が受けられるか，さらに退院後の生活がどうなるのかに，強い不安を抱いている．

ソーシャルワーカーについて

〈相談者への対応・援助〉
例：患者さんの経済状況やこれまでの生活について聴き，はじめに高額療養費制度を紹介したが，所持金が少ないため，生活保護を申請することとする．ソーシャルワーカーが福祉事務所に連絡し，手続きをとった．

〈援助に利用された社会資源〉
例：生活保護

〈相談者への対応で気づいたこと　どのようなことに留意して面接を進めているか〉
例：患者さんの不安をやわらげるため，面接を始めるときに秘密を守ることをきちんと伝えていた．また制度について説明するときには，わかりやすい言葉を用いて知識のない患者さんに配慮していた．

表4-6 面接記録

実習生氏名　　　　　　　　　　　　　　　　　　　　　　　　　　　年　月　日記

利用者イニシャル		男女	男／女	年齢	歳
住所	県　　　　市　　　　町	紹介経路	例：内科病棟看護師長より		
傷病名	例：胃癌	診療科	例：内科		
医療保険	例：国民健康保険	介護保険			
病歴	例：半年程前から胃痛があったが，医療費の支払いが心配で受診できなかった．売薬でごまかしていたが痛みがひどくなり，一昨日内科に受診しそのまま入院となった	家族構成（ジェノグラム）			
利用している社会資源	年金／手当／身体障害者手帳等 例：なし				
主訴	例：所持金がなく，入院費の支払いができない．				
確認した情報	例：これまで日雇いの仕事を続けてきたが体調が悪くなり解雇された．家族等援助してくれる人はいない．所持金は現在5万円程しかない．主治医に手術が必要な病状であることを確認．				
援助課題	例：経済的な問題を解決し，安心して療養に専念できるようにする．				
今後の対応	例：至急福祉事務所に連絡し，生活保護の申請手続きを進める．				

出典：表4-4，4-5，4-6とも筆者作成．

語記録を作成することも，自分自身の対応をふり返り多くの気づきが得られるものであり，これもぜひ作成することを勧めたい（表4-6参照）．

(3) 記録の取り扱いの注意

実習中は，患者の個人情報の扱いに充分な注意を払うことが求められるのはいうまでもないが，病院内には患者自身も知らない情報が多くあることを理解しておく必要がある．実習記録の作成にあたっても，誰についての情報か特定されないよう配慮し，その保管にも注意しなければならない．ケース記録や診療録（カルテ）の閲覧が許可された場合には，部外者の目にふれない場所で閲覧し必ず所定の場所に返却する．閲覧中に電話等で席を離れる場合には，そこに開いたままにしないよう配慮する等，慎重な取り扱いを自覚することが求められる．また患者に関する情報をすべてコンピューターで管理している病院も多く，実習生にも個人情報保護についての高い意識が必要である．

4　事務手続きの流れ

(1) 提出書類の準備

実習生が準備する書類は，個人票をはじめとして実習計画書や契約書など，実習指導者が実習プログラムを作成したり，関係機関・部署に実習生を紹介したりする際に必要不可欠なものとなる．関係者の目に触れるものであるので，期限までに提出することはもとより，丁寧な字で書くことを心がける必要がある．提出書類それぞれについて下記で詳しく説明する．

1）個人票

実習指導者が最初に目にする実習生の資料である．実習生自身に関することや実習に必要な項目を記入する欄が設けられている．書き間違えのないように下書きをおこない，貼付する写真の服装や髪型にも注意を払っておく．

2）実習計画書

計画書の書式は大学によって様々であるが，実習の動機や目的，達成課題などの項目について具体的に記入していく必要がある．特に，社会福祉援助技術現場実習の指定実習施設として医療機関での実習が認められたことにより，従来より医療機関で実習をおこなってきた医療福祉実習においては，MSWの専門性について学ぶことを目的として実習に臨むことが，今後，さらに求められてくる．多くの大学では，社会福祉援助技術現場実習あるいは精神保健福祉援助実習の後に医療福祉実習を位置づけているが，MSWとしての技術，倫理，価値について，先の実習やボランティア体験をもとに問題意識を持ち，課題を遂行しておくとよい．

また，初めて実習生を受け入れる実習先病院（施設）においては，提出された実習計画書を参考にして実習プログラムを作成することも予想されるため，実習の希望・要望なども含めて，具体的に記述しておくとよい．

3）契約書

　実習先の病院長（施設長）に提出するものである．「守秘義務」や「就業規則」など実習生が遵守するべき項目について確認しておく．捺印欄がある場合は，インク型の印鑑ではなく，正式書類に用いる印鑑を使用すべきである．

4）実習ノート

　「実習ノートの構成（第4章3）」において，すでにその内容については説明されているが，次のような内容から構成されている．

　① 個人票
　② 実習計画書
　③ 実習先概況表
　④ 実習日誌
　⑤ 実習報告書（総括）
　⑥ 出勤簿
　⑦ 実習評価表
　⑧ 事故報告書

5）健康診断書

　大学で実施されている集団検診の結果の提出で済む場合，診断書の有効期限（約3か月）を確認のうえ，提出する．実習先病院（施設）で指定された書式や機関で受ける場合，提出日までに余裕を持って検査を受ける．

　保菌検査（腸内菌などの検査証明）は，事前に検査機関に検査キットを受け取りに行ったり，提出日が限られていたりするので，電話などで確認を取って行くとよい．

（2）実習先病院（施設）への書類の提出

　事前訪問までに郵送などで提出しておくべき書類と，事前訪問時あるいは実習初日までに提出するものとを分類しておく．提出書類の不備による実習停止・延期といった事態を招かないよう，提出前に書類の内容を確認しておく．

　実習生自身が送付する場合は，送付した日に電話で実習担当者に連絡を入れておくと，郵便事故などによる提出書類の不時着といった事態の早期発見にもつながる．

（3）実習先病院（施設）からの書類の返却

　実習終了後は，出勤簿，実習評価表が実習先病院（施設）より返送される．大学宛てに返却されるのが常であるが，実習日誌などとともに実習生宛てに届いた場合は，速やかに実習担当教員あるいは実習室に提出をする．

　また，筆者の勤務する大学においては，実習生の個人情報保護という観点から個人票，健康診断書等の返却を実習先病院（施設）に依頼している．

(4) その他の事務手続き

1) 実習費の支払い

大学で実習費を別途徴収している場合は，支払方法や期日，金額を確認しておく．実習先病院（施設）から食費，宿泊費，クリーニング費などの請求があった場合も同様に確認する．

2) 宿泊実習

職員寮などを利用した宿泊実習の場合，施設の規則を守るなど基本的なルールはもとより，実習生として立場をわきまえた行動を取る必要がある．特に，携帯電話の使用や喫煙の可否については事前に確認を取っておきたい．

3) 保　険

実習期間中の事故により，実習生自身の怪我に対して補償をする「傷害保険」と，他人に怪我を負わせたり，他人の物を壊すなどの責任が発生した場合に補償する「賠償保険」とがある．保険の内容によっては，医療福祉実習が正課として位置付けられていないと適応されないこともあるので，確認をしておきたい．また，対象を傷害事故に限定している保険の場合，疾病は対象とならないので，併せて確認をしておく必要がある．

4) 緊急連絡先と方法

実習中は交通事故だけでなく，遅刻や病欠，自然災害などにより，実習先病院（施設），大学，場合によっては警察や救急医療機関に連絡を取らなければならないといった事態もある．いざというときに緊急連絡先へスムーズに連絡が入れられるよう，連絡先をメモしたものを手元に置いておくとよい．また，長期休暇中や日曜・祝日などの場合，担当教員に連絡がつかないこともあるので，そのような際の連絡方法について協議しておく必要もあろう．

以上が実習に関わる事務手続きの流れである．貼付された写真や字体の印象が，そのまま実習生の第一印象ともなりかねないため，提出する書類の多さから提出や記入方法が煩雑にならないよう注意して書類の作成にあたってほしい．

注

［第2項］

* 「実習のシラバス例」を作成するにあたっては広島国際大学医療福祉学部医療福祉学科吉川眞教授考案の学内実習のシラバス及び学内実習の内容を参考にさせて頂いた．吉川教授の医療福祉関係の講義や実習指導は長年の総合病院でのMSW経験に裏打ちされたものである．また，受講生の立場で学内実習を受講した4年次生岡西恵理子氏の詳細な記録をお借りし，受講した感想や意見をお聞きした．実践的で臨場感のある学内実習の内容が読者に届くことを期待している．お二人に，この場をお借りしてお礼を申し上げたい．

参考文献

［第1項］

竹内一夫「ソーシャルワーク教育における実習の現状とありかたを考える」『ソーシャルワーク研

究』24（2）：22-26.

［第2項（4）］

正司明美（2004）「医療ソーシャルワーカー業務指針」荒川義子・村上須賀子編著『実践的医療ソーシャルワーク論』74，金原出版.

［第4項］

牧野田恵美子・荒田寛・吉川公章編（2002）『実習生のためのPSW実習ハンドブック』へるす出版.

相澤譲治・篠原由利子編（2003）『精神保健福祉援助実習』久美出版.

新保祐元・鈴木ゆかり・谷中輝雄編（2004）『精神保健福祉士養成講座8 精神保健福祉援助実習』中央法規出版.

宮田和明・加藤幸雄・野口定久・柿本誠・小椋喜一郎・丹羽典彦（2005）『四訂社会福祉実習』中央法規出版.

第5章　実習準備【実習現場】

1　組織内の事前調整

　これまでMSWの実習の受け入れ実績がある病院は，既に受け入れの手順がある程度確立していると思われるので，ここではこれから実習の受入れをしようと考えている病院のMSWに対して，組織内での事前調整の方法について，岩手晴和病院の例をもとに示す．

（1）　他部門の実施状況から組織のルールを知る

　病院は医師，看護師をはじめ多くの専門職の集まりであり，様々な実習・研修が行われている．専門職の実習について，いくつかの病院に話を聞くと，その病院ごとに一定の手順・ルールがあるように思う．つまり，MSWの実習を受けるためには，他のMSWから情報を得るとともに，自分の病院で他の専門職がどのような実習を行っているか知っておく必要がある．

　実習プログラムについては，MSWの自由裁量である程度作り上げることができると思うが，所属長宛ての実習依頼文書などの必要書類やその起案・決裁などの手続き方法は他の専門職の実施状況から学ぶ必要がある．

（2）　具体的な手順

① 　実習依頼があった場合

　学校あるいは学校の指導によって学生本人から電話などで実習の依頼が来た場合，なるべく即答は避けた方がよい．なぜなら，実習担当者本人が受け入れ可能でも，他の部署が院内の行事で多忙な時期だったり，他の専門職の実習が既に予定に入っている可能性もあるからである．したがって，最初の時点では学生（学校）側の希望する時期を確認するにとどめた方がよい．

② 　関係部署への確認と事前協力依頼

　実習中に協力を依頼する各部署に確認を取る．詳細な説明や依頼は，後日実習依頼文書が届き，実習プログラムが完成してからということになるが，事前に内諾を得ておく方がよい．

　その病院の組織形態にもよるが，MSWが独立部門の場合，不可欠なのは診療部長，看護部長，事務部門の長（職名を便宜上「事務局長」とする）の内諾である．

　診療部長及び看護部長には，実習日程に支障はないかを確認するとともに，患者・家族に接することの他，カンファレンスへの参加などについて了解を得ておく．また，実習計画に盛り込みたいもの（たとえば訪問看護指導やグループワークなど）について提案したり，逆に

診療部長や看護部長側から盛り込んだ方がよいものがあればこの機会に聞いておくことが望ましい．

　事務局長には，依頼文書の宛名や他の必要書類について確認する．特に2005年4月に施行された個人情報保護法によって，それまで守秘義務としてあいまいなまま行われてきたものを各病院で規程化しているので，学生に書いてもらう誓約書やカルテ等の文書の取り扱いマニュアルなどについてきちんと確認しておく必要がある．

　また，食堂・下駄箱・ロッカー・コピー機等の病院備品・設備の使用について了解を得るとともに，服装やネームプレート，駐車場の使用の可否などを確認する．

　実習委託費については，学校によって様々であり，規定の金額が定められているところもあれば，病院の規定に従うところもある．後日学校側から確認されることが多いので，事前に事務局長に確認しておくとよい．

　なお，独立部門ではなく，医事課，リハビリテーション課，総合相談部など他の部署に属している場合は，直属の上司にこれらのことを相談し，指示を仰ぐことが大事である．

③　院内各部署の了解が得られたら，実習希望者（または学校担当者）に内諾を伝えるとともに，正式な依頼文書等について連絡する．

④　正式な依頼文書が届いたら，実習プログラムを添付して，実習受諾に関する文書を起案して決裁を受けて，院内各部署に回覧する．これらの諸手続きについては，事前協力依頼時と同様に事務局長または直属の上司に相談して指示を仰ぐとよい．

　なお，MSWの部門の長が病院運営委員会などの会議のメンバーとなっている場合は，実習日程やプログラムの概要，実習生の学校・氏名などを報告するとともに，院内広報等があるなら掲載してもらうとよい．

⑤　実習プログラムをもとに実習日までに関係部署に連絡調整することになるが，関係部署に依頼することについては，何をするのか確実に伝えておくと後々混乱が少なくて済む．たとえば，実習生を病棟に入れる場合，それは見学なのか，何か具体的にさせるのかをある程度決めておかないと，「ただ病棟内を歩いていただけ」と言われることもある．このような場合は，「疾病や障害を持つ人がどのようなことを考え，何を心配しているのかを知るために，（診療に影響がない範囲で）患者とコミュニケーションを取らせたい」，などと明確な形で依頼した方がよい．

　また，実習期間中に他の関係機関を訪問する場合もあると思う．計画段階で，相手先の都合を確認する必要がある．また，まれに，守秘義務（あるいは個人情報保護法）の理由で実習生の訪問に関して難色を示す場合もあるので，相手方に実習生を同伴してよいか，念のために確認しておくことが大事である．

(3) 大切な視点――日頃からの良好な関係作り

　実習期間の多くをソーシャルワーカー室で過ごすとしても，病棟や外来と関わることはもち

ろん，医事課など他の部署の職員と関わることも想定される．実習生の言動は，実習生「個人」の評価だけでなく，MSWという職種「全体」の評価にも繋がる．自分自身が組織の一員として普段行動していると同様の心構えを実習生にも指導することが大事になる．

　また，MSWの日常業務はもちろんだが，実習においても同様で，日頃から関係部署との関係が良好であるか否かがその成否を左右すると言っても過言ではない．

　医療チームに属している診療部の各課とは日常業務の中で情報交換を行ったり，カンファレンス等を行う際に，MSWがどのような言動を行っているか，それを他の部門がどのように評価しているか，それによってMSW部門が院内においてどのような位置づけになっているか，改めて問い直してみる必要がある．

　実習に関してみても，他の専門職が実習を行う際に，退院に向けてMSWと関わる場面があるかもしれない．その時，他の専門職の実習生はMSWの業務に触れられるようにしているか，実習生に対して社会資源などについての講義を依頼された場合に協力しているか，このようなことが，自分が実習生を受け入れようとする場合，他の関係部署からの協力が得られるかどうかの試金石になるかもしれない．

　事務部門に関しては，MSWと関係が近いようでいて，実は業務内容を知ってもらう機会があまり多くないともいえる．昨今のように平均在院日数の短縮化に拍車がかかり，患者の入退院や医療費支払いの問題について，事務局とやりとりする機会が減るとなおさらである．実習プログラム自体では事務部門の職員との関わりは殆どないと思うが，備品・設備の使用について快く了解を得て，実習を円滑に行うためにも，日頃からの関わりを大切にしたい．

2　実習プログラム・病院例

　獨協医科大学病院の医療相談部は，1982（昭和57）年から実習生を受け入れている．当部では，約20年前から現在の実習プログラムを実施し，修正を加えて現在に至る．実習生が，最初に現場でぶつかるのが「面接」という壁である．そこで，当部では，面接体験を中心に実習プログラムを作成している．実習内容は，3つの構成に分け展開した．第1部を面接観察期間とし，第2部をインテーク面接期間，第3部を本実習期間（インテーク面接から終結まで実習生が担当する）とした．次に，それぞれの構成の内容について紹介したい．

(1) 面接観察

　面接の観察の時期は，MSWの面接に実習生が同席し，面接の対象は，新規の相談に限定するスタイルをとる．ただし，実習生の同席には，来談者の同意を得ることが条件である．また，面接時の環境も配慮し，実習生のポジション（来談者の横に席をとる）を決める．実習生が，来談者の横に席をとることは，第1に来談者の視線をMSWに集中させるためである．第2の目的は，実習生が来談者に添うことにより，実習生は来談者側にいることを伝え，来談者が話し

図5-1 観察用紙

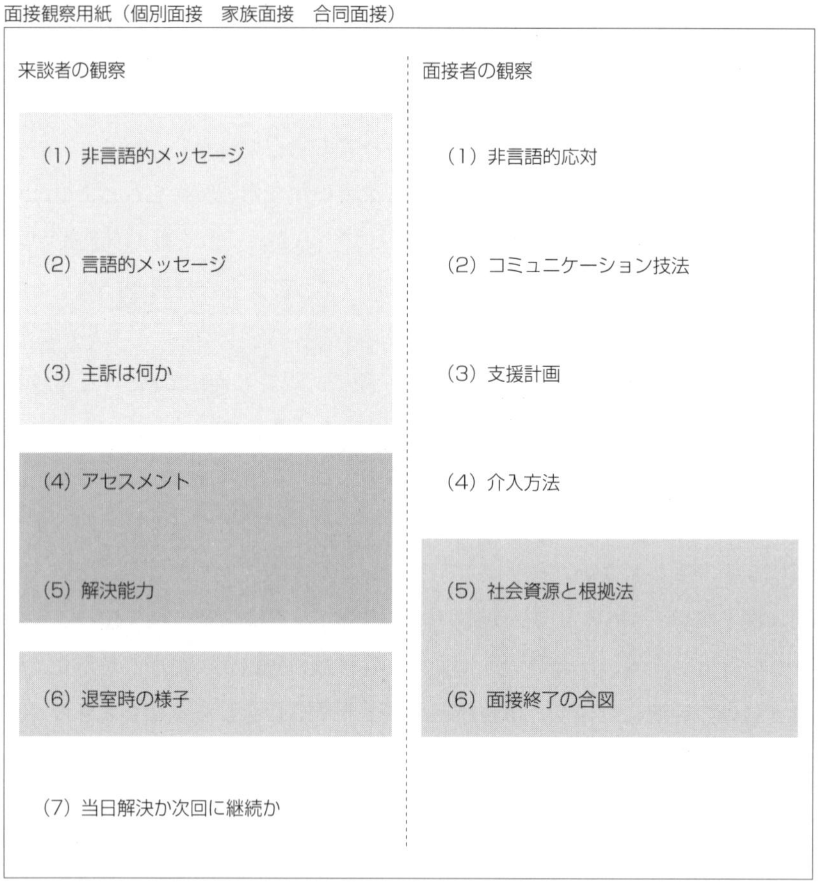

面接観察用紙（個別面接　家族面接　合同面接）

来談者の観察	面接者の観察
(1) 非言語的メッセージ	(1) 非言語的応対
(2) 言語的メッセージ	(2) コミュニケーション技法
(3) 主訴は何か	(3) 支援計画
(4) アセスメント	(4) 介入方法
(5) 解決能力	(5) 社会資源と根拠法
(6) 退室時の様子	(6) 面接終了の合図
(7) 当日解決か次回に継続か	

出典：筆者作成（2007）．

出しやすい雰囲気を作るためでもある．つまり，来談者に支持的なポジションとなる．そして，面接終了後に，実習生は観察用紙を記入する（図5-1）．スーパーバイザーは，実習生が観察項目の意図を充分理解し，観察しているか点検する．また，とくに来談者のエンパワメントやストレングスを意識したアセスメントが，立案されているかにも注目する．

　観察用紙の項目は，「ソーシャルワーカー援助展開過程のフローチャート」（小松源助，1993）を参考に，面接展開過程へ応用した（図5-2）．各項目は，この過程に沿って，来談者の観察のコラムと面接者の観察のコラムが対になるように配列した．また，観察用紙の項目は，以下のように東海林が応用した面接展開過程中の5つのカテゴリーに属する．

① 言語的・非言語的メッセージの項目　⟶　来談者の理解
② 主訴とアセスメントの項目　⟶　アセスメント
③ 解決能力の項目　⟶　エンパワメントとストレングスの把握
④ 支援計画，介入方法，社会資源と根拠法の項目　⟶　支援計画
⑤ 退室時の様子の項目　⟶　来談者の満足感

図5-2 援助展開過程の面接展開過程への適用

援助展開過程（小松源助，1993年）

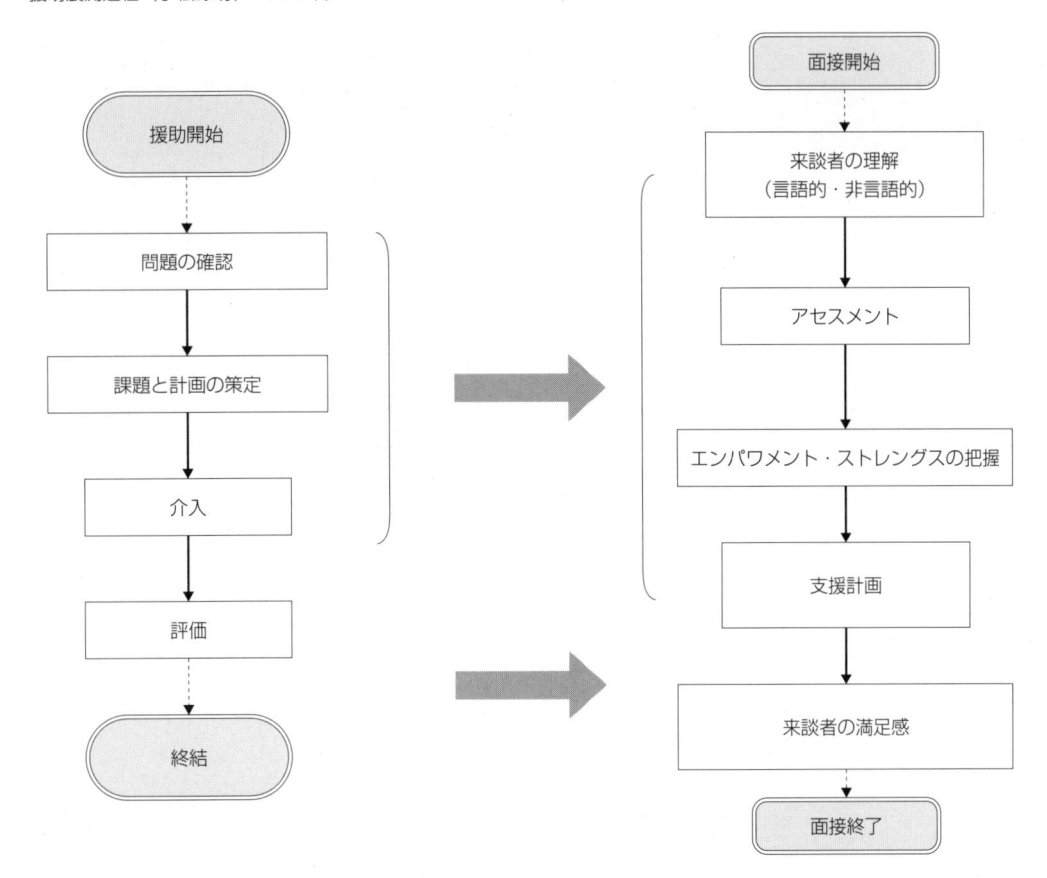

```
援助開始
   ↓
問題の確認
   ↓
課題と計画の策定     →    面接開始
   ↓                      ↓
介入                    来談者の理解
   ↓                    （言語的・非言語的）
評価                      ↓
   ↓                    アセスメント
終結                      ↓
                        エンパワメント・ストレングスの把握
                          ↓
                        支援計画
                          ↓
                        来談者の満足感
                          ↓
                        面接終了
```

出典：筆者作成（2007）．

　この期間は，面接体験のみでなく，MSWの1日を見聞する期間でもある．窓口の応対，電話対応の方法など組織人の接遇を学び，院内外との連携場面やカンファレンスに参加し，医療チーム・支援チームの一員であることを実感する．

(2) インテーク面接

　インテーク面接の一部を実習生は1人で行なう．したがって，スーパーバイザーは同席しない．この面接は，来談者の主訴の把握とフィードバックを学習することを目的とする．面接の際，実習生はインテークワーカーであることを来談者に伝え，了解を得る．面接方法は，相談票（表5-1）を活用し，主訴を確認した時点で退室する．つぎに，スーパーバイザーに相談内容を伝える．そして，引き続き同席し，面接の展開過程を観察する．つまり，ライブスーパービジョンである．インテーク面接は，逐語記録として掘り起こし，スーパーバイザーと共に振り返る．このような共同作業により，カウンセリング的対応や援助の原則（バイステックの7つの原則）の実践体験ができる．また，関係形成にマイナスに働きやすい投影・反動形成・逆転移

表5−1 相談受付票

医療相談部

相談受付日 平成　年　月　日	来談者	担当者
氏名　　　　　　　　　　男・女	明・大・昭・平　年　月　日生	才
住所	電話	
診療科　　　　　　　　　　科	入院・外来	病棟　階　東・西・南・北・D・C
主治医	病名	
備考		

出典：獨協医科大学病院医療相談部．

表5−2 面接体験を中心とした実習プログラム

期間	構成	面接 内容	面接 獲得目標（課題）	スーパービジョンの視点
一部	観察面接	・MSWの面接同席 ・観察用紙の記入	・言語的，非言語的情報の解釈 ・主訴の理解をする ・多角的視点からアセスメントを立てる ・エンパワメント・ストレングスを知る ・社会資源の知識を得る	・実習生のポジションの指導 ・非言語的情報の意味付け ・主訴と問題の違い ・エンパワメントと介入の判断 ・ワーカー・クライエント関係の相互性 ・アセスメントと支援計画の関係 ・根拠法に基づく社会資源
二部	インテーク面接	・ロールプレイ（来談者，面接者の体験） ・自己覚知訓練 ・面接の一部を体験 ・担当MSWに継続 ・逐語記録	・自己洞察（転移，同一視） ・傾聴，受容，共感 ・問題の明確化とフィードバック ・担当MSWへ相談内容を伝える ・実習生と対応の違いを理解する ・記録から面接を客観的に振り返る	・実習生の特性を理解し自己覚知を促す ・実習生の精神的ケア ・言葉遣い，置き換え，質問の仕方指導 ・インテーク可能な相談内容の選択 ・必要な情報の選択 ・面接交替のタイミングを指導 ・実習生の気づきを促す
三部	本実習	・相談を受理，終結まで支援 ・記録作成	・アセスメントを立てる ・支援計画を立てて，実施する ・院内外の関係者，関係機関と連携 ・記録に経過を記入 ・記録より自己点検する	・担当可能な相談の選択 ・電話の対応の仕方 ・他職種との連携の方法 ・記録作成の方法を指導

出典：筆者作成．

などの防衛がないか否か自己覚知する経験にも繋がる．

　この期間は，本実習への導入期間でもある．実習生は，観察や面接したケースの中からロールプレイの対象を選択する．ロールプレイを行い，面接者や来談者の体験によって，被支援者の情緒に近づき，実習生自身の感情を吟味する力（自己洞察力）が養われる．スーパーバイザーも実習生の支援能力が把握でき，本実習前に面接のリスク予防が可能となる．そして，リスクトレーニングによって，両者の負担が緩和できる．必然的に，本実習での面接の緊張や不安を軽減する効果もある．

（3）　本実習（担当患者の設定）

　スーパーバイザーは，実習生の能力評価を基礎に，受理したケース自体を担当するか実習生の意思を確認し，選択する．次に実習生は，選択したケースのインテーク面接から終結まで担当する．そして，経過を医療相談部記録に記入する．しかし，インテーク面接実施後，実習生が，課題遂行が困難と判断した場合は，スーパーバイザーへの交代の余地を残すことができる．この時期の目的は，実習生の対人支援の抵抗や緊張を和らげることを主とし，課題達成や問題解決は，可能な範囲内で実施する．

　さて，本実習では，アセスメントの作成，支援計画，実施，評価と一連の支援過程を体験するため，常に記録の中で支援過程を自己点検するように習慣づける．MSWは，1人職場が多く，指導者が職場にいない場合が少なくない．そのため，視野も狭く価値観も偏りやすい傾向にある．しかし，「記録」として，「経過」を紙に置く作業は，ケースの客観化を可能にする．つまり，「記録」は，物言わぬスーパーバイザーである．

　以上各構成内容について，紹介した．最後に，実習プログラムの全行程を簡略化してまとめたので，参照して欲しい（表5-2）．

　なお，実習生の所属する教育機関によって，実習期間が統一されていないため（2週間が多い），実習現場では，指導内容の修正を余儀なくされる．結果，数例の面接を観察するのみということが少なくない．そのため，問題意識を持ったり，学校で学んできたことを実践に当てはめてみることもできない．このような体験不足は，職業選択の幅も狭める．願わくば，少なくとも1か月の実習期間が保障されれば，スーパーバイザーは，実習生の成長を見届けることができる．そして，実習生も，卒後自信を持って，第一歩が踏み出せる．

　今後，教育機関と現場の間で，需要と供給をマッチングさせながらより充実した実習プログラムを研究していきたい．

3　実習プログラム・介護老人保健施設例

（1）　介護老人保健施設で実習を行う目的

　介護保険施設である介護老人保健施設（老健，以下同様）の支援相談員はケアマネジャーを

兼務している者も少なくない．入所，短期入所，療養介護，通所リハビリテーションの利用相談窓口，入所時のケア・プラン作成，認定調査など多忙な毎日を送っている．一般病院などでは決められた実習時間の中で，医師，看護師，理学療法士，作業療法士などから彼らの専門知識や，また他職種からみたMSW像などをじっくり聞く機会は少ない．それを可能にできるのは100床未満の比較的小規模の施設が多い老人保健施設ならではである．専門職がお互いの職域を重ね合わせながら連携をとっている老人保健施設は，MSWとしての基礎知識を学習することに加え，近い将来組織の一員として働く上で専門職種の立場・視点を理解し良好な関係の中で協働することを学ぶよい機会である．実習担当者は，実習受け入れに際し，現場で学生が有意義な実習を行えるよう事前に他職種と連携をはかり，協力・指導してもらえるよう配慮することが必要である．

(2) 介護老人保健施設を理解する

老人保健施設を理解するには，介護保険を理解し実習先の設置条件，基準，職員の職種など事前に学習する必要がある．老人保健施設を含む介護保険施設にはそれぞれ特徴があり利用者も異なる．各施設を比べることで老人保健施設の役割を理解し，他の介護保険施設とは異なる介護保険と医療保険の関係について学ぶ．

(3) 支援相談員の仕事

利用相談などの面接場面への同席，電話相談での対応のしかた，生活の場を確保するコーディネーター役としての働き，退所前後訪問への同行，自宅または病院，施設等への訪問面接，地域のサービス担当者会議などに同席し，施設内外の他職種と協働してどのような形で援助を行っているか，記録のとり方や社会資源の利用のしかたについて学ぶ．

(4) 職員の構成と専門職の役割

病棟・通所サービス業務，ケア・カンファレンスへの参加により，専門職の働きや考え方を理解することで利用者に果たす役割を知る．

(5) 院内外研修への参加

利用者を理解するうえで高齢者に多い疾病についての学習．法改正による施設の方向性を学ぶ．院外研修に参加することにより，他機関で働くMSWと関わる機会を持ち，将来に役立てる．

(6) 入退所会議，ケア・カンファレンスなど会議への同席

施設内では入退所会議，定期的なケア・プランの作成，モニタリング，施設外ではケアマネジャーを中心とした担当者会議など，会議に費やす時間も多い．会議に同席することでケア・

プラン作成の方法を学び，利用者の疾病や障害，環境など専門職種により異なる視点を理解する．

(7) 退院援助の方法

面接場面への同席，退所前後訪問，外泊時訪問の同行，退所前の担当者会議への同席などにより他職種，他機関が協働してどのような援助を行っているかを学ぶ．

(8) 関係機関や地域との関わり

在宅サービス利用者を対象とした会議への参加，小中学生等の職場体験，ボランティアの受け入れ等，施設の果たす地域での役割を知る．

表5-3　老健実習プログラム立案例

	午前（8：30～12：00）	午後（13：00～16：30）
1日目（月）	オリエンテーション	認知症病棟
2日目（火）	認知症病棟レクリエーション 入退所会議	訪問面接 ケア・カンファレンス
3日目（水）	一般病棟	一般病棟 退所前後訪問
4日目（木）	リハビリ（機能訓練室）	リハビリ（機能訓練室） ケア・カンファレンス
5日目（金）	通所リハビリテーション	通所リハビリテーション ケア・カンファレンス
6日目（土）	院外研修	
7日目（日）	休み	
8日目（月）	併設施設の見学 病院，病院デイケア，居宅介護支援事業所	園芸療法 ケア・カンファレンス
9日目（火）	フリー 入退所会議	訪問面接 ケア・カンファレンス
10日目（水）	訪問面接 外出プログラム（リハビリ・病棟）	退所前後訪問
11日目（木）	フリー クラブ活動（華道・茶道）	ケア・カンファレンス 院内研修
12日目（金）	フリー	在宅訪問 ケア・カンファレンス
13日目（土）	クラブ活動（俳句）	実習総括
その他	フリーの日程では 利用者との関わり，他事業所との担当者会議，グループホーム・有料老人ホーム等の施設見学，MSW関連の院外研修に利用する	

出典：筆者作成．

第6章 実習準備【学生】

1 医療現場での問題

(1) 新聞を利用した学習

　MSWは，利用者の生活という視点でかかわる専門職である．日頃から利用者の暮らしや生活に密着した情報を得ておくことが大事である．また，医療現場の状況や今社会の中でどのような問題や課題があるのかを把握しておくことは実習生の基本である．NIE（Newspaper in Education）と呼ばれる新聞を活用した学習法は，軽便で，効果的な方法だろう．活字離れが著しいインターネットの時代だからこそ，新聞を活用して学んで欲しいものである．景山（2006：13）[1]は新聞が教材として使われる次のような理由をあげている．

- ・複数の記事が一目で分かる
- ・ニュースの原因や背景など解説・分析されている
- ・沢山の情報量を備えている
- ・保存・整理すれば繰り返し何度でも読める
- ・持ち運びが楽でいつでもどこでも読みたいときに読める
- ・後で読み直しが出来る
- ・隠された事実を発掘できる

　医療福祉実習で，新聞を活用することの効果は，①医療に関する制度改変など最新の情報をキャッチできる，②記事について詳細に解説されている，③全国の情報と地方の情報が同時に入手できるので，医療に関する地域の情報とともに，全体的な制度等との比較が可能である，④保存が簡単であるので，実習記録に綴じ込んで資料にできる，⑤医療に関する市民の意識などを理解することが出来る，などが考えられるであろう．

　さて，実際に新聞を活用してどのような実習準備をするのかについて述べてみたい．教員がテーマを設定して，新聞で調べてレポートにまとめさせるという方法もあるし，特にテーマを設定せず，学生が自発的に新聞を読んで，記事のスクラップを持参して討論するのもよいだろう．福祉に関する全国の記事を月ごとにまとめた福祉の総合情報誌『クリップライブラリー月刊社会福祉』がNCL[2]から発行されている．全国紙から地方紙に至るまで，福祉の記事がほぼ網羅されており，福祉のテーマ別に編集されており大変便利である．新聞各紙はそれぞれカラーがあるので，同じテーマについて新聞各紙で読み比べをするとよい．[3]

　実習生にとって，医療に関する新聞記事を読むという行為はどう実習へとつながるのだろうか．前出景山（2006：12-13）[4]によれば，活字を「読む」ためには「考え」なければならず，

文字を読むことが，思考の基本となる．「読み，考える」また「考えながら読む」ことを繰り返すことにより，思考力，読解力，そして表現力がつく．実習生は，まだ体験していない医療福祉実習のイメージや利用者（患者，家族）の置かれている状況を予め「理解すること」や「考える」ことができ，利用者の援助を組み立てる際の創造性を養うことができるということである．

医療福祉に関係する記事を見てみよう．

○愛媛新聞2006年6月16日「心の杖を求めて」①闘病記を贈る[5]

　愛媛大学図書館医学部分館に脳卒中やアルコール依存症など病名毎に分類された279冊の闘病記を集めた新しい書棚のことが「心の杖」を求めてと題した記事で紹介されている．体験者や家族の話をまとめた闘病記は，患者にとって情報の宝庫であり，医療や病気に関するデータよりも体験が支えになるという．患者や家族がどのような情報を知りたいと思っているのか参考になる．

○愛媛新聞2006年6月18日「心の杖」を求めて③耳を傾ける[6]

　四国がんセンターの「がん相談支援・情報センター」では，看護師やMSWら6人が常駐した「医療・よろず相談」が設置され，入院患者の転・退院後を支える「退院調整」，通院患者への「在宅療養支援」，「情報発信・提供」，地域医療機関紹介やセカンドオピニオンなど「医療連携」の5つの役割を担っている．

それでは，医療福祉実習における新聞記事の実際の活用法を以下に提案してみたい．

2006年2月5日の朝日新聞（大阪）[7]は，「支える苦悩，舞台に　母が倒れ，社会が支援」の見出しで，プラダー・ウィリー症候群という病気を題材にした舞台「はなす手☆つなぐ手」上演の記事を掲載している．聞き慣れない病名だが，同紙によれば，このプラダー・ウィリー症候群という病気は，食べ物への強い執着が現われたり，対人関係に支障をきたしたりするという．原作者はプラダー・ウィリー症候群の実妹（29）と介護する母親の実話から作品を構成している．

[あらすじ][8]

　作業所に通うバスの中や，スーパーなど外出すれば，他人に迷惑をかける．父親は家庭に無関心だ．いくら食べても満腹感を得ない妙（主人公の妹で，プラダー・ウィリー症候群）は，食事制限のストレスを，もっとも身近で献身的な母親への暴力的な態度で解消する．ある日，実家の母親は妹の介護に疲れて死を覚悟して家出をする．

　「妙ちゃんに必要なものは，少しの薬とたくさんの家族の愛情だ」という医師のなにげない言葉に悩む家族．精神のバランスを崩して入院した妙は，一時的に安定したが，退院後は再び家族だけで支えざるを得ない日々が2年以上続いた．

実習生同士で，次のような点を話し合ってみると良い．

> **Question**
> Q：この家族がかかえる問題とは何だろう？
> Q：なぜ，家族は医師の言葉に悩んだのだろうか？
> Q：この家族へのどんな支援が考えられるのだろうか？
> Q：「はなす手」とはどういう意味か，話し合ってみよう

新聞を活用した学習

（2） ラジオの電話相談を利用した学習

　NHK総合ラジオでは，「くらしの電話相談」[9]という番組を放送している．リスナーからの相談にその領域の専門家が応じるというものである．

　たとえば，ある日の相談は「子どもの心相談」である．広汎性発達障害の6歳の男の子をもつお母さんが相談者．お母さんは，一生懸命教えれば，普通の子と同じようになれると思っておられる．専門家は，子どもは1人ひとり違うので，あまりプレッシャーをかけないで，焦らないで，とお母さんの気持ちを受容し，助言する．

　また，子どもが学校に行きたがらないのだが，どうしたらよいかというような家族の相談である．相談者が祖母の場合，どうして祖母が電話をかけてきているのか．子どもはどう言っているのか．相談を担当する人は，限られた時間の中で適切な相談援助を行っていく．実際の相談場面なので，質問の仕方，言葉のかけ方，受容，共感など面接の原則を理解しやすい．

　また，実際にその人がどのような気持ちで電話を掛けているのか？　それに対して，専門家はどのように答えているのか，さらに，その相談を元にMSWの立場では，どのような視点で援助を行ったらよいか考えてほしい．医療の相談が多いが，患者や家族が病気や治療に対してどのような不安をいだいているかなど，実習生が実習前に理解しておくことは大切である．

表6-1 NHK総合ラジオ「くらしの電話相談」

日	曜日	内　　　容	担　　　当
9/11	月	くらしの電話相談　あなたの健康・家族の健康「口腔外科」	東京医科歯科大学大学院教授　天笠光雄
9/12	火	くらしの電話相談　あなたの健康・家族の健康「呼吸器科」	日本医科大学教授　木田厚瑞
9/13	水	くらしの電話相談　あなたの健康・家族の健康「眼科」	東邦大学名誉教授　戸張幾生
9/14	木	くらしの電話相談　こどもの心相談	心理カウンセラー　内田良子
9/15	金	くらしの電話相談　「庭木」	園芸研究家　船越亮二
9/19	火	くらしの電話相談　あなたの健康・家族の健康「漢方」	日本薬科大学教授　丁宗鐵
9/21	木	くらしの電話相談　こどもの心相談	児童精神科医　石川憲彦
9/22	金	くらしの電話相談　「ペット」	獣医師　柴内裕子
9/25	月	くらしの電話相談　あなたの健康・家族の健康「腎臓」	東京慈恵会医科大学名誉教授　酒井紀
9/26	火	くらしの電話相談　あなたの健康・家族の健康「肝臓」	三楽病院名誉院長　遠藤康夫
9/27	水	くらしの電話相談　あなたの健康・家族の健康「リハビリ」	茨城県立健康プラザ施設長　大田仁史
9/28	木	くらしの電話相談　子どもの心相談	津田塾大学教授　山崖俊子
9/29	金	くらしの電話相談　「草花」	園芸研究家　長岡求

出典：参考までにNHKラジオ第1の番組表から抜粋して掲載した．（NHKオンラインhttp://www.nhk.or.jp/）2006年.

2　闘病記に学ぶ

(1)　出会い・1冊の本

　1冊の本との出会いが人の進路の舵を大きくきらせることがある．筆者にとって，それは福田須磨子『われなお生きてあり』（筑摩書房）であった．23歳の学生時代の心揺さぶられた読後感の記憶がある．胆のう，肝臓，副腎機能障害，貧血，エリテマトーデス，関節リウマチ，長崎で原爆被爆後つぎつぎと病におそわれながらも生活を綴った自伝を基にしたものである．入退院を繰り返し，病ゆえの極貧のさま，葛藤，それに，羨望，嫉妬，男と女の裏切りなど「ここまでも書くか……」と思えるほど赤裸々である．打ちのめされ，絶望の淵に立ち，それでもなお，原水爆禁止運動から離れることがない．そして次のような抵抗の姿勢を示す．「しかし病気にたおれる毎に津波のように襲う疎外感やそれに伴う絶望感，虚無感も以前のように恐ろしいと思わなくなって来た．虚無的になるという事は，私自身の敗北を意味すると考えるようになったからであろうか．病気との闘いは私の常態だと考えるようになった．病気との闘いは自分の魂の闘いである．」被爆体験記でもあり，それは闘病記でもあった．「生きていること，それだけでも原爆への抵抗だ」と怨みの女とも評されるこの激しい生き様に畏敬の念を抱いた．そして病んだ被爆者の支えになれるのではないかとの思いから，広島の総合病院のMSWの道を選択したのである．

(2)　キラリと光って射ることばを

　闘病記にはその書き手それぞれに，キラリと光って読むものを射ることばがある．病が人を極限に立たせ，そこで否が応でも死や愛，家族，生きる意味に対面させる．そこから発せられることばだからこそ，人を人への洞察に向かわせ，読むものの胸を突くのであろう．
　闘病記は暗く悲しみに満ちているという先入観から，ともすれば手にしがたい種類の本であろう．授業の一環としてレポートを課すことの意味がここにある．

以下は龍谷大学の「医療ソーシャルワーク論」における学生のレポート例である．

精神科病院で働きたいと思っている学生が「軽い気持ち」で選んだ本を途中で読めなくなった．闘病記の一文に心を射抜かれたのであろう．

例1

途中，私は本を読めなくなった．「当時もいまも，人間関係に関してぼくは自明な情を欠いている．物理学者のように他者の心理を測定し，心理の法則をみいだそうとしてきた．そのつどその心理の法則にみあった都合のよい虚構の『私』が演じられる．演じる『私』は演技のあいまにふと演技の仮面をとり思うことがあった．『ぼくはいつになったら許されるのだろう．』（中略）そして，いつになっても許されはしないのだ．許される前に，うつ状態になって自ら仕事から降りた．おきまりの自責感にさいなまれた．その繰り返しがぼくの人生である．」──略──では筆者の求める「許し」とはなんなのだろう．私は，結局自分の事しか考えていないことに気付かされた気がした．そこから怖くて2週間近く続きが読めなかった．続きを読もうと思えたのは，逃げちゃいけないと私を再び向き合わせ支えてくれた人がいたからだ．人間は一人でいいから自分の事を受けとめてくれる存在がいれば，もっと上手く生きていけるのにと思った．私は今回この本を読んで，うつ病という病気についてというよりもっと人間的なことを感じ取ったように思う．それはこの本が飾らない本人の声であるからだ．それは読む側にもすごく力を使う．逃げずに最期まで読みきることが出来て良かったと思う．そして今感じている言葉にならない気持ちが，筆者の言う「許し」を少しでも理解できたことであればいいなと思った．（横田祐子）

(3) 自己の体験との呼応を

闘病記のことばを受け止めるに留まらず，自らの体験の中でそれと呼応する部分を凝視し，より洞察を深める読み方をした学生もいる．

母が入院手術し，家に1人残された経験のある学生のレポートである．

例2

「夫は『大丈夫，大丈夫』と言い続けた．その，根拠のない『大丈夫』に救われた．」と著者は書いている．大変な状況にある人に，「大丈夫」と言い切ることは難しい．まして，当時の著者の姿を目の当たりにして，それでも不安な顔をせず「大丈夫」と言い切るのは，本当に難しいことだと想像出来る．以前の私なら，「著者の夫は強い，凄い人なのだ」という感想で終わってしまっていただろうが，自分が「大丈夫」と言う側になって気がついた．「大丈夫」としか言えなかったのかもしれない．「大丈夫」と，自分自身にも言い聞かせているのだ．自分以外に，「大丈夫」と言ってくれる人がいないから．（八百板あり）

(4) ソーシャルワークを想定してみる

当事者のみが発することばを受け止める感性，それを自分自身の内面と照らし合わせる力に加えて，ソーシャルワークサービスを想定してみる力も求めたい．実践現場の経験がない学生でもその患者がもつニーズや課題に「こうあってほしい」と思い描いてみる力がある．現実的ではないかもしれないが，想定してみることが重要な思考経験となる．たとえば，以下のレポートの例である．

> **例3**
> 　闘病記による亜也さんの5年間の記録を通して，亜也さんの強さを感じた．それと共に，亜也さんと戦ってきた家族愛も凄いものだと思った．亜也さんだけでなく病気と闘っている多くの人が，何らかの希望を持ち，日々を病院や自宅で誰かの支えを得て生活している．たとえば医療ソーシャルワーカーのように，患者やその家族の思いを理解し，医師や行政との橋渡しをしてくれるような人がもっと増えれば，闘病生活の不安や苦悩を少しは取り除くことができるのではないだろうか．家族だけが本人の支えになるのではなく，周りを取り巻く資源をもっと活用することで負担を軽減する．病気への理解と，使える資源の理解，さらに活用が闘病生活の土台となり，その上に家族・医師達とつながった患者の姿があればいいと思った．（大嶋未樹）

(5) 入手しやすい闘病記リスト

　龍谷大学の学生達がレポートの題材にした書籍のリストである．

『1リットルの涙』木藤亜矢（エフエー出版）

『うつ病者の手記』時枝武（人文書房）

『31歳ガン漂流』奥山貴宏（ポプラ社）

『がんと一緒にゆっくりと』絵門ゆう子（新潮社）

『あっ子の日記』植木亜紀子（教研学習社）

『ガンに生かされて』飯島夏樹（新潮社）

『ラッキーマン』マイケル・J・フォックス（ソフトバンクパブリッシング）

『少しは，恩返しができたかな』北原美貴子（講談社）

『死に向かい合った私』医療と宗教を考える会（医療と宗教を考える会）

『脳幹出血』遠藤晃（自治体研究会）

『あほやけど，ノリオ』露の団六（中央法規）

『ずっとそばにいるよ』横幕真紀（ゆいぽおと）

『愛，深き淵より』星野富弘（立風書房）

『がんばれば，幸せになれるよ』山崎敏子（小学館）

『ママでなくてよかったよ』森下純子（比良出版）

『ガンの夫を自宅で看取る』児島美都子（農山漁村文化協会）

『片目を失って見えてきたもの』ピーコ（サンマーク）

『ガン再発す』逸見政孝（廣済堂）

『最後のストライク』津田晃代（幻冬舎）

『がんから始まる』岸本葉子（晶文社）

『末期がんになったIT社長からの手紙』藤田憲一（幻冬舎）

『お父さんは太陽になった』ひらたまどか（新風舎）

『永遠へ』横内美知代（ソニーマガジンズ）

『405日のいのち，きらめく』瀬川秀樹（慶応義塾大学）

『イケイケ，パニッカー』高坂正枝（かもがわ出版）
『今が楽しいんだよめぐみのガン日記』引田めぐみ（法蔵館）
『こころの病と生きる』若林菊雄（萌文社）
『アメリカ的ガン闘病記』リー・あおい（東京書籍）
『真帆──あなたが娘でよかった』内梨昌代・真帆（かもがわ出版）
『180ccのいのち』大竹あや（日本テレビ網）
『生きる．180日目のあお空』吉武輝子（海竜社）
『妻がアルツハイマーになった』佐藤幸四郎（朝日新聞）
『恐がらないで生きようよ』小倉恒子（講談社）
『へこんでも』多和田奈津子（新潮社）
『かわいくて，わがままな弟』金澤絵里子（講談社）
『ゴッド・ブレス・ミー』福田慶一郎（新風舎）
『死んでたまるか！』奈美悦子（主婦と生活社）
『久和ひとみ　絶筆』久和ひとみ（小学館）
『アルツハイマーに克つ』佐藤早苗（新潮社）
『岳史よ命ある限り』加藤康一（講談社）
『やさしさの連鎖』佐々木公一（ひとなる書房）
『神様，何をするの』吉井怜（幻冬舎）
『いのち輝く』前田志奈子（看護の科学社）
『神さま，仏さま，看護婦さまー．』高橋浩一（日総研出版）
『院内感染』辻和男（自由国民社）
『なんくるないさぁ』吉野やよい（主婦と生活社）
『私たちの愛』田原総一郎・田原節子（講談社）
『きっと，明日は』江崎雪子（ポプラ社）
『神様，私をもっと生きさせて！』神田麻希子（こう書房）
『ホスピスで安らかな旅立ち』臼田敬子・臼田喜代二（郁朋社）
『二十歳もっと生きたい』福嶋あき江（草思社）
『種まく子どもたち』佐藤律子（角川文庫）
『医者は自分の病気を治せるか』成島香里（ポプラ社）

3　辞書，用語集

　MSWの実習で体験すると思われる専門用語を[10]下記にあげている．実習前にこの程度の医学用語や略語を理解して実習に臨もう．

表6-2 医療現場で使用される略語と専門用語例

339度方式	Japan Coma Scale を用いて判定する患者の意識レベル（3つのグレード，3つの段階）のこと
AD	アドミッション＝入院
AED	自動体外式除細動器
ALS	筋萎縮側索硬化症　運動神経が侵される進行性の神経難病
AP	脳梗塞
bleeding	出血
BP	血圧
BT	体温
Bw	体重
Ca	癌
CAPD	連続的携帯型腹膜環流（腹膜透析）　腹膜を介して水や老廃物を取り除く方法
CCU	冠動脈疾患集中治療室
CF	大腸ファイバースコープ（内視鏡）
Ch	子ども
CL	クライエント
CM	ケアマネージャー
CP	臨床心理士
CPR	心肺蘇生法
CT	コンピュータ断層撮影
delivery	出産
discharge	ディスチャージ＝退院
DM	糖尿病
DMS-Ⅳ	精神疾患の診断・統計の手引き第4版（米国精神医学協会）
DOA	到着時死亡
Dr	医師
DRG/PPS	DRG（診断関連群）に基づく包括払い形式
EBM	根拠（エビデンス）に基づいた医療
ECG	心電図
EEG	脳波
epi	てんかん＝epilepsy
Fa	父親
GF	胃部ファイバースコープ（内視鏡）
harn	独）ハルン＝尿
HCC	肝細胞癌
history	病歴　①主訴・入院理由（chief complaint/reason for admission），現病歴（history of present illness），既往症（past medical history），家族歴（family history）
HIV	ヒト免疫不全症候群　エイズウイルスが関与
HOT	在宅酸素療法
HP	病院
HT	高血圧
Ht	身長
IC	インフォームドコンセント＝説明と同意　治療を行う前に医師より十分な説明を受け納得した上で治療に同意すること
ICF	国際生活機能分類
ICU	集中治療室
inj	注射
IVH	中心静脈栄養
Kot	独）コート＝糞便
LC	肝硬変
MI	心筋梗塞　AMI＝急性心筋梗塞
MMK	乳癌
Mo	母親
MR	精神発達遅滞
MRI	磁気共鳴画像診断法
MRSA	メチシリン耐性ブドウ球菌　入院中の患者に発症する院内感染を起こす
MS	多発性硬化症　脳と脊髄の神経繊維を覆う，神経同士を絶縁する働きの「ミエリン」が壊され，神

		経の情報が上手く伝わらないため様々な症状を起こす病気
NICU		新生児のICU（集中治療室）
np		異常なし
Nr		ナース
O-157		腸管出血性大腸菌感染症　重傷の場合，溶血性尿毒症症候群（HUS）や脳症を起こす
Ope		手術
OT		作業療法士
pain		痛み
patient profile		患者プロフィール（患者の生活の仕方，環境など患者自身に関すること）
PEG		ペグ＝経皮内視鏡的胃ろう増設術のこと　食事を口から摂れなくない患者の腹に小さな口（胃ろう）をつくり，影響剤を注入するため
preg		妊娠
Pt		患者
PT		理学療法士
SARS		重症急性呼吸器症候群　SARSコロナウイルスによって引き起こされる重篤な呼吸器症状を主症状とする急性肺炎　新型肺炎ともいう
SIDS		乳児突然死症候群
SLE		全身性エリトマトーデス
ST		言語聴覚療法士
SV		スーパービジョン
SW		ソーシャルワーカー
TB		結核　結核菌による感染症で，重症の場合は組織全体が破壊されて，呼吸困難等の機能不全により死亡することもある
UPPER/GI		胃透視撮影
VS		バイタルサイン　毎日の身体状況を把握するのに用いられる血圧（BP），体温（BT），脈拍（Ps），呼吸数（RR）など生命の徴候を現すサインのこと
XP		レントゲン
アナムネ		プロフィールを聞くこと
一次救急		休日夜間急患センターや在宅当番医などによって行われる入院や手術を伴わない医療
胃チューブ		マーゲンチューブ（独margen＋英tube）ともいい，経口摂取の不十分な人が用いる経管栄養及び経腸栄養の方法
医療連携		診療所と病院，病院と病院が連絡を密にし，互いに情報を共有し，相互に円滑な連携を図ることにより専門的機能を最大限に活用することが出来るシステム
イレウス		腸閉塞
回復期リハビリ病棟		脳血管疾患などの治療中の安静によって体力が回復した患者に対して，集中的にリハビリテーションを行う病棟
喀血		気管支・肺などから出血した血液を嘔吐すること
カルテ		チャート　診療録のこと
看護記録		看護職の責任によって記載される患者及び看護活動・業務に関する記録の総称
看護サマリー		看護を必要とする患者の経過・情報を簡潔にまとめたもの
感染症		病原体が生体内に侵入・増殖して引き起こす病気　危険性が高い順に1類～5類，その他指定感染症，新感染症に分類される
カンファレンス		患者の治療方針などを職員が集まって話し合うこと
緩和ケア病棟		現代医学では治療が困難な患者の身体的，精神的苦痛の緩和を最優先し，その人らしく過ごせることを目指す専門病棟
キーパーソン		ある事象や事業において「鍵」となる人物
逆紹介		病院から地域の診療所やかかりつけの医師を紹介すること
クラーク		医療事務職員
グラスゴー分類		患者の意識レベルをあらわすもので，開眼（E），最良言語反応（V），最良運動反応（M）の観察項目の合計で評価する
クリティカルパス		良質な医療を効果的，かつ安全，適正に提供するための手段として開発された診療計画表
経産婦		出産を経験した女性
下血		様々な疾患により消化管内に出た血液が肛門から出ること
血液検査		血液を検体とする臨床検査の総称
血中濃度		血液中の薬物の濃度
サマリー		要約集
三次救急		二次救急まででは対応できない重篤な疾患や外傷に対する医療であり，救命救急センターや高度救

	命救急センターで行われる
下顎呼吸	状態が非常に悪い患者に見られるもので，吸気のたびに下顎を動かして行う努力性の呼吸
社会的入院	入院治療の必要がないにもかかわらず，家庭に介護体勢がないなどの理由で入院を続けていること
シャント	血液透析のために下腕の静脈と動脈をつなぐこと
初産婦	分娩が初めての女性
人工透析	血液を体外に採りだし，人工の膜を通すことによって血液中の不要な老廃物や水分を除き，血液を浄化すること
ストーマー	病気やけがなど何らかの要因によって，肛門や膀胱から排泄できなくなった場合に，肛門以外につくられた便や尿の出口（排泄口）のこと
脊髄小脳変性症	脊髄や小脳の障害によって，運動失調を主要な症状とする神経変性疾患
総合診療科	特定の疾患や臓器に限らず，内科系，外科系全般にわたって診療を行う科のこと
デキストロメーター	簡易血糖測定器
出来高払い	診療行為毎の費用を算定する方式
吐血	食道・胃・十二指腸などから出血した血液を嘔吐すること
トリアージ	災害時の医療現場で使用される「負傷者を重傷度に応じて選別する方法」色別のタッグをつける
鳥インフルエンザ	高病原性インフルエンザウイルスのことで，ヒトに感染するインフルエンザウイルスとは異なるA型インフルエンザウイルスの感染症　ウイルスが変異するとヒトに感染することもある
難病（特定疾患）	症例数が少なく，原因不明で治療方法も未確立であり，生活面での長期にわたる支障がある特定の疾患について，それぞれ研究班を設置し，特定疾患治療研究との連携を図りつつ原因の究明，治療方法の確立に向けた研究が行われているもの指し，現在は121疾患が対象　そのうち45疾患については医療保険の自己負担について一部，又は，全額を公費負担し，患者さんや家族の方の負担軽減が図られている
二次救急	入院や手術を要する症例に対する医療
認知症	脳の後天的な変化により起こる病気　アルツハイマー型認知症，脳血管性認知症など
ネブライザー	喉や気管の病気の際に薬液を霧状にして口や鼻から吸飲する装置
パーキンソン病	脳内のドーパミン不足とアセチルコリンの相対的増加が病態　振戦，無動，筋固縮，姿勢反射異常が主な症状
パウチ交換	ストーマーの便袋の交換
バルンカテーテル	膀胱留置用カテーテル　膀胱内に留置する風船が着いたカテーテルのこと　カテーテルは医療用に用いられる中空の管
平均在院日数	病床の利用状況をみるための一つの指標で，入院から退院までの平均の入院日数をいう
ペースメーカー	不整脈などにより心臓の収縮が秩序正しく伝わらない時，心臓に周期的に電気刺激を与えて，必要な心拍動を起こす装置
変形性膝関節症	関節の軟骨が磨り減り，炎症や変形を生じて痛みなどが起こる病気
ホスピス	死期の近い病人を対象に，延命治療を行わず，身体的苦痛を和らげ，精神的ケアなどを行う施設
メタ	がんの転移
ヤールの重症度分類	パーキンソンの病気の進行度合いに基づいた重症度1（軽度）から5（重度）による分類
リエゾン精神医学	身体的疾患の患者に対して精神科医が各科と協力しながら精神面のケアをすること
リビングウイル	不治の病にかかった場合などに，生命維持装置などによる延命措置をとらず，そのまま死に至ることを希望するなど生前の意思を予め表明しておくこと
倫理委員会	医療行為や医療的研究行為が十分な倫理的配慮の元に行われるよう，十分な議論と慎重な実行決定の判断がなされることを目的として院内に設置される委員会
レスピレーター	人工呼吸器
レセプト	診療報酬明細書

4 実習計画書

(1) 医療福祉実習における実習計画の意義

どのような実習でも実習計画をたてることは実習生にとって不可欠なことがらである．しかし，実習する施設や機関によって実習目的の内容，実習課題の設定，具体的達成課題が異なってくる．

ここでは，医療機関における実習計画の意義について学ぶとともに，具体的な実習計画書の作成について広島国際大学[11]の例を参考に解説する．

言うまでもなく，医療機関での実習では，医療相談室での相談援助を抜きにすすめることはできないであろう．そこには，来談する利用者（患者や家族）の存在があり，またその人達にかかわる医療職を中心とした様々な職種の存在がある．本来，実習生は来談する利用者にとって無関係な第三者的存在である．一方で，座学中心で学んできた学生にとって，利用者の緊急のニーズにとまどいを感じることもあるだろう．実習生が学びたいと思うことと利用者のニーズとの間のずれが生じることも少なからずある．しかも，実習生は利用者に対して具体的な支援を行えるという立場ではなく，利用者の現実に学ばせて頂く存在でしかない．利用者の現実にただ立ちつくすだけの存在でしかないということもありうるのである．時として，実習生は利用者にとって目障りな存在となる．そうしたことの理解の上にソーシャルワークを学ぶ学生の医療福祉が行われなければならないのである．

実習生は実習前に自分自身の実習の目的を明確にし，具体的な達成課題について十分に検討しておくことが必要である．

(2) 実習計画書の作成について

広島国際大学の実習計画書（別表「実習計画書」参照）の場合，医療福祉実習は3年次に行われる社会福祉施設実習を終えた学生に対して実施されている．そのため，3年次で行った実習について，その名称，種別，期間について記入する「過去の実習歴」の欄を設けている．それゆえ，実習生は，過去の施設実習を踏まえ，実習体験で得たことや残された課題から医療福祉実習へのきっかけを述べる事も多い．一方，医療福祉実習が初回の実習である場合には，講義やボランティア活動，見学実習，闘病記などの医療福祉について感銘を受けた本[12]等を振り返って考えてみるとよい．上述したように，緊急なニーズをもつ利用者と向き合う実習となる医療福祉実習では，実習についての明確な目的もテーマもなく，なんとなく医療福祉実習を希望するということは絶対避けなければならない．

広島国際大学では，実習計画書作成に3～4コマ程度の時間をかけている．実習計画書について講義で一通り説明した後，作成に取りかかる．最初は自分の実習計画案を持ち寄りグループで意見交換しながら検討し，教員による何回かの個別添削指導を経て最終的な計画書を完成

させる．その時には，教科書にあるような型にはまったものではなく，一人ひとり違った実習計画書が完成しているはずである．

① 実習のテーマ

医療福祉実習のテーマは，この実習で実習生が学びたいと思う比較的大きなものをテーマとして設定するが，分かりやすく簡潔に書くことを心がけてほしい．テーマを見れば，この医療福祉実習で何を学びたいか「一目瞭然とならなければならない」[13]のである．

② 私にとっての実習の意義

実習生一人ひとり，自己の体験や思いによって実習の意味は異なってくる．ここでは，実習生が医療福祉実習を希望する理由，医療福祉実習によって得たいこと，医療福祉実習で何をどのように学びたいのかについて記述する．実習のテーマとは別に，例えば，自分や家族が病気やけがで入院した体験をきっかけに，MSWを目指すようになったといった実習を希望するに至ったエピソードなどを具体的に書いてほしい．医療福祉実習が自分にとってどのような意味をもつのかなどについて書いてあるとよい．

③ 実習の達成課題について

実習計画書（記入例）

学生番号　　　氏名

過去の実習歴

実習機関名	期間	実習内容
○○介護老人福祉施設	2006年8月1日～8月13日（12日）	ケアワーク，コミュニケーション等
○○区社会福祉協議会	2006年9月5日～9月18日（12日）	福祉祭りの企画運営等

病院実習

実習機関名	期間	実習内容
医療法人社団○○会　○○○病院	2007年8月8日～8月22日（12日）	医療ソーシャルワーク

1．実習のテーマ
　実習先の○○○病院の地域連携におけるMSWの専門性について学ぶ．あわせて，○○町における地域の社会資源の実際とその活用について理解する．

2．私にとっての病院実習の意義
　長期入院していた祖母の退院後の生活を考えることになったとき，私はMSWが祖母の話を一生懸命聞いてくださるという姿に感動した．将来は，このようなMSWとなって患者さんや家族の支援をしたいと考えるようになり福祉の学科に入学した．実習させて頂く○○○病院は地域との連携を大切にしている病院で，MSWが地域に出向いていくことも多いと聞いている．
　MSWの地域での役割，病院と地域との連携のあり方，社会資源について学び，入院から退院後の生活支援までのプロセスを理解することができる．

3．実習の達成課題
・退院する利用者がどのようなニーズをもっておられるのか学ぶ．
・可能ならば利用者宅の訪問に同行させていただき，在宅の様子などをうかがう．
・可能ならば退院援助の面接の場に同席させていただき，MSWの退院援助の方法について学ぶ．
・地域の社会資源の状況について理解する．
・連携している施設などを見学させていただく．
・MSWの資質について考え，実習における自分の課題点等を明らかにする．

出典：筆者作成．

実習の具体的達成課題は，実習の目標を達成するための具体的な課題を記入する．すなわち，実習のテーマがMSWの相談援助について学ぶということであれば，具体的な達成課題としては，MSWの相談援助の場に同席させていただき，MSWの面接技法や援助のプロセスなどを学ぶということになろう．また実習では，実習生としての自分を見つめる作業の機会でもある．単に技術的な点だけを達成課題とせず，自分の姿とじっくり向き合っていくということも達成課題の一つにあげて欲しい．

(3) 医療福祉実習計画の見直し（実習期間中）

実習の前にたてた実習計画は，実習の途中で見直す必要が生じてくる．それは，事前に頭で考えたことと，現実のギャップをうめ，残りの実習をより有意義なものとするためである．巡回に訪れた大学の実習指導者や現場の実習指導者と相談しながら，実習計画を見直してみることが重要である．中間地点でのこうした実習計画の見直しによって，実習で明らかになった現実的で焦点化された課題を後半の実習に盛り込むことができる．これによって，実習を実習だけで終わらせず，事後の学びに続けていくことができよう．将来のMSW職にとって，この実習が真に意味のあるものとなるように，実習期間中の計画の見直しを是非行って欲しい．

5　実習希望病院の状況理解と地域での役割の理解

(1) 実習先の理解が必要な理由

医療分野の実習は地域医療支援病院，特定機能病院，療養型医療施設などさまざまな種別の医療機関で行われる．医療機関の種別や経営主体，目的などにより，機関の担う役割もソーシャルワーク業務の内容も異なる．また，地域の中で期待されている役割は，医療機関のあり方やソーシャルワーク業務への影響も大きい．そのため，実習に臨む前に，あらかじめ実習先の概要や実習先の地域の状況と地域での役割について理解しておくことが必要である．

このような実習先についての理解は，実習効果を高める実習テーマや実習課題の設定につながる．実習期間は限られているので，短期間で実習効果をあげるためにも事前に十分に準備を行いたい．

(2) 実習機関の概要理解

第1部の事前学習編の内容を踏まえて，実習を行う機関の概要について把握し，実習先の特徴や役割，機能について理解する．具体的には以下のような項目を把握する．

① 法令根拠

医療機関設置の法的根拠は医療法に基づいている．医療法は医療機関の開設や管理，医療計画等，医療提供体制に関することが定められている．このほかに医療関連法規として医療関係者に関する法規や保健衛生に関する法規などがある．

② 設立・運営主体

　医療機関の開設申請を提出した法人や個人を設立主体といい，国立・公立・公的・私立（公益法人・医療法人・企業・個人・その他）がある．運営主体は開設主体と同一の医療機関が多いが，公設民営など運営主体が異なる場合がある．

③ 種　別

　医療法に基づく分類（地域医療支援病院，特定機能病院，その他の病院）と診療報酬上の区分（急性期病院，回復期リハビリテーション病棟，緩和ケア病棟など）がある．

④ 沿革，理念・基本方針

　沿革や理念・基本方針から実習先の歴史的経緯を把握し，その機関が大切にしていることや目指している方向性を理解する．

⑤ 診療科と病床数

　診療科目名と病床数を知ることで，実習先の規模と特徴を理解する．

⑥ 組織，職員の職種と職員数

　医療機関の組織は診療部門，看護部門，事務部門，診療協力部門などに分かれている．組織図から院内にある部署と業務の流れや命令系統を知り，各部署にはどのような職種の職員が何名配置されているかを理解することは，他部署との連携をとる上で必要である．

⑦ 設　備

　建物の広さや医療機器などは，医療機関を利用する患者の療養環境や医療サービスの内容に影響を与える．

⑧ 特徴的なサービス

　救急医療，周産期医療，人工透析など実習先の医療機関が備えている特殊なサービスについて把握し，実習先の特徴と地域における役割を理解する．

⑨ 平均在院日数，外来患者数

　平均在院日数から急性期病院か，慢性期病院かという機関の機能を理解し，外来患者数から地域住民のニーズを把握する．

⑩ 患者の年齢層，診療圏

　乳幼児から高齢者までどの年齢層の患者が多いのか，患者はどのような地域から受診するのかなどを把握する．

(3) 地域性と地域での役割理解

　実習先の機関は単独で地域に存在するのではなく，地域のさまざまな機関と地域の中で連携しながら存在している．政策的に医療機関の機能分化が推進されていることから，医療機関同士の連携は緊密であるが，医療機関以外でも保健医療福祉に関連するさまざまな機関と連携を取ることで，地域の中での期待されている役割を果たしている．実習先の機関が地域の中で果たす役割について理解するために，地域の状況について把握することが必要である．また，地

域の特性を理解することは，その地域に居住する患者の生活を理解することにつながる．具体的には以下のような項目について把握する．
① 実習先のある市町村の歴史や特徴，人口構成，高齢化率など
　　実習先の地域の特徴を理解するための基本的な情報を把握する．
② 実習先の地域の保健医療福祉計画
　　実習先の地域の保健医療福祉に関する計画の内容を知り，地域のニーズと政策について把握する．
③ 実習先の位置や地域の住民が通うための交通機関
　　実習先の位置を地図上で確認し，周囲の環境を把握することで，地域に居住する患者の生活について理解を深める．また地域の住民が受診する際の交通機関を知り，受療のしやすさなどについて把握する．
④ 同じ地域にある他の医療機関
　　周囲にどのような種類の医療機関があるのか，連携をとることを想定して把握する．

(4) ソーシャルワーク部門の理解

実習先のソーシャルワーク部門はMSW単独の部門なのか，他の職種とともに総合相談に応じる部門なのかは，業務内容に影響を与える．名称や組織的な位置づけは院内のMSWへの役割期待が現れている．具体的には以下のようなことを把握し，実習先のソーシャルワーク部門の特徴を理解する．
① 部門の名称，職員の配置
　　単独の部門では相談室，他の部門と一緒になった総合相談室，地域医療連携室などの名称がある．名称と職員の配置を知ることで機関からの役割期待や部門の業務内容などをイメージすることができる．
② 組織的な位置づけ
　　（2）⑥で示した組織の中でどのような部門に位置づけられているのか，直属の上司は誰なのかを把握する．組織的な位置づけは日々の業務へ影響を与える．
③ 業務内容
　　依頼経路，業務内容（直接援助・間接援助の内容，多い疾患や援助内容，担当ケース数，特徴的なケース）などを知り，業務内容の概要を把握する．

(5) どのように調べるのか

これらの内容を把握するには，以下のような方法が考えられる．なお，実習前に体験実習や見学実習が位置づけられている場合は，その機会に積極的に質問をして確認しておく．
① 関連する文献を図書館や資料室等で探す
② 実習先のパンフレットを閲覧する

③ インターネット上のホームページを閲覧する
④ 同じ施設で実習を行った先輩の実習報告書を閲覧する
⑤ 事前訪問等で実習先を訪れた際に地域や実習先の機関について観察する

注

＊本章に収録した龍谷大学の学生レポート例は，すべて掲載許諾を得たうえで収録している．ご協力いただいた各氏にここでお礼申しあげたい．

［第1項］
1) 景山清四郎編（2006）『学びを開くNIE　新聞を使ってどう教えるか』春風社．
2) 「クリップライブラリー」『月刊社会福祉』株式会社エヌ・シー・エル．
3) 景山前掲書，p.223．「したがって，われわれの背後で構築され『あたり前のもの』と受けとめがちな社会の制度やルール，それを支える価値といったものを深く認識すると同時に，いったんそれをかっこに入れてみること」が重要である．
4) 景山は，同書（p.13）で佐高信の言葉「テレビは『流動食』で，活字は『固形食』だ．噛まなければ飲み込めない．噛まなければ顎力（学力）はつかない」を引用しており，面白い．
5) 愛媛新聞，2006年6月16日．
6) 愛媛新聞，2006年6月18日．
7) 朝日新聞大阪版，2006年2月5日．
8) 舞台の台本ではハッピーエンドとなっているが，実際の話の方をここでは取り上げた．
9) 2006年9月現在，NHKラジオ第一「暮らしの電話相談」では，月曜日から金曜日の午後2時33分からニュースを挟んで午後3時28分まで放送されている．

［第3項］
10) 広島国際大学医療福祉学部医療福祉学科学生と大学院生で，医療福祉実習で実際に使用したことがある用語を中心に選定をして分かりやすい表現にしてもらった．協力頂いたのは石山博國，木戸祥子，竹中雄一，田中佑樹，中森一宏，馬上佑一，餅川亜耶の各氏である．ここにお礼申しあげたい．

［第4項］
11) 筆者の勤務する広島国際大学では，1998年入学の1期生より（実施は4年次生を対象）医療機関における医療福祉実習を行っている．
12) 例えば，NHK「こども」プロジェクト（2003）『NHKスペシャル　こども輝けいのち　小さな勇士たち　小児病棟ふれあい日記』（日本放送出版協会），中田明美（1997）『コーヒーの香りと麦の穂』（生涯学習研究社）など．
13) 宮田和明・川田誉音・米澤國吉他編（2002）『三訂社会福祉実習』161，中央法規出版．

参考文献

［第2項］
福田須磨子（1968）『われなお生きてあり』筑摩書房．
［第3項］
吉岡ゆうこ・哲翁弥生編（2001）『patient profile理解のためのカルテの読み方と基礎知識第3版』じほう．
『看護学大辞典第5版』（2002）メヂカルフレンド社．

和田攻・南裕子・小峰光博編（2002）『看護大事典』医学書院．
最新看護用語辞典編集委員会（2003）『最新看護用語辞典』メヂカルフレンド社．
『ハンディ医学用語辞典』（2003）第一出版．

第7章 実習で体得すべきこと

1 利用者理解

(1) 他者を理解するための専門的な準備

　MSWは，まず「目の前に居る人」を利用者として認識し，今，この人にとって，何が必要であり，何を求めているのか，と考える．そして，その問いに応えるために「この人を理解したい」「この人をわかりたい」と思うのである．その根底にある「目の前に居る人」の社会生活上の苦しみや生きづらさを少しでも和らげたいという気持ちがMSWを突き動かし「理解したい」という姿勢が出来るのである．

　まず，何よりも「目の前のあなたの力になりたい」という純粋な気持ちがなければ，MSWの「他者理解」は始まらない．純粋なその気持ちから他者への理解はスタートし，相手と向き合った時に人間的好奇心が湧いてくるのである．このMSWの内から湧き起こる「人間的好奇心」は，「他者理解」において欠かすことが出来ないものである．この対人的な感覚を病院の実習において体感してほしい．これは，何も実習先だけでしか体験できないことではないが，自らで振り返り，意識してその体験を実習中に得て欲しい．そしてこの純粋な感覚は，一度体験すれば，必ず持ち続けることができる種類のものではない．したがって，自らが専門職業人としての意識を持ち続け，人間的好奇心が衰えないように，たえず自分自身に働きかけ続ける努力が必要となる．それは，たとえMSWの身の回りでどのようなことが起こっていようとも「目の前に居る人」に関心を向け，集中することが常に求められているということである．MSWが職場やプライベートな生活においてもいつも幸せな状況であるとは限らない．MSWが誰かに助けを求めている最中かもしれないし，助けを求めることも出来ないほどの苦しみのただ中にいるかもしれない．それでも，MSWとして仕事に向う限りは，自分自身のことから一旦は離れて，他者に向い続ける力と他者に関心を寄せることができる純粋な感覚が常に要求されているのである．その構えがMSWに備わっていなければ，「他者理解」がゆがんだものになりかねない．MSWは，常に自分の問題や課題から距離を置く．そして，他者の経験に自分を関係させ，無意識であっても自分を慰めて満足するようなことがないよう注意しなければならないということである．

(2) 他者理解の視点

　上述のようなMSWの準備があって，はじめて専門的な「他者理解」が進められるのである．そして，「目の前に居る人」をどのように理解するのかという理解の仕方そのものが非常に重

要であり,その理解の仕方にMSWの専門性が表われてくる.たとえば,MSWと共に病院で働く医師は,医学の立場から我々が「利用者」と称する人を「患者」と呼び,その「からだ」を生物学的な視点で分析的に理解していくことでその専門性を発揮し,「患者」の生命を生かし,肉体や精神の苦しみを和らげる大きな役割を担っている.

　では,MSWはどのような視点で「利用者」を理解しているのであろうか.誰しも人間は,様々な社会関係の中に身を置きながら生活をしている.「人は,1人では生きていない」という人間的(存在論的)事実の中に生きているからこそ,互いに他者からの助けによって生活を営み,生活に潤いが宿ることを日常の中で体験している.しかし,反対に「1人で生きていない」という現実において,他者と共に生きているが故に,むしろ,その他者との関係を生きることで難しさや厳しさ,苦しみが社会生活の中に生まれてくるのである.MSWのところへ相談に訪れる人は,他者との関係を生きながら生活上の問題を抱えている.また,生活上の問題そのものも他者との関係からさらに複雑さを増している.だからこそ,生活上の問題は,単純にその問題を事柄としてのみとらえるだけではその本質は見えてこない.様々な生活上の問題は,「人と共に生きられない」という苦しさや危機として現れているのである.このような視点からMSWは,他者理解を進めていくのである.この点について足立叡は,「社会福祉の視点として,『個体としての人間』理解から,改めて『関係性としての人間』理解への視点の転換が,その『人間』理解を通して求められているということである.」[1]と述べている(足立,2005).人は,様々な関係の中で生活しているのである.それは,人間関係であり,社会関係である.このように人間が「社会的存在」として生活しているということに目を向けることがソーシャルワークの他者理解の重要な視点となるのである.

　このように,他者への理解をどのような視点で進めているのかということは,それぞれの専門職により異なる.病院では,他職種との協働によって「人の肉体や精神の苦しみを和らげる」という目的が果たされる.他者理解の視点の違いにむしろ意味があり,各専門職者の立場から1人の人を理解していくことにより,「他者理解」は深まり,病院におけるサービスの質の充実がなされるのである.この点も実習中に他職種と接する中で学んでほしい.

(3) 対象者が「利用者」となること

　MSWのところへ自ら進んで相談に訪れる人の中にも,本人がその問題の本質を気づかず苦しんでいる人は多く存在する.また,だからこそ,どうしてよいかわからず,MSWの前に現れるのであろう.たとえば,「入院費の支払いが出来ずに困っている」と経済的な問題で相談に訪れた人がいる.その場合,まず「入院費の支払いが可能となる社会資源はなんだろうか」とMSWは考えるだろうか.たとえ,すぐに社会資源の提供が必要だとしても,MSWは,「なぜ,支払いが出来ない状況に陥っているのか」と一旦は考えてみるだろう.たとえばこの人は,話の中で「親から子どもの時にひどい虐待を受けて育った.だから現在,その償いとして生活費の援助をしてもらっているようなものだ.」と言い,その思いが強く,仕事をして稼ぐとい

う意識が乏しかった．対応したMSWは「子どもの頃，本当に辛い思いをしていたのですね」と感じたことを伝えながら，経済的に困窮している理由を考え，現状からの脱出方法を探り，今後「支払いが出来ない状況に陥らない方法」を共に考えた．このように単に社会資源を提供するだけに留まらず，その「人」に対応することが必要となる場合もある．相談に訪れる人は，MSWを訪ねることに始まり，様々な社会福祉のサービスを利用できるようになっていく．こうして，MSWの「目の前に居る人」は，相談の目的と意味に気づいた「利用者」となっていくのである．MSWの仕事は，単に「サービスを提供すべき対象者」として相談に訪れた人を理解していくだけではなく，相談を通じてその人が主体的な「サービス利用者」として自立生活を営むことの出来る存在となっていくよう援助する，という理解も必要であろう．このように「対象者」が「利用者」になっていくことへの援助がソーシャルワークの援助なのであり，サービス提供だけですべてが解決することがわかっている人は，MSWのところへ訪れなくとも，自分自身で生活上の困難から抜け出せるかもしれないのである．そして，「利用者」になっていくことを援助していくということは，「目の前に居る人」をどのように理解していくかという経過と切り離して考えることは出来ない．その意味からも，MSWの「利用者理解」とは，すでに援助実践の過程なのである．

(4) 「利用者」を理解するということ

「利用者」を理解するということは，MSWが利用者に対するサービス提供者についての「物語」を作り，納得することではない．たとえば，じっくり時間をかけて利用者の話しを聴き，多くの情報からMSWが一方的に取捨選択の上，「現在までこのように生活してきて，このことに悩んでいる」ということを羅列しただけで利用者を理解したことにはならないであろうし，利用者もそうは感じないであろう．早坂泰次郎は，人が人をわかるということは，「TPOの中で，そのつど気持ちがわかるということだと思うのです．（中略）わかるとはいつでもわかることなのであってわかってしまったこと，つまり知識として所有してしまうことなのではありません．」2) と述べ，変化し続ける人を「わかってしまった」と思うことは，その人の現実を見ずに自分さえ納得できればよいということではないとしている．そして，さらに「わかる」とは，「その人の気持ちを感じとり，感じ合う感性の働き」3) であるとも述べている（早坂，1988）．つまり，相談内容の事柄にこだわり，「利用者」に対応していたのでは，理解していることにはならない．たえず変化している「利用者」のその気持ちを感じとることから利用者が見えてくる．その「感じとり」が利用者の理解となっていくのである．また，MSWは，自らの経験や体験だけに沿って利用者を理解しようとしても，利用者の真の姿は見えてこない．出会いの中で，見え，感じられる利用者のありのままの姿をMSWが「わかり」，その理解を利用者に伝えることにより，利用者自身の気付きも生まれるのである．それは，「『わかり方』は単なる方法ないし技法としての意味を超えて，対人関係における自己の可能性への絶え間ないコミットメントのプロセスを生きることである．（中略）『わかる』ということは，常に既存の『自分と

いうもの』を超えて動くこと，すなわち現実の対人関係の中で，相手を見，聞き，感じる中での自分の変化を身体で生きることに他ならない」[4]ということなのである（足立叡，2003）．このように，利用者との対人関係の中で相手をその都度理解していく過程を生きることが，対人援助職者であるMSWの専門性なのである．

現場からのメッセージ

（1） 生活者として理解するということ

病院でMSWがたくさんの医療スタッフとともに働いているということはすでに周知のところである．しかし，利用者理解が異なっているということについてはいかがだろうか．他の医療スタッフは「生活者」ではなく「患者」として捉えがちで，「患者」の病気に目を向け，「治す」ことをしごととしているといえよう．MSWは，「患者」ではなく「生活者」として捉え，病気になることによって生じてくる生活の困難に目を向け，「生活者」が困難を克服していくことを「支える」しごとをしている．このちがいについて目を向けてほしい．

病院でMSWが「生活者」に出会ったとき，「生活者」は「利用者」となる．あるときは急性期疾患治療を必要とする人，またあるときは慢性疾患治療中の人，リハビリ中の人，長期療養中の人，終末期ケアを必要とする人などであり，あるいは乳幼児から高齢者，本人または家族兄弟など利用者は広範に及ぶ．そして，それぞれの人生観や価値観をもったさまざまな「利用者」と出会うことになる．そこで，MSWが目を向け理解しようとすることは，病気や障害によってそれまでの生活を続けることが難しくなったという「事実」とそれによってどのような「困難」が生じるのか，この事態を利用者自身はどのように受けとめ，どのような「捉え方」をしているのかということである．それは100人100様で，「事実」も「困難」も「捉え方」もみんな異なるということについても利用者との関わりの中からつかんでほしい．

さて，「生活者」とはどういうことなのだろうか．食べて寝てトイレに行く，働く・買い物する・人と話すなど日常においてあたりまえの生きていく営みをすることである．「きのうまで元気で畑しごとをしていたのに，突然に倒れて歩けなくなったのです．」この人は歩くという機能を失ったまま生活していくことになるかもしれない．誰にとってもあたりまえのことが病気や障害によって難しくなる．あたりまえの生活があたりまえの生活でなくなるということが，その人にとってどのように影響し，それは何を意味することなのか，感じとってほしい．

（2） 包括的に理解するということ

次に，MSWの前に現れる利用者はどのような状況にあるのだろうか．MSWは支え手として何をするのだろうか．これからどのように「支える」ことを始めていけばよいのだろうか．

まずは，今ここで，利用者は「事実」をどのようにとらえ，どのような「捉え方」をしているのかということを利用者に「聴く」ことから始める．MSWは利用者の話に耳を傾け丁寧に受けとめていくだろう．受けとめるということがどういうことなのか，さらに利用者がここで話された「捉え方」が，今後にどうつながっていくのかを見つづけてほしい．

医療現場では短時間のうちに問題の解決がなされなければならない．そこで，MSWは短時間のうちに多方面から必要と思われる情報を収集することに努めるだろう．カルテから病状や治療の経過などを読み解き，医師とは病状説明や予後（病状説明は利用者と同席することが多い）について，看護スタッフとは病状経過や療養状況について，リハスタッフからリハ経過について，

他にも必要に応じて他職種と交わり情報を収集する．さらには，家族やケアマネジャー，訪問看護師，かかりつけ医，民生委員などから地域での生活実態，つまりは病気になる前の暮らしぶりや行動様式，人間関係など生活のようすを情報収集していく．その情報収集の過程で客観的な「事実」や「困難」がより明らかになり，そのことが利用者のこれからの生活へ，総合的・包括的な理解をすすめていくことを可能にする．この過程が包括的に理解するという意味を実際に体験し，利用者をとりまく人たちにどのように交わっていくかも合わせて体得してほしい．

(3) 利用者を理解するということ――「利用者理解」に向かい合う

　MSWと利用者が語り合うことを通じて，相互に理解し合う関係を築いていくことが利用者を理解するということである．まずは，MSWが利用者に向い，利用者がこれまでの人生において何に価値をおき，どのように生きてきたかなど，生き方を理解する．利用者は，MSWから病気や障害がありながらも生活を営んでいく生活者として尊重され，MSWがその過程を支える人であるということを理解する．その「理解し合う」中で，お互いが相互に影響し合い，相互に「織り成す」関係が築かれていく．「織り成す」ということは，利用者とMSWがそれぞれの価値や生き方を忌憚なく語り合い，目標に向かって共に歩むということである．これは　実習生にとって難しいことのように感じるかもしれないが，利用者を理解したいという強い思いをもって利用者に向かうこと，また，実習先の先輩MSWと医療ソーシャルワークの価値をめぐって「織り成す」営みに真剣に取り組んでいくことによって，必ず体得できるであろう．

　ここで，実習生の実習所感を紹介してみよう．「『面接とはお互いの価値観を絡ませていくこと』と実習担当者から指導されたため，今日の面接は利用者さんに自分の意見をぶつけ，それに対する意見を聞いてみることにした．しかし，いざ，利用者さんに私の意見を言おうとしたら，話を途中でそらされ，違う話に変えられてしまった．」「ではこの人は何に価値を置いているか，何が一番大切なことと思っているのか」と実習指導者から聞かれたとき，答えることができなかった．わたしは，まだまだ利用者さんの理解ができていないことに気づいた．利用者さんの価値観や思い，考え方を見つけ理解することがほとんどできていなかった．それは私自身が緊張しすぎて利用者さんも自分自身もみえなくなっていたからだと考えたが，今まで何回か面接してきたのに，なぜ自分は緊張しつづけるのだろうか．」

　ここでは，利用者から，自分自身を見直す機会を与えられたことにより，自己に気づくという自己理解の大切さが示されている．利用者理解のために行っていく過程は，実は，自分自身に気づき，自己変容を必要とするのである．その結果，次回の利用者との語り合いは一方通行ではなく，互いが織り成すものになるであろう．このような相互理解への過程をぜひとも実習を通じて体得してもらいたい．その過程で自己肯定できた一文も紹介しておく．

　「今回の実習でいろいろな人と接し話をする中で利用者さんが一緒に笑ってくれたりはなしてくれたりした．それによって自分が励まされ少しずつ自信がでてきた．今の私でもまだまだ課題はあるがだめではないのではないかと思えるようになった．これからも1つひとつのかかわりを大切にしながら自分をみつめて進んでいきたいと思う．」　　　（河宮百合恵・安芸市民病院地域連携室）

2　医療ソーシャルワーカーの役割の理解

　医療ソーシャルワーク実習に取り組む学生の多くは，実習における達成課題としてMSWの役割を理解することをあげているのが顕著である．ここでは，実習に取り組む際に，その役割を理解するうえでどのような基本的な知識や事前学習が必要かを理解しておこう．事前学習の

成功如何によって実習現場においてMSWの役割の理解を達成できるかどうかにかかわっている．

（1） 医療ソーシャルワーカーの業務を規定する条件を理解しておこう

医療ソーシャルワークの目的は，疾病や災害等によって起こる患者・家族の生活上の困難な諸問題に対して，患者・家族が解決に取り組めるように側面的に援助に関わることである．この援助にかかわるMSWの業務は，どこの医療機関でも同様ではない．

そこで，実習に臨む際の事前学習として，援助者としてのMSWの業務は次の4点に規定されていることを理解しておくことが必要である．

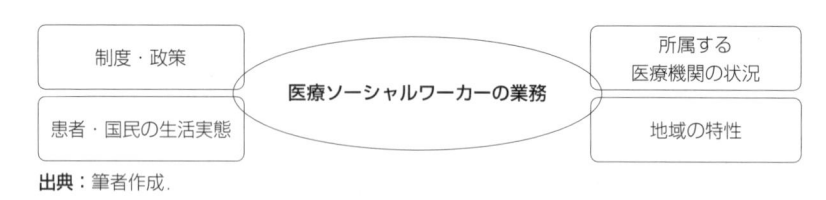

```
┌──────────┐                    ┌──────────┐
│ 制度・政策  │                    │ 所属する  │
└──────────┘   医療ソーシャル      │医療機関の状況│
┌──────────┐   ワーカーの業務     └──────────┘
│患者・国民の │                    ┌──────────┐
│生活実態    │                    │ 地域の特性 │
└──────────┘                    └──────────┘
```
出典：筆者作成．

上記図のとおり，MSWの業務はそれぞれの内容や条件・実態によって影響を受ける．以下，具体的に見てみよう．

① 制度・政策

制度・政策とは，政府・厚生労働省がすすめている医療・保健・福祉関係の施策を中心として政治・経済社会の施策も含めている．社会保障・社会福祉関連や労働施策等によって，国民に与える生活・就労環境の水準，健康問題への影響が表れる．医療政策では，社会保障財源の抑制が政治的課題となって医療費抑制のために医療保険制度改革などさまざまな医療費自己負担の強化策が推進されている．医療費負担によって現れる患者の受診抑制は，必要な医療を受けられないという事態に繋がっている．

また，「退院問題」は，患者・国民やMSWの業務に大きな影響を及ぼす．

さらには，介護保険法や障害者自立支援法によるサービスを利用している在宅高齢者や障害者の場合，インフォーマルなサービスだけで自立生活が維持・確立できるとは限らない．不安定な療養生活に陥って病状が悪化し再入院を余儀なくされる患者も後を絶たない現実がある．医療保障等制度・サービスの不備を見極め，それを補うことも必要となっている．

② 患者・国民の生活実態

政治・経済社会の状況から患者・国民の生活環境は大きな影響を受けて変化を余儀なくされる．所得格差が拡大している今日の国民の生活状況から見ると，生活苦が深刻化していると考えられる．とりわけ，中高年の自殺者が増加傾向にあることは象徴的といえる[5]．この実態は，疾病が悪化しても受診が困難となったり，医療費負担により入院が困難となったりして医療が必要時に適切に受けられない状況を生み出している．

国民の生活実態から現れている生活問題とその背景を理解することから，患者・家族の抱えている生活問題の解決のための役割が求められる．

③ 所属する医療機関の状況

所属する医療機関の属性によってもMSWの業務は大きな影響を受ける．院長等の経営者のPolicy，機関の特徴・機能，職員数，診療科状況，病床数，平均在院日数，患者層（年齢，疾病別）などがそれである．所属機関と地域関係機関との連携や地域から求められている病院の役割も理解しておくと良い．これらのことを把握することによって，MSWの配置理由や役割が明らかになる．医療機関，患者の両側面から求められる業務課題が明らかになる．

④ 地域の特性

所属する医療機関が設置されている地域の特性によってもMSWの業務は影響を受ける．都市か地方か，山間僻地等の過疎地か，工業地帯か商業地帯か，あるいは農業地帯か，人口減少地域か増加傾向にある地域か，高齢化率が高い地域か，ベッドタウン地域か，振興開拓地か元々の住民地域か，住民同士の交流が積極的に実施されている地域かどうか，どのような生活慣習・生活文化か等々総合的に把握することによって地域の患者層がみえてくる．地域の側面から求められるMSWの役割も理解できることになる．

以上の内容を理解して実習に臨むことによって，実習先のMSWがどのような影響を受け，どのような役割をもって取り組んでいるのか理解できるであろう．

(2) ソーシャルワーク実践としての医療ソーシャルワーカーの役割

MSWの実践では，疾病や災害等によって生活困難，あるいは療養不安等に遭遇した患者・家族が，環境への適応能力や対処能力，応答性が低下した状態にあることを理解することから始まる．その上で，援助過程では患者・家族の低下している，あるいは潜在化している力を発揮できる機会や経験の場を設けたりして，意欲的，積極的になれるように肯定的に評価して励ましたり自信をもてるように展開していくであろう．このような実践場面で，MSWがどのような役割を果たしているのか学ぶことが大切である．

たとえば，医師からの診断や治療内容，退院説明等に対して，患者・家族の思い，願い等を話せる場の設定（たとえば，医師の説明時に患者・家族に同席する，カンファレンスの開催など）場面や，退院後の生活の場の選択にかかわる場面など援助展開過程でのMSWの関わり方を理解しながら，その役割を学ぶことが必要である．

また，安定した療養生活の維持のために，退院後も継続した支援が得られるように地域の関係者との連携やネットワーク形成についても具体的にどのような役割を担っているのかを学ぶことが大切である．

実習場面では，以上のような患者・家族の環境への適応能力や対処能力など社会的に機能する力を引き出し強化していくMSWの実践から，どのような役割を担って業務が推進されてい

(3) 病院経営の側面からみた医療ソーシャルワーカーの役割

　医療機関という特殊性の中でMSWは業務を遂行していかなければならない．特殊性とは，日本の医療システムにおいて医師を中心とした多くの専門職種が存在し，業務独占の国家資格のもとに業務が行われていることである．対象は疾病や災害などによって生活上の困難な問題を抱えている患者とその家族である．ゆえに医療との関わりによってソーシャルワーク援助が展開されることにある．対象者との関わりでは，疾病の理解のみならず症状の理解も必要である．事前学習では，このことに取り組んで実習に臨むことが求められる．

　医療機関ではMSWは圧倒的にマイノリティである．1人のMSWが多くの社会福祉援助を必要とする患者・家族にアクセスしなければならない．しかし，現実的には困難である．ゆえに，マイノリティなMSWに対して，援助を必要とする多くの患者・家族が早期にアクセスできるシステムづくりなどの役割が求められる．

　他方，経営的側面では，より多くの患者・家族に対して"効率的"に「援助」というサービス提供が期待されている．医療政策によって推し進められている在院日数の短縮化は経営的に大きな課題であり，早期の「退院援助」はMSWにとって最大の役割として求められている．MSWの日常業務では「退院援助」が"追い出し係"として機能している実態も垣間見られるようである．"効率"は，時には当事者の意見・要望を蔑ろにしたり，権利擁護を阻んでしまう側面がある．

　このような現実と日々格闘しながら，あるいは喘ぎながら多くのMSWは，相談室の獲得や業務確立，さらにはMSWの増員を目指して，患者・家族のかかえている生活問題に向き合っている．

　実習場面では，MSWがこれらのことにどのように取り組みながら役割を果たしつつ，その存在意義を示しているのかを学ぶことは大切である．

　また，MSWの援助過程で，医師，看護師，リハビリテーションスタッフなどと連携を深めながら，チーム医療の実践が日常化している．実習場面では，MSWがチームスタッフへの情報の提供や共有化，役割分担の明確化などチーム医療の形成や1スタッフとしての役割をどのように果たしているのか理解することが大切である．

現場からのメッセージ

はじめに

　現場においてMSWの配置は拡大され，現在，平均2.5人のMSWが全国の病院に配置されている．また，200床以上の病院には約90％の配置率である（日本医療社会事業協会の2003年度調査から）．最近では，地域連携業務強化を目的として，MSWの配置が不可欠であり，大学

病院や国公立病院にも配置されるようになっている．しかしながら，まだ業務内容を充実させるためには，人数の十分な確保が得られていないのが現実である．そのような中で，現場で働くMSWは患者さんや家族の立場に立って，社会福祉援助技術を駆使しながら，少しでも患者さんが安心して療養していただくことを目的とした業務を展開するために奔走している．また，医療機関への入職の条件として「社会福祉士の資格を有していること」が明記されることが多くなり，まず社会福祉士の資格を取得することが必須となる．国家資格を持ってMSWとして働くことは，確かに業務の標準化につながるのかと思うが，MSW業務を考えた時，社会福祉士の取得することだけが，一人前のMSWではないことを理解いただきたい．

(1) 医療ソーシャルワーカーの役割の理解

一般的に医療機関でのMSWの役割は，大きく分けて，①療養中の心理的・社会的問題の解決，調整援助 ②退院援助 ③社会復帰援助 ④受診・受療援助 ⑤経済的問題の解決，調整援助 ⑥地域活動の6項目である（医療ソーシャルワーカー業務指針より）．もちろん，相談業務が主な役割となり，現在では地域連携業務も求められるようになり，所属部署名を「地域連携室」や「病診連携室」に変更する医療機関も増えている．しかしながら，MSWとしての専門性は変わらず，地域連携業務のなかにも他機関や他部署との連携調整能力を十分発揮する場面は多く，学習することは多いと考える．次のグラフは筆者の所属機関において管理職64名を対象に調査した数値である．

図7-1のグラフは，筆者の所属する機関において行なわれているMSWの主な業務について調査した結果である．もっとも多いのは療養中の社会的心理的援助で，続いて退院援助になっている．連絡調整援助が全体に比べ多いのが目立つ．医療機関が急性期疾患を対象としているか，療養型で慢性期疾患を対象としているかによって，MSWの役割も異なってくるが，それが転院・転所，在宅調整であっても退院援助と考えることができる．わたしたちMSWは，患者さんやご家族の方と出会った時から援助が始まっているわけで，社会的心理的援助は不可欠の主な業務であることを理解していただきたい．

図7-2のグラフは，所属機関において管理職が期待しているMSWの業務である．これについては複数回答としている．結果は社会復帰援助や経済的援助にかなり期待をされていることから，より専門性をMSWに期待されていることがわかる．

図7-3のグラフでは，95％の管理職が，MSWには専門性があると回答しており，十分な認知が得られている．「医療」の世界は殆どの職員が専門職で何らかの国家資格をもって業務を展開している．社会福祉士という国家資格ができたことは，ある意味でMSWの認知につながっているのではないかと考える．しかしながら，わたしたちの業務は診療報酬に直接つながらないことで，現場のMSWは苦労していることが多く，そのしんどさを是非，共有していただきたい．

また，図7-4のグラフは，専門性があると考える業務について，複数回答で調査した数値である．結果は連絡調整がもっとも多く，次いで面接業務，社会資源の紹介であった．

MSWにとっては3つの武器がある．まず，面接技術で，患者さんやご家族と話すことでラポールをとることに努め，自然に患者さんやご家族の傍らに寄り添えることである．そして，次は社会資源を有効に活用できることである．世の中には多くの社会資源が溢れているが，それを紹介するだけであれば，MSWでなくてもできることである．それを患者さんやご家族個々に，どの社会資源がどのように活用できるのかを考えることが大切である．最後に，連携調整である．人と人の間，部署と部署の間，機関と機関の間に入って業務をスムーズに流すことができることである．

(2) まとめ

このように，実習先でのMSWが所属機関から求められている役割を正確に認識していくことが大切である．

医療の場ではまず救命を優先することになり，社会福祉の視点で介入するわたしたちは医療の目標達成のために側面から協力していくという立場を理解していただくことが必要である．しかし患者さんやご家族が生きていくための権利を守り，立場を尊重していくことができるのはMSWである．そのために医療の場にわたしたちがいることを，しっかり学んでいただきたい．

このような点を念頭に入れ，MSWに必要な倫理・知識・技術を現場で学習していただく機会になれば幸いである．

以上の内容で実習に臨んでいただくことを期待したい．

(杉田恵子・医療法人医真会本部医療福祉連携相談センター)

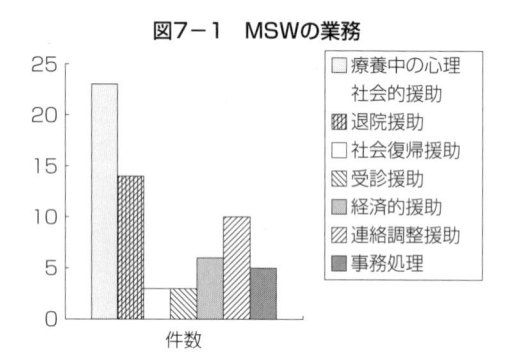

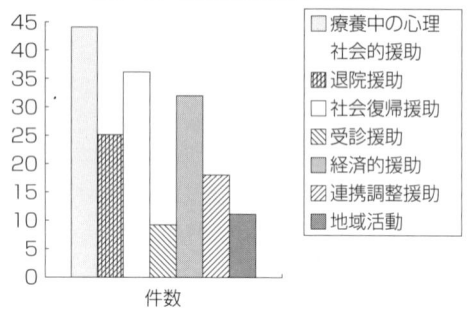

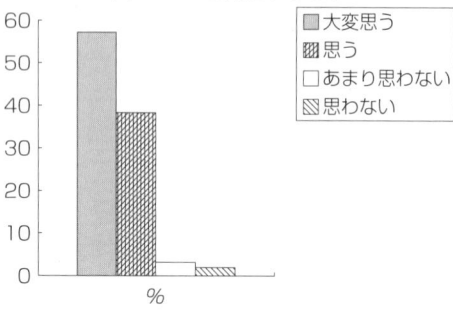

図7-1　MSWの業務

図7-2　MSWに期待する業務

図7-3　専門性があるか

図7-4 専門性があると考える業務

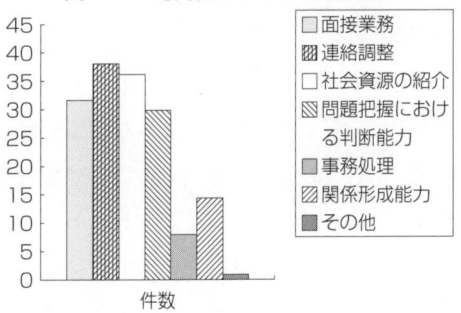

□面接業務
☒連絡調整
□社会資源の紹介
☒問題把握における判断能力
■事務処理
☒関係形成能力
■その他

件数

出典：図7-1から7-4まですべて筆者作成．

3　医療機関での態度・マナーの理解

　ここでは，実習に臨むにあたっての態度・マナーについてとりあげるが，儀礼的な意味でのマナーにとどまらず，モラルというあたりまでを視野に入れて，医療の場での自分のあり方を考えいく．

(1) ロッカー室で

　筆者の勤務する病院は，医学部付属病院で特定機能病院である．比較的都市部に位置している故か，病院内の様々な部門に多くの学生が実習に訪れている．相談室にも，福祉系の学生のほか，医学部の学生やリハビリテーション分野からの学生も実習生として訪れている．

　先日，病院のロッカー室でこのような光景を目にした．朝，筆者がロッカー室に入っていくと筆者のロッカーと向かい側にある実習生用のロッカーの間の床の上に，リクルートスーツを着た1人の実習生がお尻を下ろしてペタリと座り込んでいるのである．傍らには，分厚いテキストもむき出しのまま放り出されていた．

　私が着替え始めると，もう1人の実習生が，私を気遣って，座り込んでいる実習生に目配せしてサインを送るのだが，当の学生はまったく気がつかず，結局，私が着替えを終わるまで，大儀そうに座り込んだままであった．

　もしも，その学生の直接の実習指導者がその光景を目の当たりにしたら，どう感じるであろうか．「何があっても動じない大きな人物で医療の場に大変ふさわしい，ぜひスタッフとして一緒に働きたいものだ」はたしてそう思えるだろうか（筆者は否である）．朝からやる気のない態度をとられては，こちらのやる気もなえてしまうというものである．

　もちろん職員もロッカー室では，プライベートな会話もするし，またあるものは化粧を直したりもする．仕事を終えて帰宅の支度をするロッカー室は，少々ホッとする場所でもある．しかし，朝のロッカー室は，夕べのそれとは異なり，制服に着替え，これから始まる1日の仕事の段取りを考えたり，また見知った者とは，互いの健康を気づかい，1日頑張ろうと励まし声

をかけあう，いわば"仕事モード"に切り替えをする場所である．

ロッカー室は，機能的には私服を脱いで制服に着替える場所でしかないが，一緒に働く者同士がチームを組む最初の場所であり，日常的なやりとりの中で，様々な情報に接することのできる貴重な場所で，給湯室等とならんでインフォーマルな情報も豊富な場である．

当然のことだが，もう1つ，大切なのは，テキストの扱いであろう．私たちが接するのは，病気や怪我をした人々や家族，ほかの医療スタッフなど大勢の人々である．床にじかに置かれたテキストを持った手で体に触られて気分の良いという人はいないであろうし，感染予防についても一定の配慮は必要であり，もちろん実習生も例外ではない．

(2) ふさわしい態度・マナーを身につけるには

筆者がこの仕事についてまだ日の浅いころは，実習生に直接スーパーバイズする立場ではなかったので，私は，実習にきた学生に，おいしくお茶を入れられるようになりなさいと，まずお茶の入れ方を教えた．もちろん男女の区別なくである．むずかしい理論を講義されると期待してきた学生は面食らった様子であったが，その後，指導教員の巡回の際には，震えずにお茶をお出しできるまでになっていった．お茶を入れるという行為は，実はソーシャルスキルのひとつでもあり，自分がお茶ひとつ満足に入れられないのにMSWになろうというのは整合性に欠けているということに学生は気づくのである．ここまでくると，ホスピタルの語源には，"もてなす"という意味もあったと思い出す方も多いであろう．

実習施設におもむいた時，とりあえずリクルートスタイルで指導者の前でだけ取り繕っていれば，よい評価を得られると考えるのは，安易に過ぎるであろう．私たちの無意識に行っている動作，立ち居振る舞いは，急に改められるものではなく，その人の日常のやり方や，たたずまい，心のあり方までもがそのまま出てしまうものだからである．

実習は実社会で行われるが，実習生は学生である．そこで求められるのは，現場の人のコピーではなく，学生として現場から何かを学び取ろうという姿勢と，それまでに学校で理論をしっかりと学び準備をして臨む態度であろう．

(3) 知る喜びを知る喜び

この言葉は，筆者のオリジナルと言いたいところだが，実はある大学の広報用キャッチコピーである．学校という場での学びはもちろんのこと，人は生まれてから亡くなるまで様々な場面に遭遇し，様々な事柄を体験していく．机に向かっていても，スポーツに興じていてもすべての場が学びの場であり，人やものや様々な状況の中から我々は少しずつ学んで考え，成長し成熟していくのである．ソーシャルワークは，広い意味での学びの機会に恵まれない人々を支え，社会に参加していく機会を保障する働きかけの連続した行為である．我々の，知る喜びの先にはサービスを必要としている人々が待っていることをいつも意識していたい．

実習は，長い人生の間の数週間という短い期間かもしれないが，援助の仕事につこうという

自分にとって貴重な体験ができる機会，チャンスでもある．全身で学び取ろう，また学生の自分にできることは何だろうと真剣に考える態度こそが，もっとも求められるあり方といえる．それこそが病気や障害とともに不自由な生活をおくっている人や，死を目前にして必死で生きている人から受け入れてもらえる態度であり，マナーであろう．そして，「この人は私のために考え，力を尽くしてくれている」と感じられることが，病に苦しむ人にとって大切なひとつの癒しとなるであろう．

4　院内連携

はじめに

医療の目的は，単に治療のみならず，疾病の予防及びリハビリテーションと幅広く，その実践の場は，病院，診療所，介護老人保健施設，その他の医療を提供する施設，居宅での生活の場まで及んでいる．医療の場においては，「生命」を中心として学んだ医療従事者と「生活面」を中心として学んだ福祉専門職は，同じ「医療」をとらえるにしても，その重量に差異があることも念頭に入れておくことが大切である．

医療の場でソーシャルワーク業務を実践する場合には，「ソーシャルワークとは何か」「医療とは何か」をしっかり学んだ上で，両者を結びつけることが必要である．

患者を中心とした医療機関の内部組織間の連携や，医療機関と外部機関との連携を図る場合，MSWは医療と福祉の両方の視点から臨まなければならない．その視点を身につける上で，医療と福祉の両者に通じる「WHOの健康の定義」「マグナカルタ（MagnaCarta）」や「アルマ・アタ宣言（health for all by the year 2000）」等が役立つであろう．

(1)　連携について

なぜ，院内連携が必要なのであろうか．そもそも「連携」とは何か．広辞苑によれば，「同じ目的を持つ者がお互いに連絡をとり，協力しあって物事を行なうこと．両者連携して推進する」とある．つまり，患者の様々な問題の軽減を図ることを目的として，各専門職の専門性（スキル＝技術）をタイミングよく繋ぐのである．医療の現場では，「これ以上治療したくない．早く退院したい」「この薬の副作用にはがまんできない」「手術の説明を受けたが，よく理解できない」「医師や看護師さんに，再度この病気を尋ねたいが，忙しそうで聞けなかった」「退院後，自宅で生活できるだろうか？　再発が心配だ」「この治療が適切な治療だろうか．過剰治療ではないか」「長く生きられないなら死んだ方がましだ」「会社から退職させられそうだ」「収入がなくなり，妻が実家へ戻った」等などの相談が寄せられる．これらの相談に対し，その人の病状並びに治療方針，予後を把握し，他の医療従事者に患者の気持ちを理解してもらうことが解決の道へ繋がるのである．患者から承諾を得た上で，医師や看護師，保健師，助産師あるいは薬剤師，栄養士（管理栄養士），精神保健福祉士，臨床心理士，理学療法士，作業療法士，

言語聴覚士，視能訓練士などから情報を得て協働しながら，患者の医療効果が得られるような連携を作り出すことが必要となる．

専門職同士の連携で医療効果が上がり，患者が納得する場合もあるが，在宅医療や後に述べる医療苦情相談（医療安全を含む）などにおいては，院内各部門とのさらなる連携が必要となってくる場合もある．

(2) 連携の難しさ

実習生として院内連携を把握するには，自分の所属（実習の場）が病院組織の中でどのような位置にあるのか，また，MSWが設置されてからの経過と変遷などを理解する必要がある．なぜならば，MSW業務がその医療機関の職員にどのように理解がなされているのかが微妙に違っていたり，その医療機関の機能特性や疾患特徴によってMSWの役割特性が異なっていたりすることがあるからである．

MSWは他部門に比べて少数の配置であり，特にスーパーバイザーや先輩ワーカーがいない「一人職場」の場合には，「一匹狼」となって，孤独さも加わり，周りが見えなくなってしまい，患者と医療専門職の狭間に立たされて，連携がうまくいかなくなるという事態も起こり得るので，注意しなければならない．

医師を養成する医学教育では，ごく一部の医学部を除いてその大半においてはMSWに関する講義は実施されておらず，医師が現場に勤務してからMSWの存在を知るという現象が続いている．したがって，医師は自分が勤務する病院のMSWを通して，MSW業務を理解するのである．そのため，MSWとしては，「私たちはこのような業務をしますよ」という，業務開始以前のPRにも力を入れながら，連携を図っているのが現状であり，MSWから見た院内連携の難しさがここにある．

(3) 連携スキルは，社会福祉援助技術にあり

連携にあたっては，注意深い患者理解が大切である．理解のための参考資料として，ライフ・プランニングセンターが行なった，患者自身からのアンケート結果をあげてみると，「よい患者」の1位から5位は，①医師の指示に従う，②自分の病状が正確に言える，③よくなろうとする意欲をもつ，④自然治癒力を100％発揮できるように，日ごろから努力する，⑤疑問があれば，はっきり質問する，となっているが，筆者が関わっている「医療安全支援相談」「がん何でも相談」においては，「医師の指示に疑問で不安である」「自分の病状については，なかなか理解困難」「よくなろうという意欲はあるが，病状がその気にさせない」「疑問があっても，なかなか質問しにくい」という逆の結果であった．

これらの問題を解決するためには，MSWはソーシャルワーカーとしての役割，つまり「今，ここでどのような役割を期待されているのか」「今，求められている役割は何か」を的確に判断し，遂行しなければならない．

MSWは，代弁（弁護）的機能（アドボケーター；advocator），調停的機能（メディエイター；mediator），媒介的機能（ブローカー；broker），保護的機能（プロテクター；protector）等のソーシャルワーカーとしての機能を遂行しながら連携を図り，常に患者の変化と可能性を信頼し，側面から能力付与的機能（イネーブラー；enabler）をも発揮するのである．

　また，医療専門職集団との連携には，治療者がどういう視点で患者を見ているのかを知っておくことも重要である．その治療者の視点・方針と患者のニーズとの狭間に立つMSWは，生活者のひとりとして患者を見る視点を忘れることなく，治療者との間の潤滑油の役割を果たすことが求められる．

　連携とは単に情報の共有に留まらず，知識と感情の共有までが求められる．患者の思いと治療者の思いを，いかに共有するかが問われる．こうした連携の難しさに対処するには，私たちが学んだ社会福祉の基礎知識を生かし，共感的な態度で他者と向き合うことが大切であろう．

(4) 「連携」の共有とコラボレーション

　情報の共有により，患者の問題がよりよい方向へ向かうのには，人と環境の接触面を理解し，患者側のシステムと院内関係システムから可能な限りの情報収集を必要とする．その際，患者の問題解決に不必要な情報は除外し，問題解決につながる情報を見極めながら収集する作業が求められる．それは，患者へ援助プログラムを提示し，承諾を得ることから始まる．「なぜその情報が問題解決に役立つのか」を「インフォームド・コンセント（informed consent；充分な説明と同意）」しなければならない．

　院内連携の相手に対しても，当該ケースにおける連携の目的を伝え，同意を得る．その上で初めて連携が開始となる．ほとんどの医療専門職集団は，MSW側の患者への援助目的がはっきりしている場合には，非常に協力的で，一体感を持ってくれるが，MSW側の援助プログラムが曖昧であると協力を得にくい．ここからが協働（コラボレーション；collaboration）の始まりであり，そこに至るまでの過程をまずクリアする必要がある．

　現代の医療はひとりで実施するものではなく，多くのスタッフによって分業されており，患者の意向に沿って各専門職がそれぞれの立場から意見を述べ，治療プログラムの一員として治療過程へ参与していくのである．MSWの専門的立場から見た援助の必要性や目的を，他のスタッフに的確に説明できることが，協働の第一歩となる．

(5) 医療安全と医療相談

　各医療機関には「医療安全委員会」が組織として存在している．

　わが国において「医療事故」問題がクローズアップされたのは1999年頃からである．1999年度は，新聞などで報道された事件は，約15件余に及ぶ死亡事故が起きた．このことから，厚生労働省では，2001年5月「医療安全対策検討会議」を設置し，その検討結果をふまえ，2002年「医療安全推進総合対策」が発表され，医師の研修制度にも謳われている．

このことにより「リスクマネジメント委員会」の開催や、「医療安全管理担当者」の配置（複数配置もある）、医療安全の指針作成など、医療安全にむけての取り組みがある．

2006年の「医療法」改正では、2007年4月から、さらに医療安全が重視され、「医療安全対策室」の組織や内容が重視されてくる．また、患者の相談や苦情に対して人権を侵さないような院内連携が課題となり、MSWもその重要な役割を担うことも期待されているのである．医療安全を理解するためには、医療とは何かの理解が必要である．その中に「福祉の視点」をもつMSWがいて、「良い、開かれた病院」を作り上げていく「院内連携」を組織的に実践しなければならないのである．

この対策にMSWはどのように関係することになるのか――．MSWの相談窓口には医療事故相談そのものがダイレクトに入ってくる場合もあるが、多くの場合は医療ソーシャルワークの相談内容に医療への苦情を含みながら持ち込まれる．

相談の内容から、医療への苦情の例をみると、治療内容相談では、病状などの理解を求める相談や治療方針への疑問、治療や検査等の必要性に疑問を抱き、治療や診断への不信に発展する場合もある．治療方針を確かめるために、セカンドオピニオンを求める相談も見られる．薬剤相談では、薬効や副作用などに関する疑問に加えて、無診察投薬への不安が寄せられる場合もある．さらに、医療機関の体制に関してでは人員の数や無資格者などのこと、構造物、機関の仕組み（受付時間や待ち時間など）、そして職員の対応（言葉遣いや態度、個人の秘密が守られていないなど）、情報開示（カルテや診断書内容および紹介状の中身など）への要望などが表出している．

患者が訴える中身に耳を傾けると、そこには、「ヒヤリ、ハット」（ニアミス）を意識させるものもある．この声を医療機関全体に反映させる役割が、MSWに求められ、それを人間尊重の医療へと繋げることが大切である．時には、「無理難題」に聞こえるような訴えがもたらされる場合もあるが、MSWは、そうした声の心の奥にある不安や満たされない思いを受容し、共感的に理解できるように傾聴する役割もそこには存在するのである．

MSWがこの種の相談を患者から受けた場合の対応が評価され、医療機関によっては、「リスクマネージャー」に任命される場合もあるが、患者にとっては心強いことでもある．

また、各都道府県（「医療安全相談支援センター」）、二次医療圏（保健所）の各相談センターから紹介されてくるケースも多くなってくるであろう．すでに外部機関との相談の窓口となってなって取り組んでいる機関もある．MSWの役割が広がってきてはいるが「医療安全」により、MSW業務そのものは偏ることはないのである．この種の相談を含め、今や、MSWは「良い医療の推進者・実践者・指導者」的立場にあるという認識も必要である．

MSWは機関全体の潤滑油的な存在でもある．患者が意図する問題を的確に把握し、担当部署に繋げ、責任ある対応が取れるような院内の組織的連携が必要である．

「医療安全」は、医療機関の種別に関わらず、すべての医療機関、そして、そこに働くすべての職員が、自分の業務に責任をもつことである．これが患者の権利を尊重することになる．

MSWの場合は，医療行為は行なわないが，相談への責任は重いのである．

(6) 院内連携から地域連携へ

　MSWの「連携の技」は，患者中心の医療を実現するために病院内の潤滑油として機能し，ワーカーという人間が媒介となって，専門職間，組織間の人間関係を円滑に保ちながら，問題解決または軽減に繋がり，やがて，地域医療連携，地域福祉連携へと発展し，地域ネットワークへと繋がるのである．

　MSWを目指す人にとって大切なことは，社会福祉の基礎をしっかり学び，その上に医療システム，臨床心理学，社会心理学，医療知識等を身につけることにより，医療の場で適切な連携ができるソーシャルワーカーとして，役割を発揮できるようになることである．

現場からのメッセージ

　私たちは，患者支援のために行う一連の院内連携を当然のこととして行っている．院内連携にはMSWの技術や能力，細やかな配慮とエネルギーが必要で，配慮が足りないことで不測の事態を招く場面もしばしば経験する．では，どのような時に院内連携の必要性を感じ，考えるだろうか．

　本項では私たちが患者支援のためにどのように院内連携を行っているかを整理し，実習生に指導，習得して欲しい内容について述べていきたい．

(1) 連携の前に

MSWのポジション

　MSWは1人職場であることも多く，他職種に理解してもらうためにかなりの時間を割いている場合がある．そのためにコミュニケーションをとり，関係作りをし，自分の役割をPRしている．実習先によっては，MSWの役割が確立している病院ばかりではない．ポジショニングのためにMSWが奮闘している場面に実習生を遭遇させざるを得ないかもしれない．そのような過程をみせることは，実習生が1人職場に就職した際にどう働きかけをしたら良いのかを学ばせる絶好の機会となるため，同席させることは重要である．MSWがなぜ，そのような働きかけをする必要があったのかを実習生にフィードバックし，実習生自身が考えられるよう指導することも大切である．

医療現場で実習をするということ

　実習生は医学一般などの授業により疾病やその症状，後遺症について学習しているだろう．しかしながら，即戦力となる知識を有しているとは言い難く，当然実習中に医療・検査・リハビリなどの専門用語，薬剤名など様々な聞き慣れない用語を耳にする．

　MSWは患者支援のため，様々な職種との連携が必要となるため，それらの職種が使用する用語や患者の疾病とその症状，後遺症などを把握していなければならない．現状の教育カリキュラムではこれら細部にわたる知識を実習前に習得しておくことは不充分であると予想されるため，実習生を受け入れるMSW側が最低限理解しておく必要のある疾病などについて，指導用に資料

を準備しておくことが望ましい（たとえば，MSWが高頻度で支援する患者の疾病やその症状，略語，検査の名称，リハビリテーション用語などについてパンフレットを作るなど）．

（2） 院内連携をしている場面への同席

院内連携をしている場面に実習生を同席させ，連携が後の患者支援にどのように影響するのか指導することはMSWとして就職する際，とても貴重な経験となり，重要である．もちろん同席をさせることの出来る場面ばかりではないため，分かりやすく考察しやすい場面への同席を選択する必要がある．

たとえば，院内連携にとって不可欠ともいえるカンファレンスへの参加はどうであろう．カンファレンスでは，医師・看護師・リハビリなどの多職種が，患者の今後の治療方針を決定するため重要な情報交換を行っている．MSWは面接をした結果を踏まえて患者の全体像をアセスメントし，情報提供を行っている．情報提供は単に情報交換や共通認識を持つために行っているのではない．MSWの行う情報提供には，入院によって生じた患者や家族の心理・経済・社会的問題のみならず，元来，患者や家族の内面に潜んでいた問題を含む場合がある．入院や疾病に由来しない家族問題について，他職種では情報を入手しにくく，また着目されにくい．そのため，それらをふまえた支援が展開できるような問題提起をすることも重要な情報提供と考えられる．情報提供の方法（どの程度まで情報開示するか）や言葉の選び方に細心の注意を払うことはいうまでもない．情報提供の方法や言葉を間違ってしまえば患者に不利益が生じたり，今後の方針が大きく変更したり，スタッフに誤解を与えかねないからである．

たとえば，主治医からの疾患説明を聞いた患者にMSWが面接し，説明内容の理解度を確認したとしよう．その際，患者から「理解はしているが現状を認めるのが辛い」と語られた．MSWが「患者は現状について理解しているが受けとめるために少し時間が必要だ」と主治医へ伝えれば，主治医は患者が「理解した」と判断する．しかし，MSWの言葉が足りず「認めるのが辛いようだ」と伝えれば，主治医は患者を"理解力の悪い患者"と捉えるかもしれない．MSWは伝える相手により，慎重に言葉を選択する必要がある．

ここで大切なのはMSWが情報提供した内容が，患者の治療方針を決定するためになぜ必要であったのかを実習生にフィードバックすることである．カンファレンスに参加することに集中し，そこでのやり取りを記憶出来ないようでは困るため，事前に予習しておくのもよいだろう（当院では相談室内で事前カンファレンスを実施している）．

（3） 病院の機能とその地域特性の理解を深める

MSWは自身の所属する病院の機能や役割によって，要求される役割が異なる．そのため，実習生を指導する上で病院の機能や地域における役割と合わせて，自身が病院から求められている役割を説明する必要がある．院内連携の内容はそれらによっても変化するため，連携を理解するうえで重要な要素と考えられる．たとえば，急性期の病院では，在院日数の短縮がMSWの退院支援と直結するため援助にスピードが求められる．一方，緩和ケア病棟では患者・家族の心理的サポートのため，ゆっくり時間をかけた援助が可能である．

（4） チームメンバーの役割理解を促す

院内連携は直接的な患者支援だけでなく，実習生の教育の場面でも実践されている．医療はチームで行われているため，連携のためにはそれぞれの職種理解が欠かせない．実習生は社会福祉士の養成カリキュラム内に，病院で働く職種について詳しく学ぶ機会はないと考えられる．実際，筆者が学生の頃，「医療ソーシャルワーク論」の授業を受講しなければ，多くの職種を知ること

はなかったように記憶している．職種，それぞれの役割について学ぶ機会や，意見交換をする機会は可能な限り設けたい．福祉とは異なる視点で，患者の治療の進行状況や今後の方針を直接聞くことは，チーム医療で果たすMSWの役割の理解に繋がり，院内連携を理解するうえでも重要である．

実際，当院にやってくるリハビリの実習生は，担当患者について情報収集をするためMSWと話をする場合がある．対応をする際には，リハビリの実習生がMSWの役割を理解できるような情報提供を行っている．また，実習生自身がこれから担う役割について考えられるような質問を心がけている．多職種が協力して実習生の指導をすることは，多忙な勤務時間内で困難なことと予測されるが，理解を深めるために有意義である．

(5) 院内連携と地域連携

院内連携がスムーズに行われない場合，円滑な地域連携は難しい．実習生に院内連携が地域連携にどのように関係しているのかを説明する必要がある．

たとえば，入院前に介護保険を利用していた患者が入院したとしよう．担当のケアマネージャーからMSWに入院前の生活状況やサービスの利用状況について情報提供があった場合，MSWは関係スタッフにその情報を提供する．その情報をチーム内で共有することは，治療方針の決定やゴール設定に繋がる．また，各スタッフが患者や家族の生活パターンを考慮し，退院後に必要なサービスを提供するためにも重要である．どのようなサービス利用が必要になるのか，それを利用するため必要な情報提供は何かを認識する助けにもなる．スムーズな地域連携への移行は院内連携がスムーズであればこそ実現するものである．しかし，関係スタッフが各々で得た情報の共有を行わず患者の支援をしたとする．患者に適切な医療サービスをできないばかりか，地域スタッフとの信頼関係にも影響しかねない．院内連携は地域連携へのステップで，MSWはその橋渡しの役割を果たすため，院内連携が地域連携に及ぼす影響についても考え，地域連携との関連についても実習生に指導する必要があるといえる．　　　　（平原成美・興生総合病院医療福祉相談室）

5　地域連携

(1) 地域連携の目的

地域連携の目的は，患者そして家族の生活の安心・安全を守るために，保健・医療・福祉などとのネットワーク構築を図るとともに，医療機関と地域のさまざまな相互交流から，地域の保健・医療・福祉力形成を行うことである．一方，MSWの地域連携における役割は，院内外の情報ネットワークの要として，継続医療・看護の調整役として，さらにさまざまな社会資源の発信と地域の福祉的ニーズ発見の窓口としてなど，多岐にわたる役割を担っている．本項では，地域連携の窓口として設置されている地域医療連携室の機能を紹介することから，MSWの地域連携における役割と現場実習における学びの視点について提示する．

(2) 地域医療連携とは何か

従来から地域連携については，各々の医療機関の努力によってさまざまな取り組みがなされてきていた．医療資源の効率的活用，医療機関の機能分担という政策意図の下，第三次医療法

図7-5 地域医療連携イメージ

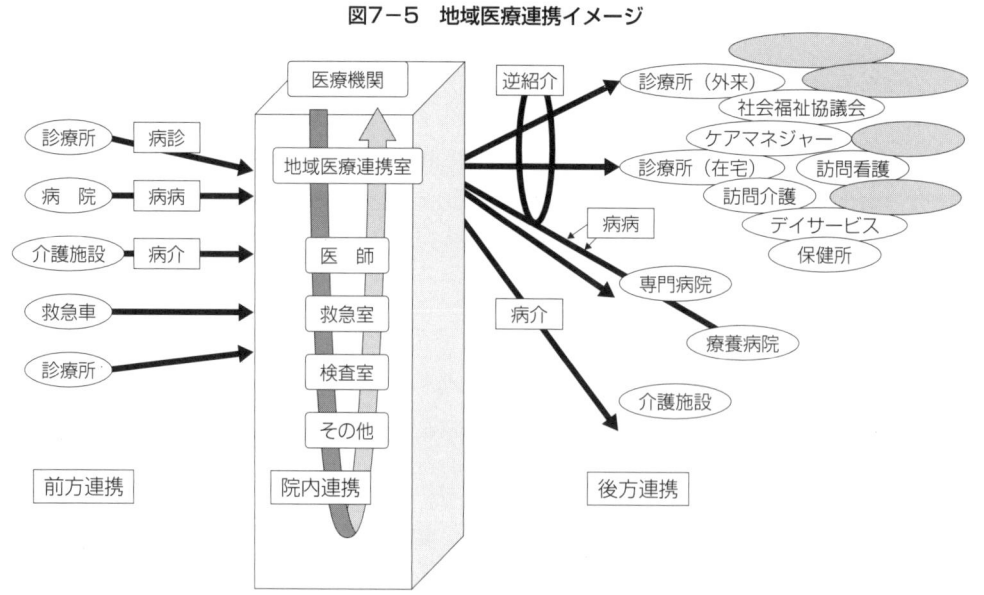

出典：藤田拓司著／医療経済機構監修（2004）「"逆紹介"促進のためのシステムづくり」『医療白書 2004年版』日本医療企画，p.28の図1に筆者加筆．

の改正（1997年）により，地域医療支援病院が位置づけられた．その後，診療報酬の誘導もあり，「地域医療連携室」「医療連携室」「医療福祉連携室」などの名称で，さまざまな医療機関に地域連携を目的とした部門が設立されている．地域医療連携を理解するための基本的な枠組みは図7-5のようになる．

　診療所などから病院への紹介を行う前方連携，院内での情報共有や治療計画などの立案を院内連携，紹介患者の他の医療機関への逆紹介や自宅への退院支援などを行う後方連携に分けられている．また，連携先により，病診連携，病病連携，病介連携などに分けられている．

(3) 地域連携における学びの視点

　地域連携を学ぶ上で事前学習として，実習医療機関の位置する地域特性を調べておくことが重要である．人口動態，産業構造，文化特性，歴史，さらにフォーマル，インフォーマルなサービス機関の所在と特徴などについて調べ，実習医療機関が地域からどのような期待がなされ，また役割を担っているのかということを把握しておくことが必要である．

　また，各医療機関によって，地域医療連携室の人員配置，MSWの役割もさまざまである．地域医療連携室には，医師，看護師，訪問看護師，MSW，事務職員などが配置されている．地域診療所などからの患者紹介や検査依頼などは主に医師や看護師などが担当し，他病院からの転院依頼や他病院などへの転院，在宅への退院準備などについてはMSWが担当するなどの分担がなされている．地域医療連携室などで実習を行う場合，各々の医療機関における地域医療連携室の機能や位置付け，人員配置，MSWの役割，院内外との連携の実際やシステムについて理解していく必要がある．

地域医療連携にとどまらず，保健・医療・福祉の連携の要となるのがMSWの役割である．継続医療・看護を保障していくことはもちろん，患者の抱える生活上の問題にも対応していく．MSWへの相談経路がどのような部署や機関であるのか，また患者の抱える心理・社会的問題をどのように発見しているのか，さらに他部署や他機関にMSWの存在をどのようにPRしているのかなどについて学ぶことも必要である．

MSWは，点（個別の患者）⇒線（ネットワーク）⇒面（地域）の視点を持って活動を展開している．すなわち，個別の患者に対応しながら，ネットワークを構築し，さらに地域へもアプローチしている．院内外とのカンファレンスや会議への参加などを通し，ネットワーク構築，地域へのアプローチの手法，MSWの専門的視点，また他の専門職とは異なる固有の視点はどこにあるのかなどの学びと考察も課題として実習に取り組んでいく必要がある．

現場からのメッセージ

はじめに

MSWは，病院に所属して働く職員であることを理解する必要がある．相談業務を主として業務を遂行していくが，所属する病院に治療を受けに来ている患者，家族が対象である．ということは，所属する病院は，地域住民が安心して生活をしていくために医療という社会資源を提供している．そこで発生する医療，介護，生活等の問題を解決していく役割がある．

(1) 事前学習として必要なこと

病院の機能分化は，地域で中核となる一般病院を中心に，近隣市町村の回復期を主とする病院，長期療養を目的とする病院，福祉施設を多く併設している複合型病院，そして診療所とそれぞれの役割を担って，1人の患者を地域全体でみていく方向である．

1つの医療機関で治療が終結することはなく，患者が安心して地域の病院を利用できるように，それぞれの医療機関が協力して関係作りをし，機能の向上を図り，地域づくりを視点において連携を進めなければならない．MSWはその要としての役割を，病院からも地域の関係機関からも求められている．

これは，各病院の機能によって業務が違うことでもあり，実習する病院が地域の中でどのような役割を担っているかを学習する必要がある．

また，所属部署が医療相談室（医療社会事業部）であるのか，地域連携室であるのか，居宅支援事業所等であるのか，院内の部署によっても役割が違ってくる．さらに，MSWが配属された経緯，実習先病院におけるMSWの歴史を知ると病院における位置づけが見えてくる．

まとめると，
① 病院の機能分化（医療の効率化とその中で1人の患者が地域全体の中で安心した治療が受けられるシステム化）
② MSWの配属部署が病院の求める内容によって違うこと，医療全体のニーズ，地域ニーズ，利用者のニーズによっても再編されていくこと（常に医療は変化している）．
③ 実習先の病院におけるMSWの位置づけ，業務を理解する．

以上3点は，事前学習をして，実習前の訪問時に資料などを見せてもらい理解をしておく必要がある．

(2) 実習では何をするのか

1) 基本的に病院という組織を理解しなければならない．特に，地域連携においては，院内の入退院のシステムを理解することが重要となる．
   ① 患者の紹介経路，受診時の対応，外来の流れ，薬の受け取り（院内，院外処方のシステム）支払い方法（各種保険の取り扱い）
   ② 入退院のシステム（クリニカルパスなど典型的な治療の流れを理解し，各職種がどのように関わりチームで仕事をしているかを理解する）

2) 脳血管障害や骨折等リハビリが必要な患者の初回面接，長期療養の必要な人の初回面接，受け入れ側の入院時のインテーク面接，在宅退院援助の面接等に同伴して内容の把握，患者の理解，MSWの対応を聞き取る．さらに，連携機関との調整（電話連絡，診療情報提供，MSWのアセスメント等）の実際を見て，学ぶ．
   ① 事前に地域の連携先の病院，事業所等を内容も含めて把握しておく．
   ② 面接前にMSWから患者情報を収集し，注意点を含めて指導を受ける（2，3日前に面接者が決まっていることが望ましい）．
   ③ 面接から患者，家族の立場，想いを汲み取り，その中でMSWの業務を理解する．

　ここでは，病院間連携，介護支援専門員との連携，関係行政機関，社会福祉協議会等との連携はスムーズか等を視点とする．面接をした患者，家族の同意が得られれば病棟やリハビリ室での訓練等を見学することにより患者の立場に立った理解を深める．また，在宅退院時の調整（介護保険申請，カンファレンス，サービス内容等）におけるMSWの働きを確認する．

3) 実習期間中の病院間の連携会議，地域ケア会議等の日程，内容を把握しておき，学生の参加ができる会議は出席し，実際を知る．

(3) 地域連携を患者の立場で考える

　在院期間の短縮，診療報酬の減額など病院の経営課題を背負って地域連携は重要視されている．その中で，MSWとして患者の立場を配慮し，地域のあらゆる機関と良好な関係を築かなければならない．2005年，名古屋市で68歳の夫が74歳のアルツハイマーの妻を絞殺し，裁判経過の中で夫は「施設入所は高額な経済負担があると思っていたこと，介護保険が1割負担であることを知らず，介護認定も受けていなかったこと」が明らかになった．市営住宅の住民の減刑嘆願で執行猶予となり出所した4日後，夫は自殺をした．「NHK福祉ネットワーク」が検証し放映した内容をみると，市は「相談に来てくれていれば」，住民は「そこまで立ち入れなかった」，そして，唯一月1回通院していた病院の医師は「介護保険は勧めたが夫が拒否をした」．そして，MSWのコメントは「医師等から紹介がなければ相談できない」，という内容であった．地域連携という掛け声の中でネットワークが機能していない事実が明らかになった．病院はニーズを把握できる第一線機関であり，地域連携の窓口であるMSWは医療，保健，福祉のネットワーク作りの視点を持ってこのような悲しい事件を生み出さないよう顔の見える連携を紡ぎ出さなくてはならない．

（畑中寿美・三重県厚生連健康福祉担当）

6 コミュニケーション・面接技法

(1) コミュニケーションを学ぶということ

　私たちは，実習を行う以前から日常的に会話や話し合いを行い，コミュニケーションを体験している．そうした中でコミュニケーションと言えば，言葉を使用した伝達を真っ先に思い浮かべるのではないであろうか．しかし，ここではコミュニケーションを伝達機能を重視したものや自分の要求の充足を求めるための手段や機能として捉えるだけではなく，人間と人間との間で体験されるコミュニケーションの意味に着目しながら面接技法にふれ，実習生が学習（体得）して欲しい内容について述べていきたい．

　私たちは普段から，他者との関係に身を置きながら生活を営み，人とのコミュニケーションは日常的なものとして認知している．私たちがそのコミュニケーションに強い関心を持つのは，ある目的が達成されるか否かという場面や目的を有効的に達成させる方策を考える時ではないであろうか．たとえば，実習の場面で患者から話しかけられたがどうしてよいのかわからず返事さえできないという時や「実のある実習にしたい」という希望を叶えるために実習先のスーパーバイザーやその同僚らとどのようにコミュニケーションを取っていくべきなのかと思案する時などである．このような際にまず頭に浮かぶのは，どのタイミングでどのように話を切り出せばよいのだろうか，どんな言葉遣いが適切であろうかという会話の技術的なことであろう．そしてまた，確かにそれらの技術の他にも快活な挨拶，その場に適した言葉遣いや情報伝達手順や方法等を確実に身に付けることは重要である．さらに言えば，一般化できるコミュニケーション技術を体得した上で実習先へ行くことは社会からも強く求められていることでもある．しかしそれらは，病院という実習の場ではなくとも日常生活の中での訓練による体得の可能性があり，毎日の生活の中で意識的な習得を心がけ，学ぶことが必要である．

　むしろ，病院という場では，非日常の出会いの機会を十分に活用し，コミュニケーションを学ぶことが望ましい．たとえば，病院において出会う可能性があるのは，重い妄想症状をもつ精神疾患の患者，重症の認知症や言語機能障害を持つ患者，ひどい虐待を受け，おびえた子どもの患者，意識不明や植物状態といわれる患者，自分の主張ばかりを一方的に展開し他人の意見に耳を傾けない患者などが想定される可能性はきわめて大きい．ではそうした自らの日常生活で出会う人とは異質な，初めて出会った，血のつながりも面識さえもない他人とどう接していけばよいのであろうか．自分の目の前にそうした人々が居た際，自分はどう存在するのかが問われるのがコミュニケーションの始まりであろう．一見，他者との関係を閉ざしているように見える患者とどのように向かい合うことができるのであろうか．私たちが日常関心を向けるコミュニケーションとは，事柄の伝達に終始することが多く，その次元での技術としてコミュニケーションの学びを終わらせていることが通常であるといえよう．しかし事柄の伝達だけではなく，真に自らと異なる他者との出会いや身体全体で相手に関心をもち対人関係を樹立させ

ていくことがコミュニケーションのもつ本来の意味であろう．コミュニケーションの始まりの第1歩は，したがって真に相手に関心をもつことである．これを実習中に体験してほしい．自分が自分以外の他者に関心をもつことによって，その相手は何らかの反応を起こすのである．そのわずかな反応を見逃さずにそれを受け止めていくことが求められるのである．そのわずかな反応の中には，言葉のトーンや声の大きさ，話す速度，また非言語的に表される，目の動きや表情，気配，しぐさや人との距離の取り方などが含まれる．それらをいかに敏感に観察して応答していくかということが求められるのである．実習中に実習生が1人で患者との面接を任されるということはほとんどないかもしれない．しかし，相手を観察し，応答することは面接場面以外でもできることである．それがどんな場面でもよいのであって，対象が患者に限る必要もないのである．電話を取り次いだ際の対応で試したり，患者と廊下ですれ違う時でも意識的にそれを実行してみる．相談室に尋ねてきた患者にどのように応対し，招き入れるのか，自分の心を相手の為だけに動かしてみることを実践的に試みてほしい．私たちは，相手に対応していても実際には，「対応している自分」にしか関心が向いていないことが多い．そのような日常の態度から離れることを実習では試して欲しいのである．その実習での実践から言葉がない世界で生きる患者を身体で感じ取ることが出来るかもしれない．また，沈黙の状態から相手に眼差しが届く，または，相手の眼差しが届くという体験が得られるかもしれない．私たちの体験したことのない状況に身を置く患者が大勢いる病院の中で，患者に身を任せ，相手の感情に気付き，「つい身体が動いていた」という体験が起こるかもしれない．その他者へのコミットがコミュニケーションの真髄であろう．

(2) 面接とは

　病院で働くMSWは，面接という方法を用いて患者への援助を行っているのが通常であろう．実習の場においてそうした面接そのものを直接見学し，その技術を目と耳で学ぶことが出来るのは，大変貴重な経験である．そこで繰り広げられる面接とは，「目的をもった対話」であるといえよう．ここでの対話というのは，患者とMSWの両者がかかわって共鳴し合いながら進められる過程であり，その会話の中で互いが生きる根源をも見出す問いが生まれる可能性があるものである．MSWは，面接というひとつの方法により，患者との「対話」を通して問題解決を図る手助けをする人である．この対話を通して自らの生き方とその課題を患者自身が実感するということが重要であり，MSW自身が一方的に患者の生き方を理解していくのでは意味がない．MSWが面接を通して患者の気持ちに気づき，感じたことを適切に患者に責任をもって返していく事からその互いの関係が深まりはじめるのである．MSWが一方的に患者の情報を集めて判断するのではなく，MSWとのかかわりを通して，患者自らの自己発見によって，そこに真の情報が生まれてくることにもなるのである．

(3) 面接の意味

　面接には，3つの意味が存在すると言われている．[6] 1つめは，「引き出す面接」である．これは，たとえば採用試験を行う面接であり，採用者を選び出すためにその人についての情報を引き出すためのものである．実習生の場合に「実習の目標設定」を行う際に担当教員やスーパーバイザーから「何を～？」と問われて言語化をうながされるような場面である．ここでの面接者の役割は，正確な情報を入手していくことに重きが置かれる．2つめは，「押しつける面接」である．これは，指導内容や方針について説明し，理解をしてもらうことを前提に行うものであり，説明や説得ともいえるものである．この面接は特に面接の目的や目標が非常に明確であり，面接者の役割意識が強く表れるものである．たとえば，病院の規則や転院をしなければならない理由を患者に説明する場合などが想定される．3つめは，「相談する面接」である．この「相談する面接」が病院を含む対人援助の現場で実は求められ，患者を援助するために基本となるものである．しかし，私たちは日常において「引き出す面接」や「押しつける面接」を体験することが多く，自らが意識していなくてもそのような面接や対応をしていることがしばしばだといえよう．

　「相談する面接」が先の2つの面接と大きく異なる点は，患者の興味や関心のある内容で進められるために相互関係が生まれるということである．先の2つはともに，面接者の興味と関心によって進められるということである．足立叡は講演録の中で「利用者のどのようなつたない言葉であろうと，その言葉には利用者の気持ちや思いが必ず込められている．その言葉からその気持ちをきちんと感じとる感受性が非常に大事になる．そのために『相談する面接』の技術が必要になる．」[7]と述べている．こうした視点から自らの面接の意味を常に明らかにし，患者に対し，面接の意味や目的とMSWの役割を開示していくことが重要である．

　そうした点を基本として，以下に面接を行う際の技法について述べていくことにする．しかしここでは，スキルとして学ぶものではなく，対人援助に臨む援助者の基本的態度として身につける技術として学んでほしい．しかし，実習中に実習生が患者に面接を行う場面がほとんどない場合もあろう．その場合は，スーパーバイザーがどのように面接を行っているのか専門的な目で観察してみよう．また，スーパーバイザーの面接への同席が可能であれば，自分がMSWであるという姿勢と視点で同席してみることから学ぶことも多くあるであろう．

(4) 面接に臨む姿勢

　どのような気持ちで患者を迎えるか，この気持ちの動きは態度に表れるのである．実はそこからすでに面接が始まっていると言っても過言ではないであろう．その時のMSWの気持ちがどうでなければならないかというように規制的に考えるのではなく，どのような気持ちでいるのかということを自己認識し，患者にとってMSWはどんな状態で居ることが望ましいのかをその場面によって考え，自己コントロールしておく必要がある．そしてその面接は，どのような場所で行われているだろうか．理想的な面接室が用意できている場合の方が稀かもしれない．

しかし，その限られた空間にどのような配慮がなされて患者を待っているのかということを観察してみよう．場作りに始まり，時間の確保の仕方などの面接前の準備のあり方がMSWの姿勢の表れなのである．そして，相談室に入って来た患者の様子に注意を払い，よく見て，患者の心の動きを知る努力を全身全霊で行うことが必要である．その患者の心の動きがあるがままに感じ取れたならば面接の導入はスムーズに進むであろう．

(5) 面接者の基本的態度

　MSWは，患者を理解する際に患者の言動のすべてに意味があるととらえることが必要である．そして，誰しもの過去の経験が現在の行動に少なからぬ影響を与えていると認識し，患者との面接で起きる事態に深く巻き込まれて患者に関与していくということがMSWには求められているのである．単に患者の感情の動きに巻き込まれて，MSWが患者のことを自分のことと混同するような言動を取ることは患者を混乱させることになり問題であるが，患者の気持ちに思いをはせ，患者にそこで感じたことを伝えてみるという作業は大切なことである．そのMSWが患者に近寄ろうとする態度そのものが患者に勇気や自信を与え，他者から大切にされているという感覚に患者は出会うのである．

　そのような勇気がなく，MSWが人に接する際に慎重になり過ぎることによって患者との距離を必要以上に大きく取り，相手とのかかわりができないという事態に陥るかもしれない．そして，患者ばかりに責任を負わせるようなMSWの態度からは新たなことは生まれないのである．様々な過去の体験も宝となり得る可能性を信じて，向き合う他者とのかかわりを大切にしたいという思いを患者に心から語りかけることのできるMSWの一貫した態度が重要である．

(6) 面接者に求められる「人を信頼する力」と「コミュニケーション力」

　相対する他者の感情表現を大切にできる感性が求められている．一瞬，一瞬にも相手の気持ちは変化するものである．それを見逃さずに反応することが相手との関係づくりにつながるのである．MSWに対して患者がいつも好意的な反応を示すとは限らない．好意的な感情に対する反応は，ゆとりをもって対応しやすいが，時には，批判的，攻撃的であったり，他者への不安感情をMSWにぶつけてくる事もあり得る．そうしたMSW自身に向けられた否定的な感情自体を避けていては何も生まれない．恐れずにその否定感情をも患者と共有するしかないのである．怒りをぶつける患者は，この「怒りがわかるのか」，「怒りをわかってほしい」とMSWに訴えているのである．訴える事柄そのものに対処してしまうことでこの重苦しい患者の感情から抜け出せるのではないかと無意識に感じるかもしれない．そうすると怒っている患者の気持ち自体よりも怒りを向けられているMSWである自分自身のみに関心が向きがちになる．そこで，このような場面に遭遇した時には，真正面からこの怒りを受け止める努力をするしかない．一方でMSWは，患者のその感情がどこからやって来たものなのかと分析的に考える訓練を受けている．しかしここでは，そのような解釈を一方的に行わずにその気持ち自体に全面的

に応答する事の大切さを確認しておきたい．解釈をほどこすことは習得しやすいと考えられるが，事柄への対処や解決を終始求められているMSWだからこそ，相手の感情に添うことを大切にしてほしい．そのようなMSWとの感情交流から，患者は受け止められたという感覚をもち，MSWに信頼感を抱くのであろう．そこから他者との関係を築く自信をもちながら問題解決への力が養われていくのである．人間は本来誰しも，他者との関係を築く可能性をもっていることを信じる力がMSWには要求されている．そして，患者の対人的能力への予感を信じるMSWの姿勢が問題解決の過程をMSWとの共同作業であると患者に実感させうるのだといえよう．

現場からのメッセージ

実習現場におけるプログラム

1）面接実習における注意事項

面接実習における注意事項は以下の3点である．

①　面接において知り得た患者の情報に関しては，実習生にも守秘義務があり，実習中はもちろんのこと，実習後も秘密を保持しなければならないことを伝える．

②　実習生はMSWと患者との関係を壊さないように，十分配慮して，面接場面の実習に参加することを求める．

③　MSWは患者に面接の見学・同席・体験実習について，必ず説明をし承諾を得ておかねばならない．

2）面接場所の見学

相談室，病室，カンファレンスルームなどを見学する．

相談室においては，相談しやすい雰囲気で，プライバシーが守られるように配慮されていることを確認する．病室や廊下は，挨拶や会話を交わす空間であるが，プライバシーへの配慮に欠ける空間であり，周囲の環境に十分注意して，患者とコミュニケーションする能力が求められることを理解する．カンファレンスルームや，グループワークで使用する部屋においては，参加者全員が落ち着いた雰囲気で参加でき，プライバシーにも配慮されていることを確認する．

出入り口が，車いす患者に配慮されていることも重要な確認事項である．

3）面接場面の見学

実習生は，MSWの斜め後ろなどの位置で椅子に座って見学し，患者が実習生の存在を意識しないで面接できるように配慮する．

①　個別面接を見学する

まず，患者が相談室に入ってきた時の患者・MSWの表情や態度，会話，患者・MSWがどの椅子にすわり，どのような位置で面接を始めるかを観察する．双方のやりとりのなかでMSWと患者の信頼関係が構築されていく過程を観察する．MSWの言葉で患者の表情や言動に変化があった場合や，逆に，患者の言動に対するMSWの表情や言動の変化などに集中して観察してほしい．どのような問題を抱えて患者が相談室を訪れ，そのことにMSWがどのように対応しているのか理解する．面接が終わりに近づいてきた時の，患者・MSWの表情や態度，

会話から，どのような状態で面接が終わったのか理解する．MSWとの面接を通して，MSWとの関係のなかで患者自身が自分の感情や抱えている問題に気づき，整理し，自己決定しながら主体的に解決していく過程を，面接の見学により理解してほしい．

　数回，面接場面を見学した後，次は，MSWと患者の逐語録をとる．
　実習生はMSWと一緒に面接を振り返る．まず，どのような面接技法が使われていたか検証する．また，どのような目的で，MSWがこの技法を用いたのか考えてみてほしい．MSWが，専門職として患者との良好な援助関係を形成するためにとった態度や，用いた技法について意見交換する．事例の概略や，患者が抱えている問題，援助過程のなかのどのような場面の面接であったのかMSWからの説明を聞き，ソーシャルワークの基本的技能であるコミュニケーション・面接技法の習熟が，援助活動の展開にいかに大切なことであるか理解を深めてほしい（実習期間中に，一事例のインテークから終結までの一連の面接の見学が，とても有用であることはいうまでもない）．

　また，疾病や障害により意思疎通が困難であったり，理解力や判断力が低下している患者とMSWとの面接を見学した場合は，その原因（疾病や障害）に対する理解と，MSWの面接に対する態度や対応について学ぶ．患者が，日本語を理解できない外国人との面接の場合も，その援助の様子からMSWの態度や対応を学んでほしい．
② 　家族や院内・院外職員との合同面接・カンファレンスを見学する
　どのような位置に各自が座って面接を開始するか観察する．
　患者が意見や思いを述べやすいように，MSWが患者にどのような態度をとり言葉をかけているか観察する．また家族や他のスタッフに対して患者の代弁者としてMSWが発言する場面や，調整役としてMSWが意見を述べる場面など，患者と家族，MSW，他のスタッフの表情や態度，会話のやりとりを見学する．
　MSWと他職種（医師，看護師，ケアマネジャーなど）とのコミュニケーションやカンファレンスを見学することにより，MSW，他職種，関係機関の役割を理解し，各職種間の共通知識（共通言語）を習得するなど，コミュニケーション能力を専門職として身に付けていくことの必要性を理解してほしい．
③ 　グループワークを見学する
　患者とMSW，患者相互のコミュニケーションに焦点をおき，見学する．
※②③も①同様，見学のあと，実習生はMSWと一緒に面接を振り返る．

4）面接への同席
　実習生は患者に挨拶し，MSW側に座る（MSWは，実習生と患者との関係作りを援助する）．
　面接は，患者とMSWとで進められていくが，実習生もMSWとしての態度で患者の表情や態度，会話に五感を働かせる．場合によっては，MSW・患者から実習生に何らかの働きかけがあるかもしれず，その時は臨機応変に実習生は対応する（その場合，MSWは面接場面の雰囲気が混乱しないよう配慮する）．
　面接終了時は，実習生も患者に挨拶をして締めくくる．
　見学と同様，面接終了後，実習生はMSWと一緒に同席した面接を振り返る．

5）面接体験実習
　1）～4）までの過程を修了した後，次の段階として，患者との面接を実際に体験する．

① インテーク面接
〈事前準備〉 これまで見学・同席した事例を参考に，インテーク面接のロールプレイを実施する．MSWが患者役，実習生がMSW役となり，実習生はインテーク面接の模擬体験を通して，患者との関わり方をイメージし体得する．ロールプレイを通して，インテーク面接の体験実習に移っていいかどうかMSWが判断し，許可がでれば，いつでも体験実習ができるように心の準備をしておく．
〈体験実習〉 相談に訪れた患者の様子から実習生が対応してもよいケースかどうか，MSWが瞬時に判断し，実習生にインテーク面接を依頼する．実習生は，インテークワーカーであることを患者に伝え，患者が面接に応じることについて患者の承諾を得る．

これまで学んできた面接技法の知識や技術を駆使して，患者の表情や態度などを観察しながら，感情を受けとめ，患者の話をしっかりと傾聴し，内容を確認する．患者も実習生も，不安と緊張のなかで繰り広げられる面接であるので，最初の段階では，患者の話が一区切りついたところで話を要約し，MSWに報告し，その後の面接をMSWにゆだねてもよいであろう．

MSWの面接に同席し，実習生が受理した面接が，どのような展開をへて終了したのか理解する．面接は，実習生も患者と信頼関係を形成して終了する．

面接終了後は，3）4）と同様，逐語録を作成し，MSWと一緒に振り返る．面接時の自分の感情や意識を言語化することで，自己覚知を体験する（インテーク面接の記録を学ぶ）．

※実習生の緊張や不安な感情を考えて，1日のなかで時間を決めて，○時～○時までに来室した患者の面接を体験するとか，何人までと制限を設けるなど工夫する．

インテーク面接のなかで，所属機関や提供できるサービスの内容などを情報提供し，患者の主訴に対応できるかどうかといった段階までの面接を体験するには，それらのサービスについての知識の習得や，そこに焦点を当てたロールプレイを事前に実施するなどの準備が必要である．

② 援助活動における面接体験
〈事前準備〉 インテーク面接を体験したケースについて，MSWと一緒に次回の面接における課題を明確にする．《アセスメント→援助計画の策定》患者が抱えている問題やニーズと実習生の習得状況などから，このケースの面接を実習生が担当してもよいかどうかMSWが判断する．さらに最終的には実習生自身が，この面接を体験実習するかどうか決める．体験する予定のケースについて，導入から終了までの面接場面をイメージし，どのような態度や言葉でかかわるのか，また，情報提供する社会資源があれば知識を整理し，どのように説明するのかなど準備して，ロールプレイを実施し，体験実習への不安の軽減と患者のリスク予防を図る．
〈体験実習〉 実習生がMSWと一緒に対応することについて，患者の承諾を得る．MSWのサポートを得ながら面接を継続し，援助活動を展開する．

面接終了後は，面接技法やコミュニケーションだけでなく援助活動についても，MSWと一緒に振り返る．《評価と終結》（自己覚知や記録を学ぶ）

相談内容によっては①のインテーク面接のあと，引き続き，すぐに援助活動に入る場合もあるだろう（たとえば，介護保険や障害年金の説明など）．

その場合は，患者への面接を最優先し，①②終了後に，MSWと一緒に面接を振り返る．

6）電話相談

MSWの電話による相談の様子を，見学する．

電話相談終了後，MSWとの振り返りのなかで，どのような援助過程での電話相談であったの

か把握する．電話の場合は，双方に姿が見えないので，声のトーンや会話のスピード，息づかいなどから患者の状態を把握しなければならないことや，MSWの声や話し方にもより細心の注意が必要なことなどMSWの電話相談における態度や対応について理解する．

　電話の初期対応を体験する．最初は，MSWへの取次ぎを体験し，慣れてきたら，患者の新規相談の場合など「どうされましたか」と訴えを聞いて（10秒程度），適切にMSWに取り次ぐ．
　電話相談の初期対応について，MSWと一緒に振り返る．

7）事後学習
　コミュニケーション・面接技法について，学んだことを感想としてまとめる．

8）最後に
　面接を中心とした援助活動を実習中にどこまで体験できるかは，実習期間，実習生の能力，MSWが関われる時間と能力（大半の現状は，少人数のMSWで，次から次へと相談依頼を受けて，多忙なMSW業務を遂行しながらの実習指導である）などにより千差万別である．面接技法やコミュニケーションについて実習前に学んでくる知識も，ロールプレイ体験などの技術の習得も，養成校によりプログラムが違うようである．コミュニケーションや面接について学習したうえで実習にくる実習生もいれば，ほとんど事前学習がない状態で実習を希望する学生もいる．しかしながら，MSWの援助活動が，面接やコミュニケーションを主に展開されることからも，医療機関におけるコミュニケーション能力・面接技法の体得は，MSW養成のプログラムの中で非常に大切な領域である．患者・家族の魂の叫びを受けとめて，関係を築きながら援助できる実践的なMSWの養成を目的に，実習生を受け入れる現場とすれば，実習前・実習中・実習後・現任研修と一貫したMSW養成プログラムが開発，共有されていくことを心から願っている．

（奥村ますみ・富山大学付属病院地域医療連携室）

7　自己覚知

　これまで，自己覚知については講義や演習などで学習し周知されていることであると思うが，ここで自己覚知とはどのようなことなのか再確認をしておきたい．
　すなわち，佐藤豊道（2006）によれば自己覚知とは「他者を理解しようとするときに，自己の価値基準，基本的前提（仮説），感情などが働いて，ありのままの他者を理解する妨げとなることが少なくない．援助関係を適切に維持していくには，援助者自身の言動の傾向性を的確に熟知して，価値偏見や先入観などでことを運ばないように，意識的に行動する必要がある．」とされている．
　私たち人間は，自らの周辺環境，とりわけ人間関係の交わりのなかで互いに影響し合いながら生活をしている．そしてそのもっとも基本的な姿勢が，互いに理解し合うということである．また，私たちが他者を理解しようとするときに私たち自身の考え方やものごとのとらえ方によって，「彼はこのような人間だ」などと判断してしまうことはごく日常的な経験である．しかし，こうした自らの判断基準による他者理解が必ずしも正しいものとは限らない．時には，誤

解を招くことになり，お互いの関係が悪化してしまう結果となることも考えられる．こうしたことを防ぐために，私たちはこれまでにも自らのものごとの判断基準の傾向について無意識のうちに考え，判断基準の修正をおこなうなどして他者との関係を維持してきているのである．

　このテキストを使用している学生は，これから病院実習を体験することになり，その中の何人かはMSWとして病院に勤務する人も出てくるだろう．いうまでもなく，MSWとして病院に勤務し患者・家族のかかえる生活課題の克服やニーズの充足のための援助をおこなっていくにあたっては，患者・家族のおかれている状況などを理解することはもちろんのこと，自らがものごとを判断する場合にどのような傾向をもっているのかを常に意識しておかなければならない．そのために，自己覚知が必要となってくる．

　この節ではまず自己覚知の目安となる個人の価値基準の形成について一般的に述べ，自分の考え，性格，感情の働きを知る意義（意味）を考えたい．さらに，こうしたことをふまえたうえで，自己覚知の方法などについて具体的に紹介することにしたい．

(1)　私たちの価値基準はいかにして形成されるのか

　私たちの価値基準が形成される過程は，前にも述べたように生まれてからこれまでの人間関係や様々な体験による影響が大きい．そのなかでも，両親や兄弟姉妹などの家族から受ける影響は多大なものがある．幼少時に，どのような家庭環境（家族構成員の数，家屋状況，隣近所との関係，土地柄など）で育てられたのか，両親の教育方針，職業や経済状態など様々な条件によって私たちの価値基準が形成されていく．さらに，個人は身体的・精神的な発達を伴った成長をするにしたがって，保育所，幼稚園，小・中学校での教員や友人との関係が，価値基準の形成と相まって個人の社会性を生み出していくのである．また，思春期，青年期と移行していく過程においては多くの人と関係を持つ必要性が生じ，他者との人間関係のなかで自分とは違った価値基準を持った人と接する機会が多くなる．そして，時には自らの価値基準を真っ向から否定されたり，価値基準の見直しを迫られたりしながら他者との人間関係を維持していく大切さを知るのである．また，この時期は価値基準が性格や感情レベルだけではなく，服装や食べ物，アイドルへのあこがれといった個人の趣味・嗜好まで拡大していく．この思春期から青年期，成人に至る過程における価値基準の形成が，個人のその後における考え方やものごとのとらえかたの基盤になるといえるだろう．

　さて，このテキストを使用している学生はちょうどこうした時期に当たると思われるが，ここに書かれていることを参考にしながら自らの価値基準がどのようにして形成されたのかぜひ考えてみてほしい．

(2)　自己覚知の意義

　なぜ社会福祉を学ぼうと思ったのだろうか．そのきっかけとなった出来事は何であったのだろうか．あるいは，なかにはすでに社会福祉の専門職として働くことに対して見切りつけ，社

会福祉以外の職業に就こうと考えている人もいるだろう．こうした将来への様々な思いも，前に述べた個人の価値基準からの判断の結果なのである．

　筆者は，かつて大規模医療法人のMSWとして勤務していた経験を持ち，同時にMSWの採用にもかかわっていたことがある．採用面接を実施した際に，MSWになろうとしたきっかけについて聞いてみると，何人かの応募者の中には過去の自らの体験をその理由に挙げる人がいた．それは，すなわち自分や家族の疾病・障害体験，それに伴うMSWとの出会いなどである．こうした過去の体験は，現在を生きる人々にとって大変貴重なことであり，そのこと自体がMSWを目指すきっかけとなったことはすばらしいことである．筆者自身は，このことを否定するものではない．

　しかし，一方ではこうした過去の自己体験が時として実習や援助活動の妨げとなる場合がある．それは，過去に自分が体験したことと同じような問題を抱えた患者・家族からの相談・援助を実習生の立場からかかわることになったり，あるいはMSWとして担当する場合，過去の自分とその患者・家族とを同一視してしまう恐れがあるということである．過去の自己体験は，いかにしてもぬぐい去れるものではない．しかし，MSWとして，あるいはその実習生として患者・家族にかかわる際には，過去の自己体験や自らの価値基準の判断は極力避け，社会福祉および医療の価値や倫理に基づいた援助をおこなう必要がある．ここに，MSWとそれを目指す実習生として過去と現実，専門職として患者・家族と向き合わなければならない葛藤と厳しさがあり，これらを克服するためには，自らの感情のコントロールが必要でありそこに自己覚知の意義がある．

(3) 自己覚知の方法

　一般的に自己覚知の機会は簡単に得られるものではない．実習生に対するスーパービジョンや演習の授業での自己覚知の機会は，社会福祉専門教育の一環として行われるものであり学生にとっては自己覚知を経験する好機である．こうした好機を有効活用して，自己覚知について意識的に学習してほしい．しかし，注意をしておかなければならないのは，スーパービジョンや演習での自己覚知の機会における結果は個人のすべてを決定づけるものではないということである．自己覚知をすることによって，結果的にマイナス面が表出されたとしても，それをプラスの方向へ改善する方法はいくらでも見いだせるものである．

　関西学院大学荒川義子名誉教授は，大学院のゼミ生に対して「人生は自己覚知の連続である」と語り，「対人援助職にとっては，自己理解，自己覚知は一生の課題である．」（荒川義子，1992）とも述べている．私たち人間の一生は，実に変化に富んだものである．MSWとしての専門職も，その在職中には多くのことを経験し時には悩み苦しむこともあるだろう．その都度，自らを見つめ直すことが患者・家族に対するよりよい援助を提供できることになるのである．

現場からのメッセージ

(1) ソーシャルワーカーとしての立脚点

　実習という機会を得て、初めて医療現場における「社会福祉援助」の実際を目にする学生は多いだろう。大学において、社会福祉に関連する様々な価値観や知識を学び、それが具体的にどのように活用されているのかを確認する機会にもなる。また学生の立場で、現場で働いているMSWに自らを重ねてみることも、これまでの学びを振り返る大切な作業かもしれない。

　医療現場においては、客観的に病態等の評価を実証できるもの（evidence）が求められるようになってきている。その中でMSWは、患者や家族の"語り"の中からともに問題点を見出し、その解決に向けてかかわりを始める。"語り"には、それぞれの方がこれまでつむいできた"暮らし"があるため、なかなか客観的に数値化できたり、「いい」とか「悪い」とかの判断をすることはできない。しかし"語り"に耳を傾け、"暮らし"を大切にする視点を持ちつつ、医療チームの中でMSWがどのような役割を担うかということが、他の職種とは少し異なった立ち位置であることに気づく。同じ患者を対象にしていながら、お互いにとらえる視点が異なることをかかわる職種の誰もが理解しあっていることは、チーム医療に不可欠なことであり、同時に「私は、このように患者のことをみています」というメッセージを伝えられることも大切なことである。そのために、MSWとして揺らがない柱を持ち続けて、常に「MSWである自分」を意識していることが必要となってくる。

　多くのケースに出会い、多くの職種と共に業務を進める中で、「MSWである自分」は成長していく。その都度、MSWは自分自身の中にある価値観や知識を改めて整理している。実習指導者であるMSWをモデルにしたとき、実習生自身がイメージしているMSW像にも変化が見られるかもしれない。

(2) 多くの価値観に触れる

　MSWの前に現れる患者や家族（利用者）は、実にいろんな生活体験をもっている。中には、「どうしてそんな考え方をもつのだろう」「どうしてそういう行動をとるんだろう」と、MSW自身が理解しがたいような場面に出会うこともあるかもしれない。たとえば、糖尿病の患者に医師や看護師は「カロリーを摂り過ぎないように」とか「きちんとお薬を飲みましょう」と指導をする。しかし、どうしてもきちんと守れない患者は、病院に診察に来るたびに『きちんと守ること』を強調されてしまう。そんな時MSWは「食事を取りすぎてしまうのはどうして？」「薬が飲めないのはなぜだろう？」という生活上の問題に置き換えて『きちんと守ること』ができない患者の背景を探ってみようと考える。そもそも糖尿病という病気についてどのように思っているのか、糖尿病と診断されて意識するようになったことは何か、患者と共に暮らしている人や支える人がいるのかいないのか……そこで面接が開始される。するとMSWが思いも付かなかった答えが返ってくることがある。「どうせ死んでしまうのなら好きなだけ食べても構わない」「食事を作ることはもともと苦手だから」「薬なんて飲んだって同じ」など、医師や看護師が指導していたこととは随分かけ離れた回答である。そして、MSWは患者のもつ価値観に向き合う覚悟をもって、患者自身がこれからの生活や暮らしにおいて何を重んじるべきか、という確認作業を続ける。

　このような多種多様な価値観に向き合いきるための感性は、やはり多くの利用者との出会いの中で養われるものである。MSWは指導や指示をする役割ではないので、自らの考えを押し付けることはしない。だからこそ、目の前にいる利用者の価値観を最大限に尊重して、中立性を保ちながら援助するという意識そのものが、MSWの中に自覚されている必要がある。

(3) 個人としての私を大切にする

　実践の場で幅広い年齢層の様々な価値観に触れることは，MSWとしての成長にとって大きな糧となる．MSWとして利用者の前に登場した「私」は自分自身の価値観は一旦脇に置くことになるが，そういう「私」もいろいろな感情を持った1人の人間であることも忘れてはならない．「患者の感情に流されているだけだろうか」「受容できているのだろうか」「本当は理解しがたいことだけど……」など，多くの価値観を受け入れることで，個人としての「私」が混乱してしまうこともあるかもしれない．逆に，意識はしていないけれどいつの間にか自らの価値観が患者を理解するうえでの判断基準となってしまい，「でも，こうあるべきだ」という絶対的な方向に援助が導かれてしまうことも否めない．これらの矛盾した感情を抱くことは，MSWとして間違ったかかわり方ではなく，むしろ，その自己の矛盾に気づくことが大切なことである．

　このようなことを回避するために，個人としての「私」をオープンにすることが大切である．特に，ケースを援助する過程で利用者と援助者が守るべき距離以上の密接や隔たりを感じたときには，「なぜそのように感じるのか」を振り返り，立ち止まることが必要である．自己の中で感情の矛盾をきたさないために，自分自身のバランスを保つことを心がける．それは，守秘する範囲を共有できる職場の同僚や，MSWの仲間に，かかわったケースについて"語る"ことから新たな気づきを得ることもできるし，心の感情を白紙に戻すこともできる．また，自分自身のこれまでの体験や考えてきたこと，変化してきたことを整理して伝えてみる．そして，このことは援助の過程において利用者自身がMSWに対してオープンになることができると感じられるきっかけを，立場を変えて疑似体験しているとも考えられる．自らを意図的にオープンにしたときに抱いた感情から，改めて患者さんと共にあるべきMSWとしての姿勢に気づくこともあるのではないだろうか．

　価値観は，出会いや体験によって変化する部分もあれば，変わらない部分もある．医療現場で援助の対象となる利用者も，所属組織に求められるものも，そしてMSWとしての「私」自身も同様のことがいえる．だからこそ自己覚知を通して，次に踏み出す一歩が見えてくるのではないだろうか．

（橘直子・山口赤十字病院医療社会事業課）

8　スーパービジョン

(1) 実習生とスーパービジョン

　実習に臨む学生たちは，多くの不安をかかえている．また，実習中に遭遇する出来事に戸惑い悩むことも多い．学生が実習を意義あるものとして活用するためには，養成機関である大学側と実習施設の双方で，適切なスーパービジョンの機会を得ることが重要である．

　スーパービジョンは，一方的指導ではなく，スーパーバイザーとスーパーバイジーとの協働作業となる．まずスーパーバイジーとなる学生が，スーパービジョンについて正しい理解をもつことが重要となる．

(2) スーパービジョンの機能

　スーパービジョンは，ソーシャルワーカーの成長を促し，患者への援助の質を向上させることを目的に行われ，①管理的機能，②教育的機能，③支持・援助機能，④評価的機能，を持つ

ている.

　実習生の場合，特に「教育的機能」が重要となる．養成機関の講義で受ける教育とは異なり，スーパービジョンにおける教育とは，ソーシャルワーカーとしての業務を行うために知っておかねばならない知識を実習生が修得することを援助するプロセスである．現場における「支持・援助機能」では，スーパーバイジーがプロフェッショナルとして成長することを援助するが，実習におけるスーパービジョンではソーシャルワーカーを目指す学生がまず自分自身と向きあっていくことを援助する．医療機関は，社会福祉士資格成立前から独自の実習をおこなってきた経緯があり，資格成立後も社会福祉士の配属実習を終えた学生が医療機関での実習を行ってきた．そのため学生の動機づけは高く，MSWになりたいという強い熱意をもった学生が多いという印象がある．しかし，その動機や熱意の根拠は何か，MSWという職業をどのように理解しているのか，実習を通じてもう一度確認することが必要である．MSW業務やクライエントへの理解を深めることだけでなく，学生が自分自身を理解することも実習の重要な課題である．

(3) 事前学習におけるスーパービジョン

　養成機関における事前学習では，実習施設そのものや施設に関連した社会資源などの知識を学び，実習課題を明らかにし，実習計画を立案していく．事前学習では，実習施設や実習内容に関連した学習を通じて，学生がこれから自分の身に起こることを予測し，準備をする期間である．なぜその施設を実習先として希望したのか，実習を通じて何を学びたいのか，そのためには何が必要なのかを整理していく過程で，実習担当教員は，学生自らが気づくような関わりを心がける．学生は，ともすれば「実習で何をするのか」という具体的プログラムにばかり目が向いてしまいがちであるが，「そもそもなぜ実習に行くのか」「なぜMSWになりたいのか」「MSWとしての視点とはどのような視点か」などについて事前学習の段階で洞察しておくことは，実習での学習を深めるとともに，実習を乗り切る原動力となる．

(4) 巡回指導におけるスーパービジョン

　実習で困った事態に遭遇している時，利用者との関係はもちろん指導者や職員との関係に悩んでいる時，学生は実習担当教員の訪問を心待ちにする．一方，実習はうまくいっている，実習指導者から適切な指導を受けていると感じている時には，実習担当教員に対して何を話せばよいのか戸惑い，「特に相談することはありません.」「実習はうまくいっています.」などと話すことがある．もちろん巡回指導は，実習指導者に相談できないような「困ったこと」「悩んでいること」を教員に相談し，具体的解決方法を探る場ではある．しかし，それだけが巡回指導ではない．スーパービジョンとして実施される巡回指導では，実習内容をふり返り，実習生がまだ気づいていない事柄や課題を明らかにすることが重要となる．実習日誌を手がかりに具体的実習内容を確認し，状況を整理し新たな考察を加える，また実習指導者のコメントから指

導者の意図を検討するなどの方法がある．学生は，巡回指導が「困っていることを相談する場」だけの場ではなく，学習を深め，自己覚知につながるスーパービジョンの場であることを意識して活用する．

(5) 実習指導者によるスーパービジョン

　実習期間中は，たとえ限られた時間であっても，毎日実習生と実習指導者が話し合う時間をもつことが望ましい．改めて「どうだった？」と尋ねることにより，実習生は「ここはスーパービジョンの場である」という意識をもって指導者に向かい合うことができる．しかし実習指導者は，こうした時間のみならず常にスーパーバイザーであるという意識をもって学生に接することが求められる．他部署の見学，同席面接などさまざまな実習体験に対し，実習生が事実をどのようにとらえ，どう考えているのかを確認し，それらと現実やスーパーバイザーが学んでほしいと希望していることとの間にズレがないかを確かめる．"体験"を整理し，自分自身や他者へ説明できる"経験"へと高めていく過程としてのスーパービジョンといえる．実習日誌を媒体としたスーパービジョンも重要である．実習生からの質問に対し，答をコメントする場合もあれば，実習生が自分で答をみつけるためのコメントを返すこともある．そもそもなぜその疑問をいだいたのかを問い返すことによって，実習生の洞察を促すこともある．

　実習指導者となることは，MSWが自分の業務をふりかえり成長する機会である．社会経験も少なく人間としても未熟な面をもつ学生に対し，専門職を意識した指導を行う際には，まず学生のもつ能力に対する適切なアセスメントが不可欠である．あらかじめ作成した実習計画と実際の学生の様子を検討し，何をどのように体験させ，その結果何を学ばせるのかを常に考えねばならない．指導者は実習生が初めて身近に出会うMSWであり，その後の実習生にとってモデル像となることも少なくない．また指導者は実習を評価する評価者でもあり，学生は「能力がないと思われたくない．」「MSWとしての適性を欠いていると判断されるのではないか．」といった気持ちをもつ．実習生が実習指導者に対して抱くこうしたさまざまな感情を理解しつつ適切な指導を行う中で，指導者自身がもっている感情や価値観に気づくこともある．「厳しい指導者だと思われたくない．」「実習生のことを信頼して任すことができない．」など，MSW業務の中では気づかなかった自分自身を知ることにもなる．

　実習指導者は，MSWとしての自分の行動について，根拠や判断を実習生に説明せねばならない．自分自身が理解している事柄でないと，他者に指導することはできない．指導者としての経験は，MSWとしての自分を成長させることにもつながる．

(6) 事後学習におけるスーパービジョン

　実習期間が終了すれば実習が終了した訳ではない．現場実習は事前学習から現場実習そして事後学習までの過程を含んでいる．実習期間中は，毎日の実習と日誌の記載に加え，新たに調べねばならないことや課題もあり，多くの新たな体験に追われるように時間が過ぎてしまう．

実習終了後に教員や仲間とともに実習をふり返り，学習を深め，考察する，この過程なくしては，実習を終了したとはいえない．

事後学習には，演習などのクラスでふり返る，実習レポートをまとめる，実習報告会で報告するなどの内容があるが，いずれの場合も実習担当教員がスーパーバイザーとして関わる．クラスでのふり返りは，実習担当教員をスーパーバイザーとしたグループスーパービジョンであり，個人指導は1対1のスーパービジョンである．実習で学んだ数多くの事柄から，実習レポートや報告会で取り上げる事柄を抽出し，そしてどのように伝えるのかを模索していく過程も，またスーパービジョンである．

事後学習では，まず実習期間を無事終えることができたことを肯定的に受け入れ，実習に対して抱いている感情を正直に吐露する．満足や充実感だけでなく，不満や物足りなさ，怒りなどを感じる学生も存在する．そして，それらの感情の根拠となっている事実を明らかにし考察することによって，今後の学生の課題を模索していく．グループでの話し合いを通じてお互いの実習経験を共有することによって，学習の幅は拡がっていくであろう．実習指導者からの評価が低かった時，学生は混乱し，自分の存在が拒否されたように感じて自信をなくしてしまったり，実習指導者や時には実習担当教員への怒りを覚えることもある．こうした学生の混乱を整理する時にも，まず学生の感情を充分に引き出すことが必要である．実習の評価が学生の人間性を評価しているものではないこと，評価は自分自身が今後達成せねばならない課題を示すものであることを学生が理解し，今後の課題を見つけていけるように援助する．

(7) 実習生とスーパーバイジーという立場

ここで述べたようなスーパービジョンが適切に実践されるためには，学生自身が，実習生に対して行われるスーパービジョンについて理解しておかねばならない．スーパービジョンでは，自分の内面に向きあわねばならないような場面や，自分の未熟さを思い知らされることもある．その際「学生だから仕方ないじゃない」「学生にそんなこと言われても無理」という気持ちをもつと，スーパーバイザーの言葉に耳を傾けることができなくなってしまう．実習生は，単なる学生とは違う．「プロフェッショナルの卵をめざし現場で学んでいる学生」という意識を忘れないことが大切である．自分の良さ，潜在能力，未熟さなどを正直に受けとめ，これからの自分を創っていくための手がかりを得るための機会として，実習におけるスーパービジョンを活用する．

現場からのメッセージ

(1) 臨床の場で実習することの難しさ

今回の制度改正によって，病院には社会福祉士をめざす多くの実習生が訪れることになる．しかし学校と臨床の場は同じではない．学校では，ある問題を解くことができなくても，同じこと

を繰り返すことで，解答を得ることが可能である．やり直すことができるのである．ところが，臨床の場では，出会いをやり直すことは難しい．特に病院では，実習生の前には，人の命や生活の問題がせっぱ詰まった形で現れる．実習生が，戸惑い，萎縮するとしても不思議ではない．彼らは，緊張のあまり，持っているはずの能力を発揮できなくなるかもしれない．

　スーパービジョンは，このような状況の中にいる実習生に，自分のもっている力を認識させ，できたという実感を得させるための援助である．面接が，クライエントに自分の力に気づかせて将来への一歩を踏み出させることを目的とするように，スーパービジョンは，実習生に福祉の専門家として一歩を踏み出させることを，目的としなければならない．

　そのようなスーパービジョンはいかにすれば可能になるだろうか．この項では，解決構築のスーパービジョンについて述べ，私達スーパーバイザーが，かれらをどのように支援することができるのか，何をなすべきで，何をなすべきでないかを考えていく．

(2) スーパーバイザーの心構え

　スーパーバイザーは以下のことを知る必要がある．

1) 実習生は，新しいことを学びたいと思っている．

　彼らは，新しい環境で緊張し萎縮してはいるが，反面，好奇心で一杯である．新しいことを学ばせるには，彼らの意欲を失わせるような教え方をしてはならない．彼らのなかにある学びたい気持ちをきちんと把握し，能力を知っておくことが重要である．これはスケーリング・クエスチョン（Scaling Question）を使うと分かりやすい．スケーリング・クエスチョンについては次の項で述べる．

2) 実習生は，自分の意見を言いたいと思っている．

　人は，自分の思っていることを十分に話せたときにのみ，相手の言っていることを聞く準備ができる．ディヤングらは「私たちが，人の話を聞くときには，聞くだけではなく，聞いたことに対して心の中で反応するのが普通である」が，「評価的見方は聴き手の価値観から生じるもので，注意深く聞く妨げになる．なぜなら，第一に，聞くと同時に評価をすることは容易ではないからである．最初に聞いたことを考えながら，次の言葉を理解することは難しい．」と，傾聴の難しさをいう．[8] MSWが患者が話していることを傾聴するように，スーパーバイザーが，自らの価値観を脇において聴くことで，彼らは「間違っているかもしれないけれども，自分の意見を言ってみよう」という気持ちになるのである．

3) 実習生は，機会が与えられれば挑戦をしたいと思っていること．

　彼らができると考えていることを的確に把握し，できることを増やさせることが自信につながっていく．

(3) スケーリング・クエスチョン

　実習生が，どのような能力を持ち，何をしようとしてきたか，どのような認識を持っているのか，を知ることは，有効なスーパーバイズをする上で不可欠である．スケーリング・クエスチョンは，実習生のそのような状態を知るのに有効な質問法である．これは，解決構築の面接技法のひとつで，MSWがクライエントに，1から10の尺度で，今の状態は幾つになるかを問うて，その数値評価の内容を具体的に聞き出すというものである．この質問によって，クライエントは，現在の状態を認識し，現在までにできていることを自覚する．次に「小さなステップ」について質問をすることで，クライエントは，これからの課題を見つけることが出来る．この時にMSWは，クライエントがこれまでに発揮してきた力の意義を十分強調し，彼らがおこなってきた努力を賞讃しなければならない．この技法をスーパービジョンに適用すれば，以下の例のようになる

であろう．

> **例**
> 質　問：「実習に来る前を1だとし，実習を何とか満足にやっている，というのを10だとしたら，今はどのくらいですか？」
> 実習生：「5ぐらいかしら」
> 質　問：「どんなことで5なのですか？　5の内容を詳しく教えていただいていいですか？」

　実習生が「5」の内容を具体的な行動として話せるように質問を続ける．たとえば，「よく頑張ったから」と漠然とした言葉で答えたら「どのような時に頑張ったと思えますか？」と具体的な行動として認識できるように手助けしていく．この認識は，彼らが，能力を発揮できないと思っている時に，自分がこうして頑張った，という経験として活用できる．大切なことは，ひとつの答えが出たからといって，そこで質問を打ち切るのではなく，「5」の内容をできるだけ多く引き出すために「他には？」と問いかけることである．この問かけは，粘り強くおこなうことで，かれらの隠れた能力を引き出すのに役立つ．「もう考えられない」との答をきいてから，次の段階に行く．

　次の段階は，次の小さなステップをどのようにして作り上げていくかを考える質問である．

> 質問：「5からひとつ上がったらどのように違いますか？」とか「5からひとつ上がるためには，どのようなことが起きる必要がありますか？」

　この質問で，彼らは，次に何をなすべきかを自分自身で引き出すことができる．われわれは，彼らが，小さなステップを実践するための質問を続ける．

> 質問：「それが起きるためには，どのようなことが役に立つでしょうか？」

　この質問は，何をしたらよいかという具体的な行動を考えつくことを可能にする．小さなステップを確実にし，そこから大きな一歩に近づいていくのである．
　スケーリング・クエスチョンで大切なことは，彼らの言葉をそのまま使ってフィードバックすることである．クライエントは，一般に，考えるだけで精いっぱいで，思いついたことを今一度内省することなしに，そのまま言葉に出しやすいし，何を言ったかを覚えていないことも多い．実習生も同じことになるであろう．われわれが彼らの言った言葉をフィードバックすることで，はじめて，彼らは「あー，そういうことも言った」と思いだし，ようやく，自分の発した言葉が彼らの中にしっかりと組み込まれることになる．
　スケーリング・クエスチョンは，実習生がどのような状態にあるのかを知るうえで有効だが，この手法によって得られるものは，それだけではない．この手法は，彼らが，自分自身がどこまでできているかを確認するのだから，実習生は，自分自身気がついていなかった能力をあらためて認識し，自信をつけることができるはずである．言い換えれば，新しい自分に気がつくわけである．
　ディヤングらは，「クライエントの個人的資質と過去の経験は，うまく利用されると，困難の解決と満足のいく生活をつくるのに役立つ．困難に直面したときの回復力，ユーモアのセンス，組織立った考え方，勤勉さ，他人への思いやり，他人の見解を理解する能力，傾聴の意欲，生き方を学ぼうとする気持ち，などの資質はクライエントの長所となる」[9]という．解決構築の面接ではクライエントの努力や長所を労ったり，励ましたり，賞賛することをコンプリメントといい，

面接は，コンプリメントをたえず意識しておこなわれる．

（4） クライエント体験としての実習

実習生とスーパーバイザーとの関係は，クライエントとMSWとの関係と似ている．彼らはクライエントの気分を体験することになるが，このことは，将来，対人援助を行う上で，相談者の感情を理解するための重要な足場になるであろう．
　　　　　　　　　　　　　　　　　　　　　　　　　（大垣京子・早良病院医療社会福祉部）

9　秘密の保持

（1）　利用者の「秘密を保持する」ことの3つの側面

ソーシャルワーク実践の原則として最も基本的なもののひとつに「秘密保持」がある．F.P.バイステックも「秘密を保持して信頼感を醸成する」ことをその7つの原則論のなかにあげている[10]．そこでは，ソーシャルワーカーが利用者の秘密を保持することを，専門職業としての倫理の観点と，援助関係を形成する要素としての観点との2つの観点から考察することが必要と述べられている．

また，医療の分野ではいわゆる「ヒポクラテスの誓い」（古代ギリシャ時代の医師集団コス派が著したとされる文書）から受け継がれる守秘義務の考え方があり，医療従事者であればどんな職種であっても業務上知りえた秘密は第三者に漏らしてはならないという厳格なモラルが存在する．

一方，社会における情報化が高度に発達するのにあわせて，自分自身に関する情報がどのように集められているのかを知り，不当に利用されないように個人が求めることの権利の重要性が法理論としても確立してきた．このような権利を「自己情報のコントロール権」と言い，近年は基本的人権のひとつとして注目されている[11]．こうした背景から，わが国でもさまざまな議論を含みつつ「個人情報の保護に関する法律」（以下「個人情報保護法」）が2005年4月から全面施行され，それに前後して厚生労働省からは「医療・介護従事者における個人情報の適切な取り扱いのためのガイドライン」（以下「ガイドライン」）も通知された．医療機関に勤務するMSW（その実習学生を含む）もこれに則った業務が義務付けられる．さらには，「社会福祉士及び介護福祉士法」第46条では社会福祉士の守秘義務が定められてもいる．

こうしたことを整理すると，利用者の「秘密を保持する」ことには次の4つの側面があると考える．

① 専門職としての倫理・モラル
② 人権の尊重
③ 患者と援助関係を構築する技術・方法
④ 法令の順守

これらを混同することなく，反面で相互関係を持たせつつ理解する必要があるが，ここでは，まず，①と②について触れたうえで，特に③の側面を中心に病院のソーシャルワーク実習で求

められる対応を述べる．

(2) ソーシャルワーカーの「倫理」と「技術」としての秘密保持

　言うまでもないことであるが，ソーシャルワークの倫理・価値は，利用者の人権の尊重に最大のポイントがある．国際ソーシャルワーカー連盟（IFSW）によるソーシャルワークの定義でも，その価値について「ソーシャルワークは人道主義と民主主義の理想から生まれ育ってきたのであって，その職業上の価値は，すべての人間が平等であること，そして尊厳を有していることを認めて，これを尊重することに基盤を置いている」としている．ここから考えると，ソーシャルワークの第一義的な倫理・価値として，個人の尊厳・平等・人権・社会正義といった概念が明確化される．

　人権は，社会権や自由権といった古くから問われてきたものも多いが，比較的新しい人権・権利として「プライバシー権」も強調されている．これは，個人の生活に関して誰からも干渉されず「そっとしておいてもらう権利」や「自己の情報を管理する権利」，あるいは「自分に関する情報の利用目的と範囲を知る」「提供した自分の情報が他に漏れないことを保障する」といったことを指す．

　ソーシャルワーク実践においては，必然的に利用者のさまざまな心理・社会的な状況を把握することになるし，とりわけ医療ソーシャルワークにおいては，既往歴や感染症，場合によっては遺伝に関する情報など，極めて繊細な情報にも触れることになる．

　仮にこうしたことを他に漏洩させることがあっては，それはそのままソーシャルワークの価値や倫理に反することになる．絶対にあってはならないことだ．そうした倫理的な意味で，前述した社会福祉士及び介護福祉士法第46条では秘密保持義務違反について1年以下の懲役または30万円以下の罰金という罰則が規定されているものである．

　また一方，秘密を保持できるワーカーか否かということは，援助技術自体にも大きな影響を与えることとなる．

　ソーシャルワークは，利用者が通常の人間関係のなかでは語らないようなプライベートな事柄にまで踏み込んで情報を収集し，それを分析していくことが必要となる．そのときに，語った事柄が他に漏れないことに疑念を抱くような状況があれば，果たして利用者は必要十分な情報をワーカーに伝えてくれるだろうか．また，他者には表現しないような感情を表出してくれるだろうか．

　すなわち，秘密の保持が確保されていない限り，利用者はワーカーが必要とする情報や内面の感情を決して伝えてはくれない．そのことはソーシャルワークが展開できないことを意味する．それ以前に，信頼関係に基づくワーカー＝患者関係を築くことすらできない．

　この意味で，秘密の保持はソーシャルワークの技術としてベースを成す．援助関係の構築という技術を支える最大の要素と言える．

(3) 個人情報保護の関連法令に則ったソーシャルワーク実習

　価値・倫理・技術といった側面に加え，医療・福祉の実践現場では，個人情報保護に関するさまざまな規定がある．法令や公的な通知も多く，実習にあたってもそれについて一定の理解が必要である．以下に前述した個人情報保護法やガイドラインについての要点を述べるので，実習にあたっての最低限の知識を得てほしい．

[個人情報保護法・ガイドラインの概要]

　個人情報保護法の義務規定の対象（主体）は，事業者（すなわち医療機関）である．すなわち，実習生により法令が遵守できない事実（利用者の個人情報の漏えいなど）が起これば，第一義的にはその医療機関とその管理者が刑事責任や民事責任を問われることとなる．ただ，契約により実習を依頼している関係からいえば，実習依頼元である法人としての大学（養成施設）も第二義的に責任を問われることとなるだろうし，道義的には実習生個人も責任を逃れることはできないものと思われる．特に，医療機関で扱う情報は，家族の情報や生活歴，既往歴，現病名，病状といった，取り扱いに一層の注意が必要なもの（センシティブ情報）がほとんどである．万一のことがあった際には取り返しがつかない．

　個人情報保護法で規定する個人情報とは，「生存する個人の情報であって，氏名，生年月日，その他の記述により特定の個人を識別できるものすべて」と定義される．また，ガイドラインによれば，患者のイニシャル情報，病名，家族の情報，生活歴，写真，施設（医療機関）職員の情報なども個人情報として扱われる．ここから考えると，患者に関するこうした個人情報が，実習生の所持する実習記録等に記されたもの，学生が口頭で語ること，大学（養成施設）で保管する記録等に記されたものなどは，法令に則った対応が必要となると考えられる．そのために個人情報保護法の原則を簡潔に説明する[12]．

1）利用目的の特定，利用目的による制限

　個人情報を利用する目的を定め，その目的以外には個人情報を利用しない．

2）適正な取得，取得に際しての利用目的の通知

　不正，虚偽の方法で情報を取得することを禁じ，情報を得るときにはあらかじめその目的を対象者に示す．

3）正確性の確保

　収集した情報を正確かつ最新のものに保つ．

4）安全管理措置

　情報の漏洩や滅失を防ぐ義務があり，そのための従業者や業務委託者の監督を行う．

5）第三者提供の制限

　本人の同意なしに他の第三者への情報提供をしてはならない．

6）開示，訂正，利用停止

　本人からの求めに応じて情報を開示し，誤りがあるときは本人の求めに応じて訂正する．また，目的外利用をしている場合には利用停止となる．記録類の改ざんは禁止される．

7）苦情受付・処理
8）例外事業者の規定
・研究や報道を目的としている事業者は法令の適用除外となる．

[実習生に求められる対応]

こうした原則を踏まえると，実習生が留意すべき事柄はおおむね次のような点であろう．なお，当然のことであるが，実習前には大学（養成施設）および実習先でのオリエンテーションでこうした対応策を具体的に確認・約束しておく必要がある．

◆利用者と接するとき

・情報収集時の目的を伝え，利用者の同意を事前に得ることを忘れないこと

　いきなり情報を聞き出すのではなく，たとえば「○○さんの身体の状態を知って，援助計画のヒントにしたいので，教えてくださいませんか」などと伝えて，その同意を得たうえで，「今までにどんな病気はありますか」といった情報を聴き取る．また，その目的以外に情報を活用しないことは当然である．

・情報収集の範囲を吟味すること

　個人的な興味・関心で利用者の情報収集をしない．実習で必要な範囲に限定する．

◆記録の管理など

・記録のしかたやメモなどの処分

　記録の個人名の記載など（実名か，イニシャルか，仮名か，など）は，実習先のルールに則ることとなるが，イニシャルであっても利用者個人が識別可能なものであれば法的には個人情報として扱わなければならない．また，メモ用紙なども同様であり，不用意に廃棄したり持ち歩いたり，目の届かない場所に置いたままにしないことが必要である．

・記録やノートの取り扱い

　滅失（紛失）や漏洩は最大の注意点である．交通機関や通学経路などでの置き忘れには最大限の注意をすべきである．たとえば，実習の記録を持ったまま，プライベートな行動をする（会食や娯楽など）といったことは慎むべきである．

◆その他

・口頭での情報の取り扱い

　交通機関のなかや飲食店など，不特定の人がいる場所で患者に関する会話は一切すべきでない．情報漏洩の危険が高い場面である．また，帰宅後，家族や友人に対しても，利用者の個人情報は話題にしないといった対応が求められる．

・実習先のスタッフ等との関係

　実習学生が知った利用者の情報を施設のスタッフに伝えることは，情報の第三者提供や目的外利用ではない．必要な範囲で適切に実習先のスタッフに的確に伝えることが求められる．これは，大学（養成機関）の教員に対しても同様である．なお，緊急事態の発生時（患者の急変など生命に関するような場面に直面した場合）には，この法令に優先して患者の状況を第

三者に伝えて，必要な対応をとる必要がある．特に医療機関での実習ではこのことにも注意してほしい．

[専門職を目指すための実習として]

このように，利用者の秘密を保持することが専門職としての第一歩であり，権利擁護の基礎でもある．ここでは法的な義務の観点を中心に述べたが，それだけでなく，専門職の倫理として，ソーシャルワーク専門職団体の倫理綱領も確認しておくことが重要である．また，実習生には，実習や学内での演習・文献研究等から，秘密を守ることが援助関係を構築していくことに良い影響を与えることについても多角的に学習を進めてほしい．

10　記　録

(1) 記録の特徴および目的

1) 記録は時間や空間を超える

記録は，時間や空間を超えて，何らかの事柄を残しておくことができる手段である．たとえばケース記録や業務日誌によって，その時その場にいなかった職員であっても情報を共有することができる．また実習ノート（日誌）を読み返すことにより，過去の自分の行動や考え方について後からじっくり検討することもできる（大学・学校によっては「実習日誌」「実習記録」とも呼ばれているが，本書では「実習ノート（日誌）」と表記する）．

2) 行為は残らないが文字は残る

記録に書かれなかったことは「残されないこと」であり，極端な言い方をすれば「無かったこと」と等しくなってしまう．もちろん，事実や考察した事柄をすべて記録に書きとどめておくことなどできない．そこで重要になるのは，「何を残さねばならないのか」を考えることであり，そのためにはまず「何のために記録を書くのか」が明らかでなければならない．

3) 人は去るが記録は動かない

患者やクライエントは，いつかは医療機関を退院していく．そしてMSWをはじめとする職員も異動や退職によって職場を離れていく．しかし記録は人が去った後も残り続ける．退院・退所した患者に関する情報を提供することができると共に，たとえ記録を作成した当事者がその職場に居なくなっても，関係者に情報を伝達することができる．

4) 記録の目的

記録の大きな目的は，「ある事柄を情報として残すため」であることはいうまでもないが，記録として残すことの目的は，以下のようにまとめることができる．①クライエントに適切なサービスを提供するため，②施設や機関の機能をたかめ，社会的責任を明確にするため，③教育や調査研究のため，④法的な証拠資料のため，こうした記録の目的を意識しながら記録を作成する．

（2） 記録作成の際の留意点

1）誰が読んでも同じように理解できる書き方

　記録の基本は，「誰が読んでも同じように理解ができる」ことである．たとえば実習ノート（日誌）であれば，実習生が表現したい・伝えたいと考えている事柄が複数の実習指導者や実習指導担当教員に同じように伝わることが重要であり，研修出張の報告書であれば，研修内容が上司や院長など回覧される相手に同じように伝わることが重要である．

2）読みやすくわかりやすい記録

　記録される内容だけでなく，読まれるための記録では，いわゆる「見た目」も重要である．①読みやすい字（楷書を用いる，字の大きさ，濃さ，字の傾きなど），②体裁（句読点や段落わけ），といった表記について気を配り，読みやすい記録を作成する．

3）内容によって記録の文体を変える

　記録には，以下のような文体がある．①逐語体＝逐一記録する，②叙述体＝叙述していく基本的な記録方法，③要約体＝支援の過程や内容から選択し，系統立てながらポイントを明確にする，④説明体＝支援の過程や内容について，クライエントの言動とは別に，MSWの解釈や分析，考察結果を説明する．基本的には要約体および説明体を用いることが多いが，記録の目的に応じて適切な文体を選択する．たとえば日常のケース記録では，逐語体で患者とのやりとりをすべて記録することなど不可能である．しかし実習生や新人MSWが面接内容の逐語記録を作成し面接をふり返ることにより，大きな学習効果を得ることができる．また患者の最初のひと言や面接での重要なポイントとなった言葉などを逐語体で記録しておくことによって，援助過程の展開を明確に示すこともできる．

4）客観的内容と主観的内容を区別する

　誰が見ても同じように観察することができる事実と，その事実に対して書き手がどのように感じ，考えたのかという主観的内容を区別して記録する．逆にいうと，MSWの判断や考察を記録されているのであれば，その根拠もまた記録されていなければならない．「～という印象をもった．」ではなく「～という事実から～という印象をもった」というように記録する．

5）必要な事柄のみを記録する

　不必要に多量な記録は作成に時間がかかるだけなく，その記録を読む際にも時間を要する．ケース記録に面接内容を記録する際にも，実習日誌に実習内容を記録する際にも，すべての出来事を記録することなどできない．今作成しようとしている記録の目的を考えて，書くべきことを取捨選択する．

6）責任を自覚して書く

　前述した通り，記録に残さなかったことは「無かったこと」になってしまう．専門職としての責任を自覚し，何を残すべきなのかを考える．

(3) 適切な記録作成のために

　実習生や新人MSWにとって，記録作成は苦手な業務のひとつとして挙げられることが多い．「何を記録すれば良いのかわからない」「時間がかかる」などがその主な理由である．しかし，記録はMSWとしての実践の一部であり，実践と記録を切り離して考えることはできない．そこで以下のようなことを意識して，日々記録を作成することにより，記録を作成する能力は向上する．

1）記録の目的を意識する
　ケース記録，業務日誌，報告書など，それぞれの記録の目的を意識することが，記録作成の基本である．

2）何を書くかを意識する
　記録の目的が明らかになれば，その枠組みの中で何を書き残すかを考える．たとえば面接をケース記録に記載する際には，その面接の目的を思い返し，必要な事柄を抽出する．

3）読み手を意識する
　記録は読まれてこそ意味がある．誰が読むのかを意識し，誰が読んでも同じように理解できるか，書き手が伝えたい内容が同じように伝わるのか注意する．

4）記録を読む
　記録作成能力を高めるためには，優れた記録を読むことが一番の近道である．他の人が作成した記録を読む際には，何を伝えようとして書かれているのか，どのような書き方を工夫しているかに気を配りながら読むようにする．

5）専門職としての視点を意識する
　ケース記録や支援経過報告書などMSWとして作成する記録では，MSWとしての視点を意識して記録を作成する．特に他部署と共有する報告書は他部署にMSWの業務や専門性を伝える良い機会ともなる．

(4) 実習ノート（日誌）という記録

1）実習における実習ノート（日誌）
　小学生の頃夏休みの宿題で日記を書いた，インターネット上のブログで日記を公開しているなど，多くの人が日記を書いた経験を持っているはずである．こうした日記と日誌とはどう違うのだろうか．広辞苑では，日誌は「団体・組織の中で，毎日の出来事や行動などをしるした記録」であり，日記は「日々の出来事や感想などの記録．日誌よりは，私的・個人的」であるとしている．これらの定義をみてわかる通り，実習ノート（日誌）は実習機関の一員としての自覚をもって作成することが重要なのである．

2）実習ノート（日誌）の目的
　また実習ノート（日誌）は，ケース記録など他の記録とは違う目的をもっている．
　① 実習生が適切な指導を受けるため

第7章　実習で体得すべきこと

表7-1　実習ノート（日誌）

○○○○○○大学　　○○○○学科
実習生氏名＿＿＿＿＿＿＿＿＿＿＿

実習ノート（日誌）への実習指導者のコメントおよび実習日誌を手がかりにした実習担当教員の指導の例

○○年　○○月　○○日　○曜日　○○時～○○時			
今日の目標　利用者Aさんのアセスメントを行う			実習担当教員からの指導
時間	実習内容	具体的実習内容	
8：20	ミーティング		○アセスメントとは，何をすることだったのか？大学で習った定義を整理する．そして，具体的なアセスメント項目を確認し，どのような情報が必要かを考えることが必要． ○まず面接内容がどのようなものであったのかを正確に記録しておく． ○ケース記録を作成する際に，どのようなことに留意する必要があるのか．記録の目的を考えながら作成することが重要．
8：50	申し送り	○○Sw.とともに3階東病棟の申し送りに行く**参加**	
9：30	Bさんの家族の面接に同席．ケース記録作成．	自宅退院に向けての調整依頼があった患者の妻との初回面接．アセスメントと介護保険制度についての説明を行う．面接内容をケース記録に書く **アセスメントを行うとは？**	
10：00	相談室を訪ねてきたCさんへの妻への対応	医療費支払いについての相談．高額療養費についての説明を行う．	
10：30	病棟	AさんとBさんのカルテを確認し，情報収集する **情報収集の目的は？**	
11：00	訪問介護ステーション○○のスタッフ来室 **サービス提供責任者の方です**	利用者Cさんのついての経過確認などを行っていた	
12：00	昼食休憩		
13：00	介護保険制度について自主学習	パンフレットなどをもとに自主学習．○○Wr.をクライエント役に，介護保険制度について説明した．	
14：00	介護保険の説明のロールプレイ		
15：00	○○Wr.とともに，○○リハビリテーション病院を訪問	病院見学．パンフレットを頂く．当院より転院したDさんに会う．	
	（以下略）	（以下略）	

＜感想及び考察＞
①カルテからさまざまの情報を得ることができることがわかった．患者の状態を理解し，援助方針を立案するために，カルテからの情報は必要不可欠だとわかった．Bさんは糖尿病での本院への入退院を繰り返しており，初診は10年前だった．こうした状況は，今のBさんに影響を与えているだろうと感じた．
具体的にどのようなことを考えましたか？
②介護保険については，大学でも勉強していてよくわかっていたつもりだったが，いざ説明するとなるとうまくいかなかった．相手にわかるように説明することは難しいと感じた．勉強不足を反省し，頑張ろうと思った．
どうすれば，相手にわかるように伝わるでしょう？
③訪問介護ステーションのスタッフが尋ねてこられたり，リハビリテーション病院へ訪問したり，患者をとりまくさまざまな関係者とのかかわりがあることがわかった．ソーシャルワーカーは自分の病院を退院したらそれでおしまいではなく，継続的にかかわっていることがわかった．
　どういうことでしょうか？もう少し具体的に記載して下さい．

○わかったという記載ではなく，まず事実を記載し，そこから何がわかったのかを記載する．わかったことから何を考察したのかを記載する．
○うまくいかなかったのは，具体的にどのような点だったのかを記載しておくことが必要．
○ソーシャルワーカーが，自院を退院した後のクライエントとどのように関わっているのか，他施設のソーシャルワーカーとどう協働しているのか，今後の実習で学び，確認していくこと．
継続的にかかわっているわけではなく，間歇的にかかわっているのでは？
○全体に事実の具体的記載が少ない．判断や考察の根拠となる事実を示すことは重要．
○指導者のコメントの意図をくみ取るように努力すること

＜指導者よりのコメント＞
病院や他医療機関へ行く，他事業者の方が尋ねてこられるなど，いろいろな関係者とのかかわりがありました．それぞれのかかわりの関係や目的を考えて下さい．
　ソーシャルワーカーの行動には意図があります．具体的行動とその意図について，考えて下さい．そのためには，事実を正確に具体的に記載することも重要です．

〈明日の目標〉

出典：筆者作成．

具体的な実習内容を記載することにより，実習中，実習指導者と実習生が常に行動を共にすることはできない．実習指導者が不在の場面で，どのような実習内容が行われたのかを伝えることが必要である．また具体的な実習内容に対して実習生がどのように感じ，考えたのかを実習指導者に伝えることも重要である．実習指導者は，実習ノート（日誌）を読むことによって，実習生が実習内容を正しく把握しているか，どのような感想・考察をしているのかを把握し，実習生への指導を行うのである．

② 実習担当教員が実習内容を把握するため

実習巡回指導に訪問する実習担当教員は，限られた時間の中で実習内容を確認し，実習生に対するスーパービジョンをおこなわねばならない．実習機関からみれば第三者にあたる実習指導教員に対して，組織が行っている実践を適切に伝え，また実習生としての実習内容を適切に伝えるような実習ノート（日誌）が求められる．実習日誌における実習指導者のコメントによって，組織の持つ運営理念や運営方針，実習生への指導方法を知ることができる．

③ 実習生が実習を深めるため

自分が作成したノート（日誌）を読み返すことによって，その時には気づかなかった事実や感情などに気づき，考察を深めることができる．

3）実習ノート（日誌）の書き方

こうした実習ノート（日誌）の特徴をふまえて，実習ノート（日誌）を書く際には以下の点を意識して作成すると良いだろう．①事実及び事実に対する実習生の感想や考察，解釈，②実習生の具体的行動及び行動の意図及び行動の結果，③実習で得た新たな知識及びその知識をどこから得たか，④1日の実習体験の中から，実習指導者へ伝え指導を受けたい事柄を優先する．また，書くべきことをあらかじめメモなどで整理し，限られた時間でノート（日誌）を作成できるようになることも実習課題のひとつである．

注

［第1項］
1） 足立叡編（2005）『新・社会福祉原論』10，みらい．
2） 早坂泰次郎（1988）「感性と人間関係」日野原重明編『アートとヒューマニティ』83，中央法規出版．
3） 同上．
4） 足立叡（2003）『臨床社会福祉学の基礎研究 第2版』171-172，学文社．

［第2項］
5） 警察庁生活安全局地域課「平成17年中における自殺の概要資料」（2006.06）によると，自殺者は1994年以降増加傾向にあり，1998年からは3万人を超えている．2005（平成17）年は，自殺者総数32,552人で，40歳代以上は23,688人（72.8％）となっている．自殺の原因も「健康問題」「経済・生活問題」が7割を超えている．

［第6項］

6）千葉県運営適正化委員会（2000）『福祉サービスにおける苦情解決　研修会報告書』13，千葉県運営適正化委員会．
7）同上書，13-14．
［第8項・現場からのメッセージ］
8）ピーター・ディヤング，インスー・キム・バーグ／玉真慎子・住谷祐子監訳（1998）『解決のための面接技法』32，金剛出版．
9）同上．
［第9項］
10）F.P.バイステック著／尾崎新・福田俊子・原田和幸訳（1996）『ケースワークの原則（新訳版）─援助関係を形成する技法』190-211，誠信書房．
11）岡村久道（2005）『個人情報保護法の知識』32-36，日本経済新聞社．
12）社団法人全国老人保健施設協会（2005）『医療・介護関係事業者のための個人情報保護制度の手引』10-35，ぎょうせい．

参考文献

［第1項］
米村美奈（2006）『臨床ソーシャルワークの援助方法論──人間学的視点からのアプローチ』みらい．
［第1項・現場からのメッセージ］
岡本榮一・小池将文・竹内一夫・宮崎昭夫・山本圭介編集（2003）『三訂　福祉実習ハンドブック』中央法規出版．
佐藤俊一・竹内一夫編著（1999）『医療福祉学概論──総合的な「生」の可能性を支える援助の視点』川島書店．
佐藤俊一（2004）『対人援助の臨床福祉学──「臨床への学び」から「臨床からの学」へ』中央法規出版．
［第2項］
荒川義子・村上須賀子編著（2004）『実践的医療ソーシャルワーク論』金原出版株式会社．
村上須賀子（2005）『新時代の医療ソーシャルワークの理論と実際──ヒロシマに学ぶ』大学教育出版．
北川清一（2006）『ソーシャルワーク実践と面接技法』相川書房．
菊地かほる（2001）『病院で困った時，何でも相談してください．』作品社．
［第2項・現場からのメッセージ］
杉本照子監修，大谷昭・橘高通泰編著（2001）『医療におけるソーシャルワークの展開』相川書房．
［第4項］
霜田知璋編集（1993）『医療のなかの人間関係』講談社．
衛生六法研究会監修（1971）『衛生六法』第一法規．
多田羅浩三・小田兼三編（1995）『医療福祉の理論と展開』中央法規出版．
佐藤豊道編（1990：2004）『社会福祉援助技術』KENPAKUSH．
梁井皎・大阪顕通（順天堂病院医療安全管理委員会）編（2003）『患者相談マニュアル』じほう．
厚生労働科学研究（2004）『患者相談への対応事例集作成に関する研究班報告書』じほう．
［第4項・現場からのメッセージ］
京極高宣・村上須賀子（2005）『医療ソーシャルワーカー新時代』勁草書房．
荒川義子・村上須賀子編著（2004）『実践的医療ソーシャルワーク論』金原出版．

村上須賀子（2003）『医療ソーシャルワーク論』宇部フロンティア大学出版会.
退院援助研究会（2000）『地域ケアと退院計画』萌文社.
前田ケイ（1991）『保健医療の専門ソーシャルワーク』中央法規出版.
［第5項］
医療経済研究機構監修（2004）『医療白書2004──地域医療連携の可能性とその将来像』日本医療企画.
荒川義子・村上須賀子編著（2004）『実践的医療ソーシャルワーク論』金原出版.
田城孝雄編著（2004）『地域医療連携──平成18年の大変革に向けて』日総研出版.
［第5項・現場からのメッセージ］
荒川義子・村上須賀子編著（2004）『実践的医療ソーシャルワーク論』金原出版.
NHK教育（2006.6.21日放映）「老人介護の死角──名古屋からの報告」
［第6項］
足立叡（2003）『臨床社会福祉学の基礎研究　第2版』学文社.
米村美奈（2006）『臨床ソーシャルワークの援助方法論──人間学的視点からのアプローチ』みらい.
［第6項・現場からのメッセージ］
荒川義子・村上須賀子編著（2004）『実践的医療ソーシャルワーク論』金原出版.
大本和子・笹岡真弓・高山恵理子編（2004）『新版ソーシャルワークの業務マニュアル』川島書店.
岡田まり（2004）「ソーシャルワークの基本的な技能1．2」日本社会福祉士会編『新社会福祉援助の共通基盤上』264-271，中央法規出版.
児島美都子・成清美治編（2002）『現代医療福祉概論』学文社.
斎藤清二（2000）『はじめての医療面接──コミュニケーション技法とその学び方』医学書院.
戸塚法子（2003）「面接の意義と方法」福祉士養成講座編集委員会編『社会福祉援助技術論Ⅰ』253-257，中央法規出版.
［第7項］
佐藤豊道（2006）「社会福祉援助技術の基本原理・原則」福祉士養成講座編集委員会編集『新版社会福祉士養成講座8　社会福祉援助技術論』192-202，中央法規出版.
深谷美枝（2000）「『振り返り』の方法としてのスーパービジョン」社会福祉実習研究会編集『社会福祉実習サブノート』94-108，中央法規出版.
荒川義子（1992）「ワーカーの自己理解とクライエントとの関係──ライフヒストリーを通して」『ソーシャルワーク研究』18（3）：42-45.
［第8項］
『現代のエスプリ395　スーパービジョンとコンサルテーションのすすめ』（2000）至文堂.
［第8項・現場からのメッセージ］
ピーター・ディヤング，インスー・キム・バーグ／玉真慎子・住谷祐子監訳（1998）『解決のための面接技法』金剛出版.
Teri Pichot, Yvonne M. Dolan（2003）*Solution-Focused Brief Therapy : Its Effective Use In Agency Settings*. The Haworth Clinical Practice Press.
［第10項］
米本秀仁・牧野田恵美子・川廷宗之・平塚良子編（2002）『社会福祉援助技術現場実習』建帛社.
岡村重夫（1965）『ケースワーク記録法』誠信書房.
社会福祉教育方法・教材開発研究会編集（2001）『新　社会福祉技術演習』中央法規出版.

第7章　実習で体得すべきこと

第8章 さまざまな実習の場における学びの特徴

1　総合病院

(1)　桜町病院のMSW業務の特徴

　筆者が勤務する病院は，東京都郊外の小金井市に位置するホスピス病棟，医療保険療養型病棟を含む，300床弱の総合病院である．当院は救急指定は取得していない．外来から入院する患者と，救急指定病院，大学病院及び当院と同じタイプの病院からの転院患者が多い．入院している患者の入院期間も2～3か月の高齢者が多いため，MSWとして綿密な援助計画を立てた上で，各患者やその家族に深く関わることが多い．当院における主なMSW業務内容は，以下のとおりである．

1）受診・入退院援助

　入院患者層の大半を高齢者が占めている当院では，特に在宅への退院援助に力を入れている．近い将来，亜急性期病棟（指定病床数の6割の入院患者を自宅又は施設へ退院援助する病棟）の開設を予定している．したがって，MSWは，ケアマネジャー（介護支援専門員）等との連携が不可欠であり，ケースカンファレンスに参加することも重要な役割である．また，退院援助の中には，転院を選択するケースもあり，対象者の要望を把握して，できるだけ多くの受け入れ可能な病院，施設を紹介し，その中から選択していただけるよう努めている．
　受診援助では，実際に受診する際に的確に病状などが伝えられない患者について，医師や看護師への伝達役をしたり，他科との併診をする患者に対しては，外来でもMSWがスタッフ間の連携を図ることも欠かせない．

2）医療費・経済問題に関する援助

　当院は，無料低額診療事業（社会福祉法による第二種社会福祉事業の一つ）を実施している医療機関でもある．特に，高齢者については収入が，年金のみの世帯がほとんどである．各人の年金額の差はあるものの，医療費の自己負担額も増大されつつある今日，医療費はまだしも室料（当院では1日約15,000円）はかなりの負担となる．無料依頼診療事業では，MSWによる一定の調査の上で，医療費や室料の減免も可能となっている．高額療養費，委任払い，貸し付け制度等の紹介も行っており，生活保護受給者，ホームレスの人なども積極的に受け入れている．
　そのほかにも，独居高齢者の急増に伴い財産上の問題に関し，本人を不利益から守らなければならないケースも増えてきている．その数に比例して，成年後見人制度，地域福祉権利擁護事業などの活用の場が増えつつあり，それに対する適切な援助も必須となっている．

3）療養上の問題に対する援助

独居高齢者の増加や核家族化の進行など，家族形態にかかわらず，家族間の関係が希薄化している現状がある．これらの問題についての援助も少なくない．心理的・社会的ニーズの充足を目標に生活上の取り組みを援助することも多い．

さらに，療養上必要な医療物品の確保や外出時の同行など，患者の家族にかわって援助を行っていくケースも多々ある．そのほか，治療方針に対する不安を持ったり，医療スタッフとの間で調整の必要な患者に対し，治療関係を改善したり，医療に対する誤解等があれば，正しい理解を得られるように配慮する．患者を心理的にサポートし，精神的・情緒的安定を図るための援助をすることもある．

4）就労問題に対する援助

リストラの増加，フリーターの急増などの現状の中で，就労に関する不安や悩みを抱える患者も増えている．ストレスにより体調を崩して入院したり，精神科への通院を余儀なくされる事例も少なくない．このような厳しい現実の中で苦しむ人に対し，就労支援やボランティアなどの社会参加への支援など，MSWとしてできる範囲での援助をしている．また，精神科通院患者への作業所通所なども含めた就労支援も，主治医と連携して行っている．

5）住宅問題援助

いざ退院することを決定しても，ホームレスや入院の長期化のために，住む場所がない患者もいる．宿泊所の手配や，住宅を確保するためのアパート探しや契約，引っ越しに至るまで，必要な部分について援助をしている．もちろん，家族がいる場合は，できるだけ協力を促すことを中心に置いている．

6）家族問題援助

患者の治療に対して，非協力的，無理解な家族もいる．また，家族と疎遠になっている患者もいる．特にターミナル期にある患者については，患者の同意のもと，可能な範囲でその家族と連絡をとる（弁護士等を通じて，戸籍から探していくこともあり）場合もある．家族関係が悪く，入院をきっかけに，それがあからさまになるケースも少なくない．その原因は多種多様であるが，MSWとして，患者の病状を十分考慮した上で，面接・訪問などを通じて心理的・福祉的援助を行っている．しかしながら，家族関係を100％修復することはなかなか難しいのが現実である．

（2） 実習中の学びの特徴

1）なぜMSWになりたいのか

現場で業務をしていく中では，MSWをなぜ目指したのか，「初心」に帰ることが必要となる場合がある．やはり「やりたい」という思いは不可欠である．ただし，相手あっての援助業務であるため，ただがむしゃらにやれば「できる」ということではない．MSWは決して万能選手ではなく，過度の意気込みや自信は禁物である．こうしたことについても，MSWがしっ

かりと自覚し，燃え尽きないように注意しなければならない．この点は，これまでが順調にきていて挫折感を味わったことのない学生には特に注意していただきたい点である．

2）社会資源の活用

学生時代に丸暗記した制度などが多少違っていることを実習中に目のあたりにすることもある．社会資源や制度は年々変化しており，現場において，その時々において正確な情報を提供していくことが必要である．また，これをいかに分かりやすい言葉を使って説明するかという「表現力」を培っていくことも大切である．

3）「面接」はMSWの武器

ケースワーク直接援助についての授業ではアセスメントや援助計画の重要性を学習していると思う．実際，実習中にMSWの面接場面に同席する際に，援助計画・目標がない漠然とした面接は，単なる「世間話」で終了しかねない．それは誰にでもできることであり，「面接」ではないということをつかんでいただければ，医療機関での現場実習をする目的の一つは達成することができるのではないだろうか．

4）「テクニック」を駆使する

「面接」を武器とするMSWにとっては，社会福祉援助技術論の授業で学ぶF.P.バイスティック（Felix P. Biestek）の7原則は鉄則である．「受容」や「共感」をしないMSWはいないが，それらをどのように相手に伝えていくかが一つの「テクニック」である．「意図的な感情の表出」や「統御された情緒関与」など，日常生活の中でも自分自身で「感受性」を磨いたり，対人関係の中で工夫をすることにより，自然とそのようなことが身につくとも考えられる．また，クライエントは目上の方がほとんどであり，言葉遣いに十分注意することは言うまでもない．

5）「印象」の大切さ

よく「第一印象」は大切と言われているが，これはまさにMSWにとっても常に念頭に置いておくべき点である．「話しやすい」「相談したくなるような」雰囲気をまず相手に感じてもらうことができるかどうかが重要である．このことは，自分が相手の立場になってみると良く分かるのではないか．一般的に患者へのサービスの向上は，顧客獲得につながるといわれる．病院にとっては患者は顧客であり，MSW業務も，中身の伴った，丁寧かつ迅速な対応により，病院での生産部門になっていくのである．

6）院内外でのMSWのアピール

院内外におけるケースカンファレンス等への積極的な参加や，日頃より医師や看護師より援助の依頼が来た際にも迅速的確に対応し，「MSWに依頼して良かった」という手ごたえを感じてもらえるように業務上工夫している点についても実習中に学んでほしい．スタッフが医療関係専門職で成り立っている医療機関では，業務の実績を通して，他職種にMSWの専門性を感じてもらうことが大切である．それが，MSWとしての院内の位置づけにも大きくかかわってくると思う．MSW自らが組織の一員であることを常に自覚し，職務を認識して，MSWとして援助ができる内容やその責任範囲を明確にしておくことも重要である．

2　リハビリテーション医療施設

(1)　リハビリテーション医療施設の種類

　リハビリテーション医療において「急性期リハ」，「回復期リハ」及び「維持期リハ」の3種類がある．本来は1人の障害者がリハビリテーションを行っていく過程の中でその治療効果によって区分されていたが，現在は医療制度における診療報酬上の区分とされている．

　「急性期リハ」とは，発症後間もない段階でその疾患に対する治療を行うのと平行して，機能及び形態的障害をできるだけ押さえるために実施されるものであるが，診療報酬上では発症後約30日以内のリハビリテーションを指す．早い人では発症翌日からリハビリテーションが開始される．この時期の二次的合併症の予防がその後の回復に大きく影響を及ぼすためである．この段階を担っているのは総合病院などのような「急性期病院」になる．

　「回復期リハ」になると，全身状態が安定してきて原疾患に対する治療が落ちつき，今後の社会復帰に向けての機能，能力回復に力を入れる時期である．診療報酬上では発症後約30日～180日位のリハビリテーションを指す．これを専門に受け入れる医療機関として「回復期リハビリテーション病床」があり，この対象者は発症日から2か月以内であることと，疾患によって入院日数の上限が定められており最大で180日までとされている．この時期が一番回復可能といわれており，この段階では機能障害に対する訓練を行うと同時に，退院に向けて家屋環境の整備も進めるなどのようにハンディキャップに対する支援も行われるようになる．医療機関のリハビリテーションとしてもっとも力を入れるのはこの段階の患者である．

　「維持期リハ」になると，身体機能の障害はほとんど固定してしまうため現在残っている機能を維持していくために行われるリハビリテーションである．これはほとんどが社会リハビリテーションの範疇になってくるため，主に通所リハビリテーション，介護老人保健施設などのように介護施設で行われるリハビリテーションである．医療機関としては療養型病床が担うことになるが，リハビリテーション治療としての役割はほぼ終えてしまう．診療報酬上は「回復期リハビリ」で定められた日数以降のものを言う．

　このようにリハビリテーションはどの段階の医療機関であっても行われているが，その内容や目的はすべて異なっている．このことを十分に理解しておかねばならない．

(2)　リハビリテーション医療施設におけるソーシャルワークの特徴

　リハビリテーション医療施設において，MSWは患者が社会復帰していくまでを経過的に支えていく役割を持つ．そのため，他の医療機関と違い「すべての患者に対して入院から退院まで一貫してMSWが関わる」ということが最大の特徴である．

　リハビリテーション医療施設のほとんどが，入院希望の患者に対して，まずMSWが窓口となって面談を行っている．医療的情報だけではなく社会的情報も収集することにより，その患

者の社会復帰に向けたニーズや課題などが明らかになり，それによって具体的なリハビリテーションの方針が決められる．MSWは情報収集するだけではなく，患者やその家族に対して，リハビリテーションとは社会復帰をするための治療手段であり，必ずしも機能回復を図るためだけのものではないということを正しく認識してもらい，その上で将来の生活像についてできるだけ現実的に考えられるように支援を行う．これは非常に重要であり，この過程がなければ患者はいつまでも障害受容ができないまま時間を消費することとなり，結果として社会復帰できなくなってしまう恐れがある．このように，リハビリ入院希望の窓口になることは今後のリハビリの成果に直結する非常に重要な場面であり，そこに位置するMSWの役割も非常に重要なものであるといえる．そういったことからも，リハビリテーション医療施設で働くMSWは，最低限「リハビリテーション」の過程とその特徴を明確に理解しておかねばならない．

　また，多くの職種と連携していくことも特徴の1つである．チーム医療として院内の各職種との連携はもとより，生活を支援するためには継続して援助できる体制を整える必要があるため，地域や行政との連携も不可欠となる．連携を図る上で，直接それらの関係者と会ってコミュニケーションをとることも重要であり，リハビリテーション医療機関においては家庭訪問や患者に同行して行政機関に行くことも多い．このように院外にMSWが積極的に出かけていって関係者と連携を図っていくのもリハビリテーション医療機関における特徴のひとつである．

(3)　リハビリテーション医療施設におけるソーシャルワーカーの役割

　リハビリテーション医療施設が主に担うのは「回復期」の段階である．この段階になると，治療は一段落ついており今度は生活へ戻ることを中心に考えるようになってくる．さしあたって医療費等の経済的問題はこの段階までに解決されており，今度は社会復帰に向けての様々な問題に対して解決・調整していく必要が生じてくる．すなわち，患者の今後の人生にも関わってくる問題でもあるためMSWの役割もさらに重要なものとなってくる．

　リハビリテーション医療施設におけるMSWの役割は「社会復帰支援」であるが，一言に「社会復帰支援」と言っても非常に幅広く，また奥深い．それは，患者本人だけのことではなく，家族などそれを取り巻く人々も含めてすべての生活を考えなくてはならないからである．社会生活とは個人だけではなく周りの人との関係もあって初めて成立するものであり，リハビリテーションとは患者が社会生活に戻る手段であるのだから当然である．また，MSWが行うのは「退院援助」ではなく「社会復帰支援」であり，これは単に「生活場所へ戻る」ことを示すのではなく「その状況に合わせた新しい生活を始められるように支援する」ことを忘れてはならない．

　MSWが社会復帰の支援を行うため最も力を発揮するのは「調整」である．リハビリテーションはチーム医療が不可欠であるが，そこでMSWがそのチームの調整役として活躍する場面は多い．たとえばカンファレンスの際のメンバーの調整や日程調整はもとより，各職種からの意見に対して，それが患者にとってよりよい社会的機能をもたらすものか否かについて評価し，

他のスタッフに提言する機能も併せ持っている．社会的側面から意見を述べることにより，生活を中心とした方針が立てられるように調整する役割を担っているのである．また，社会復帰するにあたり，家族関係の調整や，制度活用時の関係機関との調整などすべてにわたる．本来医療ソーシャルワークとは「患者の持ちうる能力を活用して自立できるよう支援していくこと」であり，特に「生活」とは個人個人違うものであるためなおさら患者が自ら作り上げていけるよう支援しなくてはならない．そのため，MSWが何か提供するのではなく側面で支えながら課題を調整していくという姿勢が重要となる．リハビリテーションにおいてMSWに求められていることは，直面している課題に対してのみ対応するのではなく，クライエントを全人的に支援していくことであり，これは大学で学んできた理想とする「ソーシャルワーク」のすべてを実践できる場である．

(4) リハビリテーション医療施設での実習に向けて

リハビリテーション医療機関におけるMSWの役割や特徴は前述したとおりである．ここで実習する場合の最大のメリットは，1人のクライエントに対して実習期間を通じて継続して関わることが可能だという点である．しかし，そのためには実習生が主体的に動かなければそれを感じることはできない．指示を待っているだけでは何も得るものはないであろう．是非とも積極的に関わって欲しいと思う．リハビリテーションにおけるMSWの役割は，クライエントの今後の人生を左右しかねないほど重要なものである．実習生とはいえ，その場面に関わるのであるから十分な見識を持ち，社会的背景や心理面にも十分な配慮をしなくてはならない．十分にソーシャルワークを理解して真摯に実習に取り組めば，単に現場を経験したという満足感だけではなく，ソーシャルワークの本質にも触れて自分自身の成長にもつながるような満足感が得られることであろう．

私たちMSWはリハビリテーションの重要なキーパーソンである．MSWがリハビリテーションを正しく理解していなければ患者・家族や地域の関係者に急性期から回復期，慢性期へ，病院から在宅・地域への移行について，さらに生活の維持に理解と協力を求めることは困難である．リハビリテーションはチームアプローチであること，そしてMSWはその一員であることを常に自覚し，また，他職種のことも十分に理解した上で協働していくことが重要である．

3　療養型医療施設

(1) 療養型医療施設について

療養型医療施設とは脳血管疾患（脳出血，脳梗塞など）や骨折，難病などにより1人で日常生活を送ることが困難となり，何らかの事情により自宅で生活することが困難な患者が医療・看護・介護・リハビリなどを受けながら長期にわたり療養する場所のことを指す．

現在，療養型医療施設には2種類あり，1つは医療保険適用の療養型病棟（以下，医療療養

型病棟)もう1つは介護保険適用の療養型病棟がある．介護保険適用の療養型病棟を正式には「指定介護療養医療施設」(以下，介護療養型病棟)と呼ぶ．

　現在，医療療養型病棟は全国に25万床，介護療養型病棟は13万床あるが，2006(平成18)年厚生労働省が2011(平成23)年に「介護療養型病棟の廃止・医療療養型病棟の大幅な削減」という方針を打ち出した．予定として，医療療養型病棟は15万床まで削減するとしており，介護療養型病棟の廃止と合わせると，全国で23万床の療養型医療施設が消えることになる．基本的な考え方としては，医療療養型病棟では医療度の高い患者を受け入れることに限定し，医療度の低い患者は在宅や老人保健施設，特別養護老人ホーム等に移行することとしている．その背景にある一番の理由は国の社会保障費の削減にある．医療保険に関しては，国民総医療費に対する老人医療費の占める割合が増加している．このあおりを受けて，2006(平成18)年7月より医療療養型病棟に「医療区分」という制度が導入され，医療度の低い患者に対しては診療報酬を大幅に削減し，同年10月より患者が食事代の全額を負担し，居住費も支払うこととなった．一方，介護保険財政に関しても毎年予算が増加しており，介護報酬が高額である介護療養型病棟がターゲットとなり，今回の改革が進められた．

　このことにより患者・家族の経済的負担は増加し，特に低所得者にとっての負担の増加は否めず，2011(平成23)年までの間に経過措置はあるものの多くの患者が療養の場を失い，また医療保険適用の療養型病棟にも該当せず，特別養護老人ホーム等の介護保険施設にも入所できない患者が浮上してくるなど，今後患者が安心した療養環境をいかに確保できるか，問題は山積みである．

(2) 筆者が勤務する病院の概要と現状

　筆者が勤務する病院はキリスト教の精神に基づく社会福祉法人立の病院で，全病床数は199床である．そのうち136床が介護療養型病棟である．スタッフは医師，看護師，ケアワーカーに加え，薬剤師，リハビリ訓練士(PT・OT・ST)，栄養士，音楽療法士，チャプレン(牧師)，MSWなどが配置されており，介護療養型病棟においては，患者のケアプランを定期的に作成し，チーム全体がそれに基づいてケアを提供している．

　当院の介護療養型病棟は，介護保険法の基本的な考え方である契約に基づき，患者・家族が希望する限り入院が可能であるとし，現在，入院期限は設定していない．2005(平成17)年度のデータでは，男女比は6：4であり，平均年齢は73.72歳となっている．平均在院日数は829.2日である．このことから「障害の重い要介護状態にある高齢者が，何らかの事情で在宅療養することが困難であり，病院で長期療養している」ということが見えてくる．

　MSWは医療社会事業部という部門に3名体制で勤務している．介護療養型病棟に入院している患者・家族への援助内容で多いのは①ケアに対する要求・希望などの相談，②病状悪化に伴って浮上してくる家族内の問題，③ターミナル期に入った時の家族への心理的サポート，④家族に代わって身寄りのいない単身者の日常生活全般を支える援助などであり，多職種間にお

いては患者のケースカンファレンスの参加も挙げられる．最近では，前述（1）の自己負担額の増加による経済的問題の相談や介護療養型病棟の廃止に伴う心理的な不安，施設入所への申し込みを前提とした内容も増えてきている．

(3) 当院における実習生の学びの特徴

このような業務の中で実習生に学んでもらっている内容について幾つか例を挙げて述べる．実習生が体験する方法としては，相談室やベッドサイドでの相談者との面接，電話での相談，カンファレンスへの同席，多職種からの相談依頼や連携の場面などがある．

具体的には，

① 同席しても相談者の心理的な影響が少ないと指導者が判断した場合に限り，了承を得て面接に同席してもらい，面接の様子を観察してもらう．来談者の観察もさることながらMSWがどのような意図で，どのような態度や言葉で援助を行っていたかなどを観察し，洞察を深めてもらう．またそれをどのように感じ，考えたのかを面接のあとに話し合うか，記録に書いてもらう．実習生には観察することで，「面接はデリケートな場所であり，非常に集中力を要する」というのを実感してもらう．

② 電話対応のやり取りにおいては注意深く耳を傾けてもらい，電話の向こう側にいるクライエントの相談内容や状況を想像し，目の前で起こっているような臨場感を感じてもらいながら聞くことに集中してもらう．面接は先にも述べたように非常にデリケートであるため，すべての面接に同席をすることは難しい．このため，電話相談は実際の現場を体験できる手段として有効に活用してもらいたい．また多職種や関係機関からも電話が入るため，どういう職種が患者を取り巻いて関わっているのか，そこでどういう展開がなされたかを考察してもらっている．

③ カンファレンスへの同席はMSWがどのような発言をし，どういった役割をしたのかを考察してもらう．MSWはカンファレンスにおいて患者・家族の代弁をする役割を担うこともある．またカンファレンスにおいて討議された結果，MSWが関わる場合はMSWの視点や役割について考察してもらう．

④ MSWへの相談依頼経路は患者・家族から直接来る場合もあるが，多くは医師や看護師からの介入依頼が多い．どういう内容の依頼がどういう職種からあるかを知ってもらう．また介入前のカルテや多職種からの情報収集の方法についてもそばで体験してもらう．

⑤ 患者・家族への援助の過程において多職種とどのようなやりとりをしているかを観察してもらう．MSWが多職種にどんな相談をしているのか，どんな内容でどのように交渉しているのかを見ることはMSWの役割を知る以外に，多職種の仕事の内容に関心を持ち，多職種がどういう視点で患者を見ているのかを知ることになるだろう．患者・家族との橋渡し役をも果たすMSWの役割の理解のために是非この点に関心を寄せてもらいたい．

⑥ MSWが何をどのような目的で行い，どのようなプランを立て，結果どうなったかを多職

種に対し報告することはMSWの視点やMSWの業務を理解してもらう機会であり，これが業務拡大にも繋がることを実習生に伝え，報告の重要性を認識してもらっている．口頭や報告書といった報告の方法は迅速性や重要性など，状況に応じて対応することも理解してもらう．

実習生が体験するさまざまな場面を通して，疾病によって身体的な障害を抱え，またそれによって派生する生活障害があることについて理解をしてもらうこと，自分の感じ方や考え方を知り，MSWが何者であるかということを考えてもらう場と考えている．

4　介護老人保健施設

(1)　介護老人保健施設とは

　高齢者施設というと，まだ，措置施設，長期入所施設しかない時代，自由な契約によって利用できる「通過型」「中間施設」の新しいタイプの施設「老人保健施設」が，1986年の改正老人保健法により誕生した．2000年の介護保険制度創設で，特別養護老人ホームや療養型医療施設と並ぶ介護保険施設のひとつに位置付けられることになったが，介護老人保健施設については，特に，施設ケアだけでなく，在宅ケアを支援する機能の整備と充実が図られた．全国老人保健施設協会は，保健・医療・福祉分野で果たすべきその役割を①包括的ケアサービス施設②リハビリテーション施設③在宅復帰施設④在宅生活支援施設⑤地域に根ざした施設としている．

　実習にあたっては，介護保険法の学習が必要である．実習各施設の人員体制や提供できるサービス内容，費用等は，「介護サービス情報公表システム」で入手できるので，参考にされたい．

(2)　介護老人保健施設における相談援助の専門職「支援相談員」の業務の特徴

1）守備範囲から外れるニーズにも，地域の社会資源との連携で応える

　介護老人保健施設では，医療サービスと福祉サービスをあわせて提供しているが，サービス提供だけを目標としているわけではない．それを通して，利用者の生活機能の維持・向上を図り，家族への指導，福祉相談を行なうことで，家庭復帰や在宅療養の継続を支援している．なお，医療サービスは行うが，治療を行う場ではないので，医療処置の内容や頻度，服薬状況，症状の安定性，集団生活への適応状況によっては，入院治療や他科受診を勧める．家庭的な雰囲気は大切にしているが，長期入所できる施設ではないので，「終の棲家」を望む人には，他の生活施設を紹介することになる．

　地域の実情や施設の歩みによって，その守備範囲に差はあるが，支援相談員には，施設の機能を最大限活かすことを考えると同時に，施設だけで完結できないニーズに，地域包括支援センターをはじめ，地域の他の社会資源との連携で応えることが期待されている．施設内外のMSWや介護支援専門員，その他関係職種とのネットワークをどのようにつくっているかを，

学んでほしい．

2）自己決定を支えるため，インフォームドコンセントを積み重ねる

　支援相談員は，利用者・家族が現状を理解し，受け容れ，自分らしい生活の場を選択していく過程を共にする．そのために，入所・退所など節目の面接はもちろん，施設内外のスタッフを交えての話し合いの機会，さらには日常の対応でも，インフォームド・コンセントを築く努力をしている．利用者は高齢者が多く，コミュニケーション上の障害をもっている場合も多い．家族は，家庭復帰に大きな不安を抱き，拒否的である場合もある．自己決定を導くには，理解力に見合う形でわかりやすく情報を提供し，その判断力・行動力に応じた介入を，根気強く続けなくてはならない．たとえば，日課を一緒に考えながら，施設への要望を引き出すことがあるし，自宅におもむいて，現場で家屋の改修を相談することもある．居宅サービス担当者に集まってもらい，家庭復帰後もたくさんの支援が用意できることを実感してもらうこともある．その他，面接室や会議室以外にも，ラウンジで語らいながら，あるいはレクリエーションに共に興じながら，利用者に寄り添う支援相談員の姿は，生活の場ならでは，と言えるかもしれない．

3）チームケアのコーディネート，施設のマネジメントについての期待もある

　「施設サービス計画」を軸にしたチームケアがうまく機能するように，支援相談員は，コーディネーターの役割を期待されている．ケアカンファレンスの設定や準備を担当し，情報の集約点・発信源となっている．専門職それぞれから集められるたくさんの情報の中から，真に大切なことを聴き取るために，対人援助の技術が生かされている．利用者の尊厳が傷つけられるような接遇やプライバシーの侵害に気付けば，代弁者として働くこともある．チームの信頼関係の要でなくてはならないが，同時に，利用者の立場に立った援助者でなくてはならない．支援相談員が，他職種との相互理解，協働のために，普段から，どのような態度で他職種に接しているか，よく見てほしい．

　支援専門員は，ベッドコントロールを担当している．利用者，利用待機者の心身の状況，入所期間を勘案しつつ，経営的にも効率のよいベッドコントロールをするのは容易ではない．高齢者虐待，介護者の病気・事故，自然災害など，緊急時の対応を迫られて，「短期入所療養介護」の受け容れを調整することもあり，葛藤の大きい業務である．

　他に，サービス向上や経営改善に生かすためのアンケートや業務統計を行なっている．満足度調査や利用状況分析から，利用者・家族がおかれている社会状況を垣間見ることもできるだろう．介護教室，ボランティア講座，体験学習の受け入れや家族の会の組織にも，かかわっている．開かれた施設づくりの取り組みが，利用者のノーマライゼーションを高め，地域資源の開発につながっていることを知ってほしい．

第8章　さまざまな実習の場における学びの特徴

図8-1　介護サービスの利用手続き

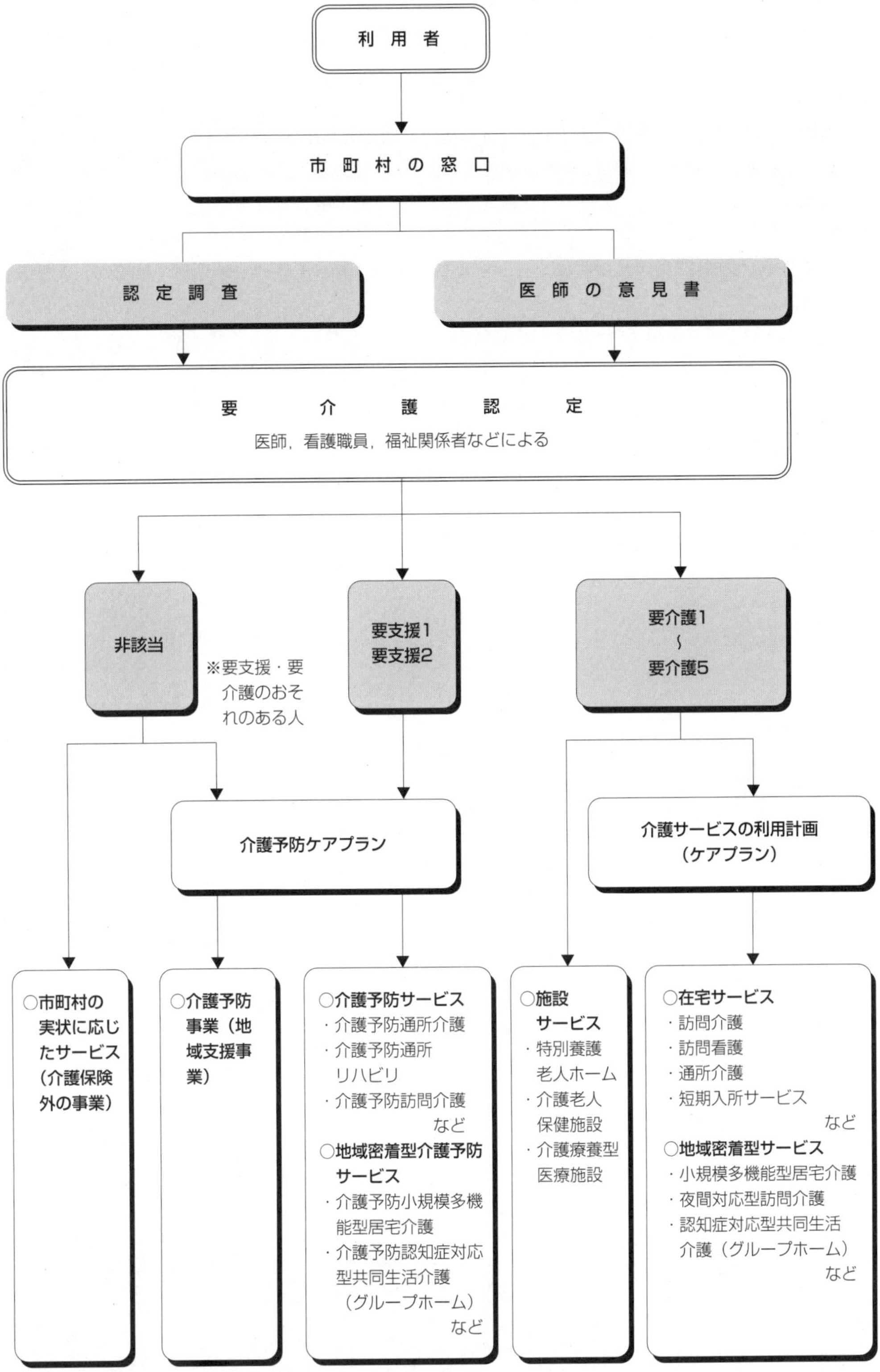

```
                    ┌─────────┐
                    │ 利 用 者 │
                    └────┬────┘
                         │
                  ┌──────▼──────┐
                  │ 市 町 村 の 窓 口 │
                  └──────┬──────┘
              ┌──────────┴──────────┐
         ┌────▼────┐          ┌────▼────┐
         │ 認定調査 │          │医師の意見書│
         └────┬────┘          └────┬────┘
              └──────────┬──────────┘
                    ┌────▼─────────────────┐
                    │   要 介 護 認 定      │
                    │医師，看護職員，福祉関係者などによる│
                    └────┬─────────────────┘
        ┌────────────────┼────────────────┐
   ┌────▼────┐      ┌────▼────┐      ┌────▼────┐
   │ 非該当  │      │ 要支援1 │      │ 要介護1 │
   │         │      │ 要支援2 │      │   〜    │
   │         │      │         │      │ 要介護5 │
   └─────────┘      └─────────┘      └─────────┘
  ※要支援・要
   介護のおそ
   れのある人
```

- **非該当** → ○市町村の実状に応じたサービス（介護保険外の事業）／○介護予防事業（地域支援事業）

- **要支援1・要支援2** → 介護予防ケアプラン
  - ○介護予防サービス
    - ・介護予防通所介護
    - ・介護予防通所リハビリ
    - ・介護予防訪問介護　など
  - ○地域密着型介護予防サービス
    - ・介護予防小規模多機能型居宅介護
    - ・介護予防認知症対応型共同生活介護（グループホーム）　など

- **要介護1〜要介護5** → 介護サービスの利用計画（ケアプラン）
  - ○施設サービス
    - ・特別養護老人ホーム
    - ・介護老人保健施設
    - ・介護療養型医療施設
  - ○在宅サービス
    - ・訪問介護
    - ・訪問看護
    - ・通所介護
    - ・短期入所サービス　など
  - ○地域密着型サービス
    - ・小規模多機能型居宅介護
    - ・夜間対応型訪問介護
    - ・認知症対応型共同生活介護（グループホーム）　など

出典：厚生労働省（2004）「介護保険制度改革の概要」p.27.

参考文献

［第1項］

村上須賀子（2005）『新時代の医療ソーシャルワークの理論と実際——ヒロシマに学ぶ』大学教育出版.

［第2項］

上田敏（1994）『目でみるリハビリテーション医学』東京大学出版会.

Alice Moore. *A Social Worker in a Rehabilitation Center : Personal Observations.* アリス・ムーア／新井由紀訳（1981）『リハビリテーション研究』38，（財）日本障害者リハビリテーション協会発行.

［第3項］

村上須賀子（2005）『新時代の医療ソーシャルワークの理論と実際——ヒロシマに学ぶ』大学教育出版.

荒川義子・村上須賀子編著（2004）『実践的医療ソーシャルワーク論』金原出版.

第9章　実習教育の評価と実際

1　教員と医療ソーシャルワーカーによる評価基準

(1)　教員と医療ソーシャルワーカーによる評価基準作成の必要性

　実習生が実習を終えると，その実習の評価を行うことになる．評価者は実習指導を担当した現場のMSWである．評価基準と評価表は，各養成校で独自に作成したもので，それを用いて評価しているのが現状だろう．したがって，その評価基準と評価表は学校によって異なっている．それぞれの評価基準と評価表を見ると共通しているところもあるが，異なっているところもある．なぜ，同じMSWを養成する実習でありながらその評価基準と評価表が異なるのか，本来であれば共通のものが用いられてしかるべきであろう．MSWについては，その資格化はまだなされていないものの，厚生労働省から業務指針が示され，MSWとは何者か，その業務の枠組みも明らかにされているところだ．

　しかし実情としては，実習生を受け入れる医療機関側にとっても，学校によって評価基準と評価表が異なり，評価する際の視点や留意点が異なるのは，戸惑いや混乱を生じ，結果として実習にかかわる負担を大きくしている．共通の評価基準と評価表があれば，どこの養成校の学生を受け入れても同じように評価することが可能となり，負担の軽減にもつながるだろう．

　そして，実習の標準化と質の確保を図るには，実習を依頼する養成校の意図していることが実習生を受け入れる医療機関側にもズレることなく伝えられ，共通認識にもとづいて実習が実施される必要がある．実習生を送り出す養成校の意図していることが十分理解されることなく，医療機関側の思いや都合で実習が実施されることは，何より実習生にとって不利益を生じさせることになる．

　以上のようなことから，養成校の教員と実習を受け入れる医療機関のMSWとが共同して，実習の評価基準および評価表を作成することが求められる．

(2)　精神保健福祉士分野

　全国レベルで共通の評価基準，評価表が作成されることが切望されているものの，現実にはまだ作成されてはいない．都道府県レベルでも共同の取り組みとして作成したところは少ないのが現状だ．ここでは，既に資格制度化され単位実習として位置づけられている精神保健福祉援助実習における取り組みをみてみる．具体的には，日本精神保健福祉士協会広島県支部の取り組みを紹介する．

　日本精神保健福祉士協会広島県支部では，実習対策部会を支部組織内に設置した．実習対策

表9-1　『「精神保健福祉援助実習」指導の手引き —試案Ⅰ—』の目次

1．実習の意義と目的
　（1）日本精神保健福祉士協会「基本方針」（札幌宣言）
　（2）精神保健福祉士の価値
　（3）実習の目標
2．実習を受けるに当たっての事前準備
　（1）実習指導者としての留意事項
　（2）実習プログラムの立案
3．実習の指導と留意点
　（1）実習中の留意点
　（2）実習中の指導
　（3）スーパービジョン
4．実習の評価方法
5．資料
　（1）日本精神医学ソーシャル・ワーカー協会宣言（札幌宣言）
　（2）精神保健福祉士協会倫理綱領改定素案　第2版
　（3）「Y問題」について
　（4）精神保健福祉士の業務
　（5）「医学モデル」と「生活モデル」
　（6）推薦図書一覧

出典：精神保健福祉援助実習対策部会編集（2001）『「精神保健福祉援助実習」指導の手引き—試案Ⅰ—』日本精神保健福祉士協会広島県支部をもとに筆者が表を作成．

　部会は，基本的に支部員によって構成されており，その部会員は現場の精神保健福祉士と養成校の教員が担っている．実習対策部会を養成校の教員含めて構成することを容易にした要素の一つとして，その教員がもともと現場の精神保健福祉士であり，広島県支部の会員であったことが挙げられる．精神保健福祉士の国家資格制度化に伴い，養成校も複数現れはじめると受入施設となる現場の実習施設が混乱することが予想されたため，そうした混乱を防止することが当初部会の設置目的としては大きかった．しかし，実際部会を設置してからは，養成校と実習受入施設との情報交換と調整にとどまらず，より積極的に実習を受入れ，次世代の精神保健福祉士を育てていくためにも，実習の標準化と質の確保が求められたのである．実際，当時の広島県内の精神保健福祉援助実習については，受入れ施設ごとで実習の内容は相当程度異なり，中には事前に実習プログラムが作成されていないところもあった．一方，実習受入れ施設の精神保健福祉士からは実習指導の方法や実習プログラムの作成方法などに関しての研修を実施して欲しいといった要望も出されていた．こうした状況を踏まえ，実習対策部会では，2001年7月に『「精神保健福祉援助実習」指導の手引き—試案Ⅰ—』（表9-1参照）を作成し，広島県支部の会員を通じてその普及を図ったのである．

　この実習指導の手引きを作成するまでは，広島県でも養成校ごとで実習の評価基準，評価表が異なっていたが，手引き作成を契機に，広島県内にある養成校についてはこの実習指導の手引きに掲載されている評価表を用いることで申し合わせを行った（表9-2，9-3参照）．

　広島県支部は，2001年7月に実習指導の手引きを発行後，支部会員へその普及を行ってきたが，時間の経過と共に活用の度合いが少なくなっている感は拭えない．こうした状況も受け，広島県支部では，その後の支部会員による活用状況を把握し，現場の状況の変化に応じた手引

表9-2 実習評価

達成課題	ポイント
1．援助対象者の理解と関係性	
1）利用者の理解	・体験を通してより深めることができたか
□病気の特性についての理解	・体系的に把握し，共感的に理解することができたか
□利用者が抱えている病気や障害及び課題やニーズについての理解	・対等な人格をもつ生活者としての見方とかかわりができているか
2）利用者との良好な関係を築く	・先入観や構えがなく，ありのままのつきあいができたか
□治療の場，生活の場へ入り込むことへの礼節と配慮	・積極的にかかわり，礼節と配慮のある態度をとることができたか
□対等な人格をもつ生活者としての見方とかかわり	
2．基本的な姿勢・態度	
1）専門職としての倫理	・人権尊重を常に意識した言動ができたか
□人権を尊重	・守秘義務を理解し，行動できたか
□利用者のプライバシー尊重	
2）実習中の責任遂行	・決められた出退勤時間や諸規則を守れたか
□出退勤時間や規則の遵守	・的確に相談や報告をしたか
□連絡や報告をする	
3）実習指導者から学ぶ態度	・自分の意見や疑問を指導者に伝えられたか
□指導をまじめに謙虚に受ける	・過度に依存的や防衛的でなかったか
□実践を客観的にふり返る	・謙虚に指導を受けたか
4）実習の姿勢	・積極的な取り組みであったか
□課題や目標への積極性	・深めることができたか
□事前の学習，関係法規の理解	
3．社会福祉実践の能力	
1）実習機関の目的・機構・機能の理解	・機関の機能，運営方針など理解できたか
□機関の目的などについての理解	・社会的な意義や課題について理解できたか
□機関の社会的意義とこの分野の課題について	
2）医療チームや地域との関係	・他の専門職の役割と連携を理解しチームワークができたか
□他職種について理解し，良好な関係を築く	・地域の他機関の役割と連携についての理解ができたか
□関係機関や地域についての理解	
3）援助の方法，社会資源の理解と活用	・PSWの具体的な業務について理解できたか
□PSWの具体的な業務についての理解	・援助方法について理解し社会資源を活用することができたか
□技法と社会資源の理解と活用	
4）各種記録，日誌の作成	・適切に記録や日誌を記入し問題点を整理，活用できたか
□記録や日誌を適切にとり整理，保管し活用した	・表現や内容をわかりやすく，客観的に欠くことができたか
□表現，内容のわかりやすさ，掘り下げ，客観性	
5）自己覚知	・自分の性格，行動傾向について自覚することができたか
□自分の性格，行動傾向についての自覚と洞察	・自分の姿勢や態度，価値観について点検することができたか
□自分の姿勢や態度，価値観についての点検	

出典：精神保健福祉援助実習対策部会編集（2001）『「精神保健福祉援助実習」指導の手引き―試案Ⅰ―』日本精神保健福祉士協会広島県支部，p.13．

きの見直しをするための作業を現在も行っている．

　実習の標準化と質の確保のためには，実習指導の手引きを作成するにとどまらず，それをいかに活用していくのかが問われなければならない．継続して取り組みを発展させていくためには，組織的対応が不可欠である．その意味で，広島県支部としてその組織内に実習対策部会を設け，その場を通じて養成校の教員と実習受入施設の精神保健福祉士が共同した取り組みを行っていることは重要である．教員とMSWによる基準については，個人レベルでの取り組みではなく，組織として行っていく必要がある．

　こうした取り組みは他の都道府県へも確実に広がっている．たとえば，鹿児島県では，日本精神保健福祉士協会鹿児島県支部，鹿児島県精神保健福祉士協会が，養成校の教員を含めた

表9-3 実習評価表

	年　月　日　　学生氏名 _____
実習指導者 所　属 _____ 氏　名 _____	
所見	
1．援助対象者の理解と関係性	
	評価　A・B・C・D
2．基本的な姿勢・態度	
	評価　A・B・C・D
3．社会福祉実践の能力	
	評価　A・B・C・D
総合所見	
	評価　A・B・C・D （A優・B良・C可・D不可）

出典：精神保健福祉援助実習対策部会編集（2001）『「精神保健援助実習」指導の手引き―試案Ⅰ―』日本精神保健福祉士協会広島県支部，p.14．

表9-4　「精神保健福祉援助実習マニュアル」の目次

- ■ 巻頭言
- ■ はじめに
- ■ 第1章　精神保健福祉実習教育の一連の流れ
- ■ 第2章　実習指導者の準備事項（必要とされる関係書類）
- ■ 第3章　具体的な実習モデルの提示
  - 第1節　　精神科病院での実習
  - 第2節　　社会復帰施設での実習
- ■ 第4章　各種社会資源・制度の実際
- ■ 第5章　実習生の役割
- ■ 第6章　当事者から見た精神保健福祉援助実習
- ■ おわりに
- ■ 編集後記
- ■ 別添・資料

出典：岡田洋一監修・精神保健援助実習のあり方についての検討会編集（2006）『精神保健福祉援助実習マニュアル』第1版，日本精神保健福祉士協会鹿児島県支部，鹿児島県精神保健福祉協会をもとに筆者が表を作成．

「精神保健福祉援助実習のあり方についての検討会」を設置し，検討作業を重ね，2006年5月，「精神保健福祉援助実習マニュアル」を発行している．この実習マニュアルには，評価表は含められていないものの次のような構成（表9-4参照）となっており，鹿児島県内で実施される実習の標準化と質の確保が意図されていると言えよう．

2 実習生からの評価基準

(1) 実習生による自己評価の意義

　ある行為に対する評価を誰が行うかによって，①行為者自身による評価（自己評価）と②行為者以外の者による評価に大別できる．実習においては，通常，配属実習終了後，実習指導者によって実習課題の達成度・習得度の評価が実施される．また，単位認定時の教員による評価など，実習に関する評価は②の行為者以外の者によることが多い．しかしながら，実際に何をどのくらい学習したのか，今後の課題は何かを実習生が自己点検することは，実習生・実習指導者・養成校教員の各立場にとって有意義であり，重要な作業である．

　ここで実習生による自己評価の意義を実習生自身と実習指導者・養成校教員に分け，整理する．まず，実習生側の意義としては，実習体験を振り返る機会となる，実習成果や今後の学習課題について自分で整理し認識する作業自体が，将来，福祉専門職として問題を分析するスキルや支援の効果を評価するスキルの訓練になる，等があげられる．

　一方，実習指導者および養成校教員にとって，実習生による自己評価はどのような意義があるのだろうか．実習生自身による評価から得られる情報は，実習指導者および養成校教員にとって，実習生の行動観察のみでは捉えづらい実習生の内面の変化や学習達成度の表れである．また，実習指導者および養成校教員が作成・提供した実習プログラムや指導を通した学習効果の表れでもある．養成校教員側の意義として，実習生による自己評価を通して，学習効果等を確認し，実習生に対するより的確な学習指導・実習フォローの実施が可能となること，今後の実習プログラム・学習指導を再検討する上で有益な情報を得られることが考えられる．また，実習指導者側の意義としては，指導者自身の「処遇と教育力」を「自己点検」（村井，1986）するきっかけとなり，今後，実習生をどのように受け入れ，効果的に指導していくかを検討する上で有益な情報を得ることが挙げられる．

(2) 評価の方法

　社会福祉士養成校の全国組織である日本社会福祉士養成校協会（2004）は，社会福祉援助技術現場実習の質向上を目的に，実習生の実習前後の評価システムとしてのコンピテンシー（専門職としての行動特性）に関する研究を行い，実習生の自己評価基準としてコンピテンシー評価票素案を提案した．これらを参考に，①各養成校側が育成しようとする社会福祉専門職像や配属実習にて期待する学習目標（到達点），さらに，そのような養成校の目標に対する②配属実習先の協力度と内容，といった点を加えながら各養成校で評価票を作成することで，その評価結果が今後の実習プログラム・指導に生かされるものへとつながる．この①②の点を把握するためにも，評価票の作成にあたり，養成校と配属先施設・機関との活発な意見交換と連携が求められる．

表9-5 「自己評価」と「スーパーバイザー(実習指導者)による客観的評価」との比較検討のポイント

両者の評価の比較状況		考えられる原因
両者が一致	○ともに評価が高い項目	・ある程度目標が達成できた
	○ともに評価が低い項目	・目標が十分達成できなかった
両者に大きな差がある項目	○自己評価が低い× 客観的評価が高い項目	・両者の「(実習生に対する)期待水準」が異なる ・両者の「基本技術」や「社会資源」についての理解が異なる
	○自己評価が高い× 客観的評価が低い項目	・実習生の達成感はあるが,客観的到達度は不十分 ・スーパービジョン(実習生と指導者)関係が影響

出典:池田雅子(2002)「第20章 実習評価」福山和女・米本秀仁編著『社会福祉援助技術現場実習指導・現場実習』ミネルヴァ書房,pp.182-183をもとに筆者作成.

なお,実習生の学習達成度を測る評価であることから,実習生が行う評価の基準は,実習指導者・養成校教員が用いる評価基準と,(多少表現は異なるであろうが)重複することが考えられる.また,たとえば配属実習終了直後,ある目標に対する学習達成度について,両者の評価を突き合わせ比較することによって,様々な角度から実習の成果を検討することができ,実習生の学びを深めるだけではなく,実習先施設・機関側の内省を促すことになる.池田(2002)は比較検討のポイント(表9-5)を挙げると同時に,両者が評価を開示し,意見交流の機会を設ける必要性を述べている.

自己評価をいつ実施すると効果的であるか.実習は具体的な実習課題を設定する時点から始まっている.実習前・実習中・実習事後といった過程の中で,各段階の時点において期待される学習達成度・習得度を評価し,評価結果をもとに以後の授業・学習活動が調整・工夫されていくことで,実習課題への到達が可能となる.また,各段階の評価の際には,実習生と実習指導者・養成校の教員との評価と突き合わせ検討すること,個人面談や個人の実習記録などを活用することでより教育効果があがると思われる.

(3) 事 例

筆者ら(西村他,2006)による実習生を対象とした調査を紹介する.配属実習終了後まもない実習生に対し,「学習内容(達成度)」「設定した実習目標の達成度」「実習先職員とのコミュニケーション」等に関する質問項目を設定し,配属実習を通しどの程度達成できたか,「できた」〜「できなかった」の5件法で自己評価を求めた.調査結果から,全般的に,初めて配属実習を経験した実習生よりも2回目以降の実習であった実習生の方が「できた」「ややできた」と回答する割合が高かったことが認められた.一方,以前の実習経験の有無にかかわらず「できた」「ややできた」と回答した割合の低かった事柄も認められた.具体的には,コミュニケーションに関する質問項目の中の「口頭で自分の意見を適切に伝えること」,自分への気づきに関する質問項目の中の「自分の判断傾向をコントロールしながらかかわる」などであった.相手の状況を考慮しながら自分の言動を調整するといったコミュニケーション力は,対人援助を中心とする社会福祉専門職に求められる実践力の重要な要素であり,実習生による主観的な評価ではあるが,現場実習教育の課題の一つと思われた.

さらに，全体の6割以上が「つらい」と思う体験が「あった」と回答しており，アンケートの自由記述から「つらい」と思う体験を未解決のままですごしている実習生も伺われた．「つらい」と感じた経験から，適切な解決方法を学び今後に生かすよう教育的支援を行う必要性が示された．

　このように，実習生による自己評価から実習生の行動観察のみでは捉えづらい実習生の内面の変化や学習達成度（感）を把握することができる．実習生による自己評価の結果を実習指導者および養成校教員がスーパービジョンにて活用することで，より効果的かつ的確な実習教育が可能と思われる．

参考文献

［第1項］

精神保健福祉援助実習対策部会編集（2001）『「精神保健福祉援助実習」指導の手引き―試案Ⅰ―』日本精神保健福祉士協会広島県支部．

岡田洋一監修・精神保健福祉援助実習のあり方についての検討会編集（2006）『精神保健福祉援助実習マニュアル』第1版，日本精神保健福祉士協会鹿児島県支部，鹿児島県精神保健福祉士協会．

［第2項］

池田雅子（2002）「第20章　実習評価」福山和女・米本秀仁編著『社会福祉士養成テキストブック5　社会福祉援助技術現場実習指導・現場実習』179-191，ミネルヴァ書房．

日本社会福祉士養成校協会（2004）『社会福祉士専門職教育における現場実習教育に関する研究　平成15年度　総合・総括・分担研究報告書』平成15年度厚生労働科学研究費補助金　政策科学推進研究事業．

西村いづみ，他（2006）「社会福祉実習教育に関する調査研究――現場実習後の学生に対する調査」平成17年度県立広島大学重点研究事業報告書．

村井美紀（1986）「実習教育の評価」石井哲夫・吉沢英子編『社会福祉施設実践講座4　施設における実習教育』109，東京書籍．

第10章　実習実践例

1　養成校と施設の連携
──大阪社会医療センター付属病院実習の例

(1)　私の実習生体験──現大阪市立大学医学部附属病院MSW

　医療機関での実習とは具体的にどのようなものだろうか．実習を希望したものの具体的なイメージを実習前にえがきにくい学生は多い．ここでは，医療機関での実習がどのようなものかを実習記録の一部をもとに私の体験談を紹介する．

2002年6月6日（第5回）の実習記録

【実習内容】相談室実習
〈Aさん（60代・男性）のケース〉
　M病院泌尿器科で検査を受けるAさんにMSWと共に同行．腰痛のため歩くことができず，車椅子での移動だったが，車椅子に座っているのも苦痛だったようで，待ち時間はソファでずっと横になっておられた．Aさんによると「風邪をひき，薬を飲んで熱は下がったが，それ以来，ずっと腰が痛い．」治療・検査については「痛いのは腰だけで，他に悪いところはない．腰とは関係のない検査ばかりだ．」と言われた．精巣腫瘍の疑いで超音波検査を受けるが，炎症との診断を受ける．病状に変化があれば再び来院するよう指示を受けた．
〈感　想〉
　待ち時間の長さとAさんの辛そうな姿を見ていると時計ばかり気になった．「夜もずっとこの状態」と，脚腰をさすっておられた．夜も十分に眠れていないということなのだろうか．検査しても骨に異常がないとのことだったが，「腰から右脚にかけてしびれを感じる．」ともおっしゃっていたので心配になった．
　Aさんは一貫して「悪いのは腰だけ」と言い，精巣の腫れや化膿をドクターに説明しつつも，病気とは思っていないように感じられた．服薬量の多さや泌尿器科の受診に納得されていないように感じられた．本人の納得のうえで治療を進めていくということは，そんなに簡単なことではないのか……と考えさせられた．
〈Bさん（50代・男性）のケース〉
　Bさんは3日ほど前から"呂律がまわらない"状態になり，手にも脱力感を感じていた．「箸を持てなくなり，食事もできない．」と，来院．診察の結果は脳梗塞でN病院脳外科へ搬送する．N病院では経過観察のため約2週間入院し，問題なければ実習病院で受け入れることが決まる．無保険で医療費の支払いが困難であったため，生活保護申請を行う．
　Bさんは受診時から飲酒のため多弁であった．N病院到着後もBさんは「帰る」といい続けていたようだ．Bさんが帰りたいと言った理由は，宿泊中の簡易宿泊所に荷物を置いており，宿代

を本日分までしか納めていないため，処分されることを恐れたからだった．このようなBさんの不安を受け止め，MSWはBさんが宿泊していた簡易宿泊所へ行って荷物を引き取り，N病院のBさんのもとへ届けた．

〈感想〉

　Bさんの宿泊していた部屋は布団を敷けば，残された空間はわずかだが，かばんや棚を利用して荷物はきれいに整理され，きっちりした人なのだな，と思った．壁にかかったハンガーには折り目がきれいについた真っ白なシャツとパンツが一組かかっていた．

　簡易宿泊所から運んだ荷物を目にしたBさんは，とても嬉しそうだった．病室（NCU）には最小限のものしか置けないので，荷物を選別したが，荷物を見るBさんの姿を見て，持ってきてよかったと思い，Bさんの顔を見ていると私も嬉しくなった．「日雇労働者にとって，持ち歩いている荷物が全財産だ」というMSWの説明の意味がはっきりと解った．また，「単身ゆえに身の周りのこと（必要なものをそろえたり，今回のように荷物を運んだりすること）を頼める人がいなくて，極端な場合には治療の中断になりかねない」ということも理解できた．簡易宿泊所のおかみさんが心配していたということをMSWから聞いたBさんの表情からも，人と人とのつながりの大切さを感じた．

【1日を通しての感想】

　今日はAさんとBさんの2人に出会い，共通する思いがあるのではないか，と思った．2人の患者さんは，どちらも「居心地の悪さ」や「ひけめ」を感じておられるようだった．

　AさんはM病院のロビーでソファに横たわりながら，出入りする人や同じようにロビーで待つ人，病院職員に目を向け，「みんなぱりっとした服を着ているのに……寝巻きなんか着ているのは俺だけ．」と寂しそうにつぶやかれた．病気で働けずに入院しているAさんは自分と目の前にいる人達に何らかの差を感じていたように思う．一方，BさんはN病院に荷物を届けたMSWの顔を見るなり，「つれて帰って．向こうの方がいい．ここにいたら気を遣う．」と，懸命に訴えていた．（中略）

　2人の姿を見ていると，日雇労働者が集まる地域が彼らにとって落ち着ける場所，安心できる場所なのだと思った．同じような環境・経験をもつことから生まれる仲間意識があるのだと思う．共有しているから理解できるというのはごく普通のことだと思う．だから，まったく経験したことのない生活を理解することの難しさを感じる．しかし，少しでも知る，理解するために，相談室の中でも外に出ても，「みる・きく・感じる」を大切にしていきたい．MSWを見ていると，患者さんのために何が必要かを最優先にしておられるということが伝わってくる．このような相談室だからこそ，多くの人が訪れる身近な存在になっているのだと思う．

　Bさんの荷物を簡易宿泊所に取りに行くことについて，MSWは「荷物はBさんの全財産で，Bさんにとってはかけがえのないもの．そして，退院後の生活にも必要なものだと知っているから」また，「荷物を心配するあまり，治療を中断してしまうこともある．心配となっていることを解決すれば，患者さんは治療を継続できる．自分が患者さんの立場だったら，どうしてほしいのかを考えることが大切」とおっしゃった．いろいろなケースを見れば見るほどに，患者さんの生活を理解することの重要性が分かってきた．そして，知ることや理解することに，感じることや気づくことが加わって，援助（行動）が生み出されるのだと思った．

1）　実習生のすがた（実習前）

　実習は実習先を決めることから始まるが，実際に実習を依頼したり，訪問したりする前に，実習指導教員より服装や言葉遣い，電話のかけ方，心構えなどを含めたオリエンテーションを受けた．そして，個別の実習先に受け入れを依頼してもらった後に，筆者から実習指導者へ直

接連絡し，事前面接の約束をとった．

　事前面接時には実習目的をレポートとして提出することが求められた．ここで初めて，自分自身の実習への思いを表現する機会を得るのだが，現場を知らないという不安から教科書的な表現になりがちだった．知識を得るための努力は大切なことだが，得た知識は必ずしも自分の考えや思いと同じではない．知ること・わかること・理解することは別ものなのだ．理解できていない専門用語ではなく，自信をもって説明できる自分の言葉で表現することが（以降の記録を書く際にも）大切なのである．今の自分自身を実習指導者に伝えることが実習のスタートラインを設定することになるのだから．このような事前面接を経て受け入れが決まれば，日程や期間を調整して，いよいよ実習開始となる．

2）実習生のすがた（実習中）

　実習中は，すべてのことが新鮮に感じられる．学ぶ姿勢があれば，無限とも思えるほどに多くの貴重な体験をさせてくれるのが現場なのだ．その内容は1日ごとに記録を書いて，次（1週間後）の実習開始前に実習指導者へ提出した．指定の記録様式がなかったため，実習指導者と相談の上，【実習内容】（事実の描写と感想）と【1日を通しての感想】の2部構成（必要に応じて関連資料を添付）とした．前者には実習終了後すぐに事実と率直な感想を，後者には2〜3日後に実習内容を振り返りながら書くことによって，素直な自分自身を表現し，後日それを客観的に見つめるよう心がけた．そして，実習指導者からの講評を受けて自己洞察レポートを書き，実習指導教員に提出してフィードバックを受ける中で，自己覚知をしたり，新たな気づきや課題を得たりすることとなった．実習は生きた現実と出会う場であると共に，自分自身と出会う場でもあるのではないだろうか．

　一方，大学では週1回（通年のカリキュラム），実習指導教員の指導のもとで実習報告やロールプレイ，社会保障制度の体系など現場で必要な基礎知識に関する講義を受け，実習生同士の情報交換や知識の共有が図られた．

3）実習生のすがた（実習後）

　実習を終えて振り返ると，週1回，7か月にわたる実習を通して考えることになったことは「ソーシャルワーカー（生活者）の視点」だった．また，実習指導者の動きを通して，患者との面接や院内職員との連携・調整，地域との関わりを体験し，MSWが医療という場で患者1人ひとりの生活に焦点をあて，それぞれの人生や価値観を受容した上でこれからの生活を共に考えていくという基本姿勢を学んだ．

　「生活」という漠然としたキーワードを理解する大きなきっかけとなったのはケースワーク（面接）実習だった．患者と1対1で向き合う中で語られる生活状況や思いを肌で感じ，初めて生活者としての人に出会うことを実感できたのだ．そして，人の笑顔や生きる力に価値を感じ，共感できる自己と出会い，どれ1つとして同じではない生活をその人らしく生きることのすばらしさを患者から教えられた．

　このような実習での体験はMSWの基礎として実習が終わっても色あせるものではなく，記

録や実習指導者，実習指導教員からの講評は読み返すその時々によって新たな課題や気付きを与えてくれるものであり，迷った時に立ち返る場となっている．

(2) 私の実習指導者体験──大阪社会医療センター付属病院MSW

1) 実習を受けるにあたって

実習を受けるにあたり実習指導教員と確認したことは実習本来の形態をとることへのこだわりであった．もちろん実習生をマンパワーとして使わないことはいうまでもないが，多くの実習の場合は養成校との連携が取れていないという課題があり，MSWの教育的要素を確保することで先輩ワーカーとしての使命を果たしたいという思いがあった．大きく見ればMSWを目指す学生が実践教育的な実習を受けることができるのであれば，その結果としてクライエントの利益にもつながっていくことになる．

具体的には，毎回の実習終了後に実習ノート（日誌）を提出⇒実習指導者からの講評⇒実習生の自己洞察⇒実習指導教員の評価⇒次の実習日の朝に記録を基に実習生と実習指導者で反省会と目標設定をするという流れをつくり，常に連携をとりながら学生をフォローしていく体制をとっていくことである．

2) 実習前の評価

実習前に実習の目的を書いたレポートを提出に来た学生と面接し，実習への思いを聴いた．学生は緊張し大学等で学んできた知識で受け答えし，レポートも教科書的なものであった．その結果としての評価は……

評価……「おもしろくない」 学生に言った言葉である．

指導者として評価したいのは教科書的な答えではなく，学生本人の考えを学生の言葉として聴きたいのであり，教科書的な答えは求めていない．現場のMSWは学生の言葉を期待している．このことは実習が始まっても同様のことである．

3) 実習中の評価

実習中は記録を書くことが負担になることは事実であるが，指導者にとっても思いは同じで，記録がなんのためにあるのかを考える必要がある．実習が始まるとさまざまな出来事があり，その整理に追われることになるのはあきらかで，そこで登場するツール（道具）が記録用紙である．その日を振り返り整理して客観的に事実を確認する．その事実から見えてくること，感じたこと，思いを言語化していくことが重要で，そのことから何を学んだかを明確にすることが評価につながっていく．もちろん当日の目標が達成できたかも重要な要素にはなるが，何より大切なことは学ぶ姿勢を実習指導者に理解してもらうことがポイントである．そのためには自分の言葉で表現してアピールしていくことも必要なことであるが，自分だけがわかるものでは意味がなく，後で誰が読んでも実習内容がわかるものでなくてはならない．

忘れてはならない視点は患者がいて，生活している事実があるということである．生活者の視点を持って実習が実践されているかどうかがポイントである．

4）具体的な実習記録の講評（評価）

　実際に学生を指導した際の実習ノート（日誌）の講評から実習を考えてみることにする．この講評は前項に書かれている実習生の記録の実際に対しての講評でもあり，実習生と実習指導者の記録を通しての交流を読み取ってもらえることを期待するものである．なお講評は実習初期のものと後期のものを掲載しておいた．

　初期では生活者の視点と価値基準，出会うことの素晴らしさと仕事の楽しさを伝え，後期では面接することの難しさを実感して，傾聴すること，面接のメカニズム，確認作業．そして，ワーカーの視点と社会的責任を伝えている．

実習指導者からの講評の実際（6月6日）

　朝から他病院へ入院患者の受診に同行してもらいました．病状的な痛みがあるため車椅子で移動する状況の中，他の病院の受診という簡単なことと思われることでも患者さんにとっては苦痛に思われることもあります．環境が変わることに対しての不安はもちろん，手続きの煩雑さや体調への不安などがあります．家族がいれば家族の機能の中で解決されることですが，単身者の場合はその機能をMSWが担うことになります．これが受診受療援助のひとつです．

　あなたが患者さんの話を傾聴し，気持ちに共感していた様子がうかがえます．きっと，話しを聞いてもらえたという思いがあったからこそ，待ち時間を有意義に過ごすことができたでしょう．何か特別のことをすることが援助とは限りません．目的を持って行動することは必要ですが，ただ傍にいて付き添っているだけでも不安解消等の援助になることも覚えていてください．

　昼からの事例では，急に入院しなければならない時に様々な問題が出現し，そのことに気づき，生活者の視点から援助したものであったと思います．急に入院といわれたときの不安は計り知れないものがあります．治療を受けたい気持ちはどんな患者でもあります．ところが治療を拒否する場合があるのは，そこに何らかの問題があるからです．

　MSWは疾病だけを見るのではなく，その患者さんの生活問題にいかに気づいていくかがポイントです．そのためには，生活背景を知る必要があります．だからこそこの事例でも，治療費問題より，どちらかというと荷物のことが一番問題となった訳です．たかが荷物ではなく，財産として捉えるとかけがえのないものを失うことは辛いものです．価値基準は人間だれしも違います．MSWの価値に当てはめるのではなく，患者さんの立場に立つ，そのことから具体的な援助方法が見えてきます．いかに治療に結びつけていくか，継続できるかが大切なことです．

　患者さんと出会う．知ること，理解すること．そして，気づき感じることができる．何よりも生活者であること．MSWとして大切な視点が今日の実習ノート（日誌）には凝縮していたように思います．実習を通して，より多くのものを患者から学ばせてもらっていることを忘れないでいてください．あなたが感じたように，患者さんの笑顔を見ることで，「よかったなぁ」って思えること，感情を共有することが，仕事の楽しさにもつながってきます．

実習指導者からの講評（11月22日）

　この実習では面接の技術（skill）については，あまり理論展開をしていないように思われたのではないでしょうか．そのかわり，視点については十分すぎるぐらいにこだわったと思います．

学生が面接で陥りやすいことは，患者さんのことよりも自分の面接がうまくできたかどうかに終始してしまうことが問題です．面接が上手か下手かはその患者さんの生活実体とそこにある生活問題を受け止めることのできる感性があるかどうかが，面接の基本ではないでしょうか．その点では，十分に面接の意図を理解しているように思われます．

実習日誌に，「今日その患者さんに出会えたことの大切さは言葉での説明よりも，はっきり確信を持った実感として得ることができた」と書かれていますが具体的にはどのようなことでしょうか？　1人1人を大切にする，すなわち個別化することもこの実習で学ばれたようですね．人間は誰からも認めてもらいたいという基本的欲求があります．自分の事を聞いてくれる人間の存在，自分のことに耳を傾けてくれる人がいること，自分のことを理解したいと思ってくれる人がいる存在こそが出会いであり，信頼関係も構築されていきます．

また，面接が終わり「疲れた」との記載がありました．疲れてあたりまえのことです．そうでなければ真剣さが足りないと講評せねばなりません．面接はそうたやすいものではありません．傾聴するためには五感をフルに働かせ，集中することが必要となります．ただ話を聞くだけではなく，患者さんの感性まで受け止め理解しようとする心が傾聴です．

悩みの半分は聞いてもらうだけで解決すると言いますが，これはカタルシスという心理的緊張の浄化作用が働くものであり，訴えたい気持ち・感性・思い⇒受け止めてくれる⇒気分がスッキリするとなります．そのこととともに，自分のことを口で話し，ワーカーの言葉として耳から聞くことで問題を再認識していくことになります．人間は問題解決能力を持っていますので，このことは自己決定していく上での確認作業ともなります．

今回注意しましたが，患者さんの生活にかかわる重要性と，組織における位置付けについて，ソーシャルワークにおけるワーカーの社会的責任ということをもう1度問いただしてください．MSWの仕事は，いつも気づきと確認作業が十分になされなくてはなりません．ともすればクライエントの人生に関わるのだから……そして，クライエントの笑顔を大切にしてください．

ソーシャルワーカーの価値はクライエントの笑顔にある！　忘れないで！

5）講評後の洞察

実習生は講評を読んで，さらに自己洞察して自分なりに評価することが大切なことである．実習指導者に指示されることがなくても今日の実習を振り返り，記録で整理されたものを，学んだことを自分のものにしていく作業がこの過程である．自己評価したうえで自己覚知（本当の自分を知る）することが明日（次回）への実習につながっていくことを忘れないでほしい．

"わかる"とは自分で理解して，人に伝えることができることである．

（3）実習指導教員の立場から

1）養成校と施設の連携の実際

本実習は，通年方式で実施したことが，実習生に大きな学びをもたらした．具体的な実施方式は，週に1日現場実習を行い，週に1日（2時間）の大学での理論学習と実習報告と検討を行った．さらに本実習の特徴は，実習指導者，学生，実習指導教員の3者による実習ノート（日誌）の共有化と実習指導者，実習指導教員双方からの講評を1日，1日の実習ノート（日誌）に対して行ったことである．このことにより，学生の学びの進捗度が共有できるだけでなく，実習指導者と実習指導教員との連携，統一した指導の展開が可能となった．また，実習指導教

図10-1 実習指導者，学生，実習指導教員との連携

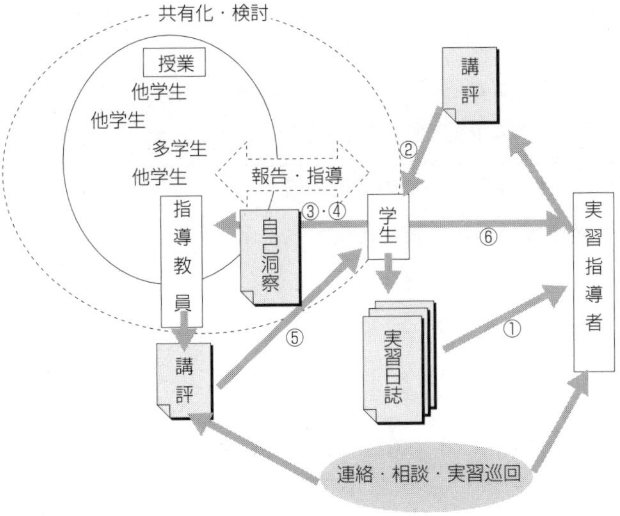

出典：筆者作成.

員にとっても，実習内容の把握が可能となり，実習指導講義の焦点が明確となった．

　①実習終了後，学生から実習指導者へ実習日誌を提出⇒②実習指導者から講評を頂く⇒③実習生の自己洞察④授業日に実習日誌及び自己洞察と実習指導者からの講評を指導教員へ提出，授業内で発表し他学生と共有化⇒⑤指導教員からの講評⇒⑥再度講評を読んで，学生から実習指導者へ実習日誌を提出⇒⑦実習指導者との反省会と目標設定．
この流れを1日1日の実習終了時に繰り返した．

2）実習指導教官からの講評内容の実際

　本学生自身，実習からさまざまな学びを得ることができた．本学生だけでなく，実習指導教員，そして他の学生たちにも大きな学びをもたらした．本学生への実習指導教員からの講評内容から，学びの内容を紹介する．

> **利用者の理解**
>
> **講評：**実習指導者から「対人援助では，相手を知る．その際重要なこととして，その人の背景を知ることが大切なことです」とコメントを頂いたように，個々の利用者である患者さんが，どのような過程で，このあいりん地区に居住するに至り，どのような思いを持って生活をされているかという事を共有することは重要であると思います．過去⇒現在⇒未来への軸を持って情報収集し，思いを共有する過程が大事です．さらに点⇒線⇒面，個人を取り巻くネットワーク，さらに地域という視点からも個人を理解し，アプローチしていくことが必要です．

　利用者である個人を理解する上で，多角的に時間の軸も持って理解できるよう指導した．「目で見て，耳で聴いて，からだで感じた情報を収集したい」との学生のコメントがみられた．

院内連携の理解

講評：医事課での実習は良い経験をされたと思います．病院の組織，そして各部署がどのような役割を持ち，流れを持って患者様に対応しているかを知ることが大事です．病院組織内で連携を図れることが，最高の医療を提供していく事にも繋がります．他の部署のスタッフの専門性を知ることが，逆にMSWの専門性とは何かを問うことにも繋がります．

実習指導者の配慮で，医事課などでの実習の機会も得られた．この実習においては，医療相談室の医療機関内での位置付け，組織の理解，各部署の役割，患者様の流れ，さらに組織内での連携の実際について学びを得ている．また，「相談室の扉が開放されている」との気づきから，患者への相談室の姿勢を感じとっていることが読み取れた．

院外連携の理解

講評：「情報提供の重要性」は，1人のMSWという社会資源を通して行うのですから，自ずとMSWの価値観や専門性が問われることになります．MSW自身が自己覚知できているか，利用者である患者さんの思いを掴めているか，そしてどのような視点で患者さんの状況を見ているかが問われることになります．また代弁者としての役割も問われます．「DrとMSWがそれぞれの視点を大切にし，連携していくことが大切」と書かれていましたが，MSWとしての視点を提示できるでしょうか．ここが大事ですよ．

地域内の他の医療機関での実習の手配，地域の連絡会への同行，情報提供の実際，転院への同行，サービス導入の実際などを通して，MSWの専門的な視点，すなわち専門性を提示していくことを課題とした．

事例検討への対応

講評：T氏の事例は印象的でした．「一切関係ありません」「連絡なんかして欲しくない」とのT氏のお兄さんをそう言わせてしまった社会的状況に対して考察してください．さまざまな価値観があります．しかしさまざまな社会的背景によって個人の価値観が歪められている状況もあるということを理解してください．

この事例では，亡くなるまで学生が関わることができた．「亡くなっても一人の人として尊重する」という実習指導者の姿勢と具体的な対応に，学生自身が感動していた．実習指導者の実践そのものが学生の援助観形成に寄与していることが読み取れた．

自己決定についての検討

講評：「自己決定を支える援助」について今回はテーマとしました．「自己決定」……ともすれば，「自己責任」の名の下，責任回避として活用される危険性があります．たとえば，終末期の患者さんの家族が「もう治療を止めてくれ」との結論を出されることがあります．しかしよく考えてください．家族の出した結論に，社会的要因（治療費が高額になる，障害が残ると誰が介護するのかなど）によって自己決定が歪んでくることがあります．ソーシャルワーカーは，家族，本人が真に自己決定ができるよう，社会保障制度を駆使し，社会的背景を整理し，「自己決定」を援助していくことが必要です．

自己決定について検討は，実習ノート（日誌）の中で何度も繰り返された．「自己決定を支える援助」を実習指導者の下で実感として獲得していく姿が見られた．

> **社会保障制度の必要性と理解について**
>
> **講評**：研修会への参加では，さまざまな社会福祉の動向を知ることができましたか？ MSWの仕事は，医療・保健・福祉政策の変遷により，現場も変化していきます．患者様自身の生活へも影響していきます．「なぜその制度ができ，社会とともにどのように変化しているのかを検証し，今後どのようにしていくのかを考えていくこと」との指導を受けたようですが，MSWは政策を検証していく力も必要ですね．さらに本来的に社会保障の目的が何であるのかということも理解して欲しいです．

社会保障制度のHow toの理解にとどまらず，社会保障が患者の生活にどのような影響をもたらすのか，さらに社会保障理念，歴史的背景をも含めた理解を促した．

3）実習指導教員の役割

実習指導教員の役割は，学生自身が自らの力で得た気づきに対してエンパワメントしていくとともに，実習の節目，節目において，学生の学びを深める課題の提示が重要であると考える．また，さまざまな場面での学生の躓きを把握し，実習指導者との連携で，躓きを成長へと繋げていく迅速な対応も必要であると考える．

現場実習は，学生にとってさまざまな出会いをもたらすとともに，学生の無限の可能性をも引き出す重要な学習の機会である．本学生においては，実習指導教員自身も多くの学びを得ることができた．

2　医療という場の理解——日野田中病院実習の例

(1)　私の実習体験——現呉共済病院MSW

はじめに

MSWを志している学生は，医療現場をどの程度理解しているのだろうか．筆者も学生の頃より，MSWに憧れ，MSWになるための学習を深めた．現在，MSWとして現場で働いているが，MSWは，院内外のスタッフと連携を取りながら，時に多様な社会資源を用いて，利用者やその家族を支援していく．そのためには，MSWが働く医療という「場」の理解が必要不可欠である．とは言うものの，筆者も学部3年次には，MSWになりたいと強く思いながら，医療の場に対する理解が乏しかったといえる．そのような筆者が，どのように医療という場を理解し，その後のMSW実習につなげていったのか，特異な病院実習を体験したので，その実習内容を報告する．

1）実習目的

実習目的を述べる前に，実習時の筆者の状況について説明しておきたい（図10-2）．筆者は，大学で社会福祉士と精神保健福祉士の国家受験資格を得るためのカリキュラムを取っていた．

3年生の夏に4週間の社会福祉実習を終え，4年生の春以降に，2つの医療機関で精神保健福祉実習を予定していた．また，MSWに関する専門科目として，「医療福祉論」と「医療ソーシャルワーク論」を履修していた．

ソーシャルワーカーとしての基礎学習だけでなく，MSWが働く環境，つまり医療現場の理解があれば，より内容の濃いMSW実習となるだろう．

そのような想いから，筆者は，MSWが勤務する病院自体を理解するため，下記の2点を柱として，実習に取り組むこととした．

① 病院というところが，どういうところなのかを理解する．
② 病院という組織の中で，MSWがどのような役割を果しているのか，理解する．

2）実習計画・実習内容

実習先の概要は96床の療養型病院であり，診療所，居宅介護支援事業所，訪問看護ステーション，在宅介護支援センターなどが併設されていた（表10-1）．実習期間は14日間で，病院に泊まりこむこともあった．実習内容は，大きく分けて下記の3点である．

① 患者・利用者理解

日中だけでなく時に夜間も病院にいることで，1日を通しての患者の変化を理解する．また，ケアマネジャー，訪問看護師，デイケアのスタッフなどに同行することで，サービスを利用する利用者を理解する．

② 医療の場の理解

医療機関についての理解を深める．医療機関の1日は，どのような流れになっているのか．また，誰がどのような役割を持って業務をしているのかを学ぶ．

③ MSWが協働する関係者の理解

ケアマネジャーや訪問看護師などのMSWが協働する関係者が，実際にどのような業務をし，利用者と関っているのか学ぶ．

3）実習報告

表10-2，10-3のような実習を行った．実習プログラムは，主に病棟での実習（日勤・夜勤）やケアマネジャーとの同行訪問，デイケアやデイサービスへの参加といった内容であった．そして，オリエンテーションを兼ねて，病院内に挨拶回りをしながら，受付，会計，法人本部などの各部署では，誰がどのような仕事をしているのか説明を受けた．また，医業収入を得るためのレセプトはどのように請求されているのか，実際にレセプトを見ながら学んだ．

実習の詳細については，当時の実習記録から特に印象的なものを取り上げ，振り返りたい．

① 病院という場に住んでみて

実習プログラムで外出する以外は，1日中病院内にいた．夜病院にいる時には，日中デイケアの利用者が使用しているベッドで寝て，お風呂も病院の浴槽で入浴した．夜の病院の雰囲気は昼間とはまったく違い，患者さんがどうして夜になると不安になるのか，患者さんの疑似体験をすることができた．病院に足を踏み入れることは初めてではない．外来に受診したり，入院中の家

第10章　実習実践例

図10-2　各実習時期と実習内容について

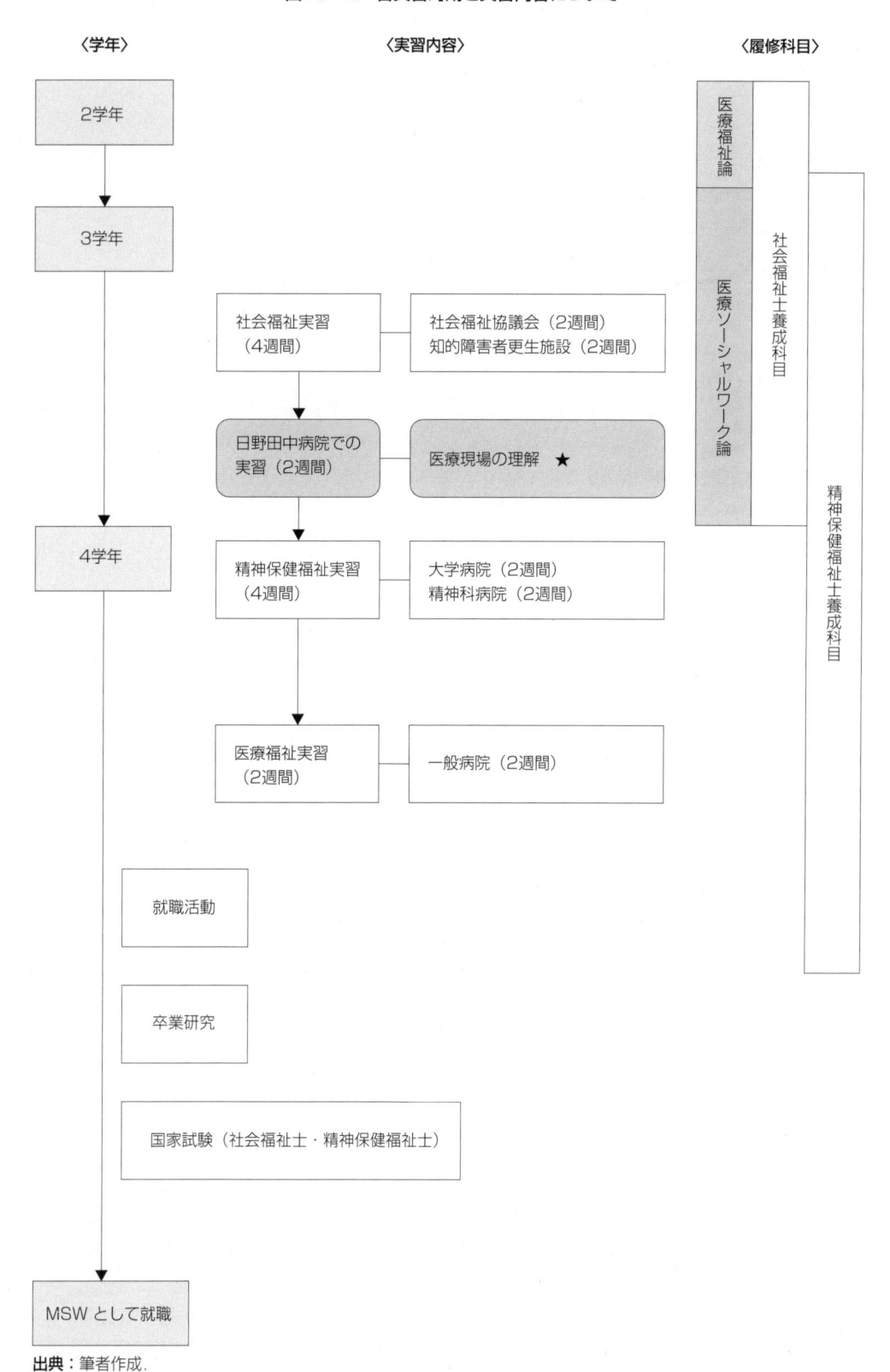

〈学年〉　　　　　〈実習内容〉　　　　　　　　　　　　　　　〈履修科目〉

2学年

↓

3学年

　　　社会福祉実習　──　社会福祉協議会（2週間）
　　　（4週間）　　　　　知的障害者更生施設（2週間）
　　　　↓
　　　日野田中病院での　──　医療現場の理解　★
　　　実習（2週間）

↓

4学年

　　　精神保健福祉実習　──　大学病院（2週間）
　　　（4週間）　　　　　　　精神科病院（2週間）
　　　　↓
　　　医療福祉実習　──　一般病院（2週間）
　　　（2週間）

　　　就職活動

　　　卒業研究

　　　国家試験（社会福祉士・精神保健福祉士）

↓

MSWとして就職

履修科目：医療福祉論／医療ソーシャルワーク論（社会福祉士養成科目）／精神保健福祉士養成科目

出典：筆者作成．

表10-1　日野田中病院の概要　（2001年9月時点）

療養型病院：96床（医療療養病床：48床　介護療養病床：48床） 診療所 居宅介護支援事業所 訪問看護ステーション 通所リハビリテーション 通所介護 在宅介護支援センター

表10-2　実習プログラム

実習日程	実習場所	実習目標
第1日目	病院	実習先機関の提供サービスについて理解する．
第2日目	院外	ネットワークの必要性・重要性について理解する．
第3日目	病院	自己学習
第4日目	デイケア	サービスについて理解する．
第5日目	デイケア	職員の利用者への関わりから利用者主体のサービスのあり方について理解する．
第6日目	病院	夜間の患者理解と病棟スタッフの業務を理解する．
第7日目	在宅介護支援センター	在宅介護支援センター業務について学ぶ．
第8日目	居宅介護支援事業所	ケアマネジャーの業務について学ぶ．
第9日目	病院	昼間の患者理解と病棟スタッフの勤務を理解する．
第10日目	病院	病棟ごとの患者の状況による病棟スタッフの業務変化について学ぶ．
第11日目	院外	社会福祉施設の見学をする．
第12日目	デイサービス	サービスについて理解する．
第13日目	居宅介護支援事業所	ケアマネジャーの業務について学ぶ．
第14日目	病院	反省会（実習のふり返り）

出典：表10-1，10-2とも筆者作成．

族を見舞ったこともある．しかし，ここまで病院に居続ける経験は初めてだ．1日中病院にいて判ったことだが，病院とは本当に色々な表情をする．病院の朝は，掃除業者の方々がスペースの隅々まで掃除をすることから始まる．その後，看護師，デイケアのスタッフなどの病院職員が出勤し，そして午前中の慌しい外来が始まった．午後になると外来は落ち着いているが，デイケアルームの方から利用者の声が聞こえてくる．夕方には，デイケアの利用者は帰宅し，病院職員も本日の片付けや明日の準備に追われ帰宅する．夜の病院は病棟を除き，一部，間接照明がつくだけで，ほとんど人気がなくなる．同じ空間とは思えない雰囲気の違いだ．

②　医療機関で働く人々

私は，実習中，本当に多くの人に出会った．そして，病院には，本当に多くの方が働き，病院というところを機能させていることを知った．医師，看護師，リハビリスタッフ，MSW，デイケアスタッフなどの専門職だけではない．受付・会計業務をしている人，レセプト業務をしている人，また，直接，患者とは関わらないが，調理師や病院本部で様々な事務業務を遂行している人，毎日，病院内を隈なく掃除をする業者の方もいる．そして，休日には警備員の方もいて，休日の様々な対応をしている．このように，本当に多くの人によって病院という組織が成り立っていることが，よく分かった．

③　デイケアに参加して──「利用者はお客様です．」

初めてデイケアに参加して，とても感動した．デイケアを知らなかったわけではない．社会福祉実習でデイサービスでの実習をしたが，その時とは，まったく別のものだったのだ．ここのデイケアでは，利用者は「お客さま」だった．利用者について，15分程度のしっかりしたミーティングがされていた．本日の申し送り以外に各々の職員の方から，利用者に対する情報が具体的

に次から次に上がり，それを職員全員でメモを取っている姿をみていた．利用者主体のサービスを提供するために，利用者の最も新しい情報を得て共有しておくためだ．医療・福祉の現場の特殊性かもしれないが，医療・福祉関係者はサービス提供者であり，患者はお金を払ってサービスを受けているにも関わらず，そのような関係性を感じていないことがある．ここのデイ・ケアでは，まるで喫茶店のように利用者が訪れた時などに"おしぼり"を出す．その後，基本的にはお茶がでる．お茶も一種類だけではなくコーヒー，ミルクティ，昆布茶等様々でありメニュー表がある．職員の「ありがとうございます」，「ごめんなさい」などの言葉や「前を失礼します」といった行動の端々に，利用者をお客様として見ていることが表れていた．利用者からも「ここは他の施設とは違う．」「ここの人の世話は，ありがたいが，ここまでしてもらっては，こちらが気持ち悪くなるくらい親切な職員が多い．」という会話を聞くことができた．食事も今までの施設のように利用者の前でハサミを入れるようなことはなく，持ってこられた段階で個別に食事が準備されていた．他にも連絡ノートを作り，日々の出来事を記入することで家族とのコミュニケーションを図ろうとしておられるようであった．ここでは，利用者が自己決定できる環境がある．具体的には，サービス利用日時や帰宅時間の決定は，利用者次第であることなどである．利用者主体のサービスを提供するための工夫を感じることができた．

④ 病棟実習──病棟の現状を見て

　初めての病棟実習である．患者が療養型病院で，どのように療養や治療を受けているのかを実際に見ることができた．病棟では，患者の状態を皆で確認するミーティングから始まった．患者の状態の確認の中でも，排泄に関するチェックが時間をかけて行われていた．寝たきりの人以外は，食事は皆が集まる部屋で食べている．認知症の人，糖尿病の人など色々な患者さんがいた．私は，病棟ではボランティア的な役割を任せられ，食事や移動の見守り，お茶くみなどをした．その中で，患者さんと楽しく交流を持つことができた．患者さんは，自分自身の昔話を楽しそうに，時には悲しそうに熱心に話してくれる．戦争のこと，家族のこと，自分自身の体験についてである．職員は，業務が忙しく利用者とのコミュニケーションを十分に取れていないように感じた．特に夜勤の時は，スタッフが限られているため，介護職員は，おむつ交換や食事介助，呼び出しへの対応で，時間がたってしまう．2人の職員で48人分のおむつ交換をするのである．これは大変だ．そのような中で，私はナースコール係としてナースコールがなったら患者に要望を聞きに行き，それを看護師または介護職員に伝えるという役割をした．常にナースコールの音を聞いて走っている感じであった．通常は，夜勤の方だけでナースコールにも対応しているのだからやるべき仕事は進まないだろう．本当に忙しい仕事である．看護師も治療や薬の確認で忙しい．看護師が，患者に投与する薬を2人組になってチェックしていた．48床分の薬を揃えないといけないので，医療ミスが起きないような対策が採られている．また，職員をA，Bの2つのグループに分けて1病棟を管理する体制がとられていた．そのため，夜中の一時，休憩を取れるという時間はあったが，基本的に職員の方々は，常に動かれているようであった．病棟勤務の過酷さを痛感した1日だった．

⑤ ケアマネジャーに同行して──Aさんの在宅療養の場を垣間見て

　すごい．とにかくすごい．あまりに素晴らしすぎて涙が出そうになった．その出来事は，夕方に起こった．今日，私はケアマネジャーに同行して，これから退院して在宅で生活を考えている患者とその家族に会い，退院後のことについて話をした．その後，これこそ連携であるという仕事の現場に立ち会うことができた．夕方，事務所で事務処理などをしている時，家族より，「エア・マットはあるが，業者が置いて帰ったので，まだ使っていない．患者の褥瘡がひどくなった．すぐにエア・マットを使いたいので手伝ってほしい」との一本の電話が入った．ケアマネジャーは，すぐに訪問看護師と連絡をとり，看護師に褥瘡の状態を説明した．すぐに処置が必要と判断

し，看護師と一緒にお宅を訪問した．Aさんは，寝たきりである．私は，褥瘡を初めて見た．褥瘡は，皮膚がめくれ赤い皮膚がでていて，本当に痛そうであった．家族の話から，褥瘡だけでなく尿の出も悪いということで，看護師が腹部を見ると，お腹がパンパンに膨れて，尿がかなり溜まっている状態であった．このままでは熱を出し，腎盂腎炎を起こしかねないので，バルーンカテーテルを留置することとした．カテーテルを所持してなかったので，在宅介護支援センターの職員に，連絡をして持ってきてもらった．患者にカテーテルを装着して尿を出すと，見る見る間にお腹が通常の状態になり，Aさんの「ふーっ．」という気持ちよさそうな声が聞こえた．それを聞いた時，本当によかった．入院しなくて良かった．在宅看護って必要だな．在宅看護って素晴らしいサービスだなと感じた．在宅での生活が続けられる状態になった．職員間の素晴らしい連携があってこそ成り立ったケースであると思う．

4）まとめ

実習記録の一部を紹介したが，実習中に，病院という組織を理解し，入院中の患者や在宅で生活をしている利用者が，どのようにサービスを利用しているのか，ケアマネジャー等との関わりの中で学ぶことができた．

その後のMSW実習や就職時に，この実習で学んだことがとても役に立っている．MSW実習時には，MSWが，どのような関係者と何について調整しているのか，想像出来たため，実習内容を深めることができたと思っている．また，現場においては，院内外の関係者の動きを想像できることは，どこまで依頼することができるか，そして，どのように依頼すれば引き受けてもらえるかを考慮する時のバランス感覚となっている．

医療現場に出て即戦力が求められている新人MSWにとって，「状況が適切にイメージできる」ことは貴重な武器になるであろう．

実習ですべてのサービスを体験し，学べたわけではない．また，体験しないとサービスを理解できないとは必ずしもいえないだろう．しかし，実際に状況がイメージできることは，高齢者分野に限らず，MSWとしてどのようなポイントに視点をおいて，関係者と調整していけばよいか，というヒントを与えてくれるのである．

(2) 私の実習指導者体験──医療法人社団康明会常務理事（元MSW）

前項の梶原敏臣氏（以下，梶原氏）の実習は，梶原氏の強い希望もあり，特例ではあるが，実習期間2週間の病院泊り込みプログラムを独自に作成した．その内容は，MSWの視点だけではなく，1人の人間として医療というありのままの生きた現場を体感することであった．指導者としては，午前8時と実習終了後の午後8時の2回にわたり，複数の部門別実習で感じたこと，疑問に思ったことを短時間で率直に言語化するトレーニングを行った．そして，午後10時以降から，実習の緊張で心身が困憊している状況下で実習レポートを書くことを命じた．このプログラムは，指導者としては，通常の実習生に課す内容ではないが，梶原氏の集中力と強い意志と情熱があったからこそ成立した実習である．

今日の多くの実習生に対して，「実習はいかがでしたか」という質問をすると「いい勉強に

なりました」という返答がかえってくる．その実習生の表情には，当然ではあるが実習が終了した安堵感が伝達されてくる．しかし，そこには，筆者の学生時代同様，実習が「経験」だけに留まり，貴重な実習時間を深く見つめることなく流され，実習生自身が自己の「体験」として積み上げる作業をしていないことが多いのではないだろうか．その作業とは，日々の実習レポートを丁寧に上手にまとめることも大切であるが，最も大切なことは，息の抜けない現場の空気，指導者や医療現場で悪戦苦闘する医療者の姿勢，そして患者，家族の言葉で語りつくすことのできない心境をどこまで深く見つめ，自己と対話することができたのか．これらを，日々の実習レポートに徹底して何度も書いてみる．そして，今日の実習が自分の人生にとって悔いはなかったかと問うことである．この日々の鍛錬と集中力がいかなる職場に就職したとしても生かされるものと考える．梶原氏の場合，実習前半と終了間際のレポートと反省会の内容に大きな変化があった．その変化は，明らかに密度の高い時間を過ごしてきたことが理解できる鋭い問いと率直かつ医療の場を謙虚に探求しようとする姿勢と現場の空気をリアルに物語ったレポートに変わっていた．そのレポートは梶原氏を指導した各部門責任者とすべての幹部に回覧した．実習終了後，指導した医療者から梶原氏の評価について，ヒアリングを実施した．主観的評価ではあるが，共通した内容は，「しっかりしている，将来が楽しみ」という内容であった．敢えて，このコメントは，梶原氏には伝えてはいない．何故ならば，この主観的評価が，梶原氏の人間としてのさらなる成長を考えると，高き「志」が揺らぐ可能性があると判断したからである．

　この特例実習は，現在の社会福祉士等の受験資格取得に向けた必須実習や単位取得までの時間捻出に苦慮する学生には困難であろう．一方，医療現場も矢継ぎ早の制度改革により医療者は忙殺状況にあり，時間外を活用しなければ実習生に指導できない状況にある．よって，実習指導者は，時間の長さだけではなく「時間の密度」を高めていくことが課題となる．実習指導者は，実習生に対して「指導する時間の制約」を設定し，その制約の中で，いかに「集中力」を高めていくかを指導しなければならない．梶原氏の場合も，実際に向かい合った時間は1日平均1時間程度である．実習終了後の反省会で梶原氏が語った「多くの制約と有限な時間でスタッフといかに協働し仕事をしていくのか」という問題意識を現場での体験によって把持し，大学3年時に次なる学習，卒論へ向かったことは何を持っても変えがたい評価ではないだろうか．

参考文献
［第2項（1）］
荒川義子・村上須賀子編著（2004）『実践的医療ソーシャルワーク論』金原出版．
村上須賀子・佐々木哲二郎編著（2007）『医療福祉総合ガイドブック2007』医学書院．
［第2項（2）］
田坂広志（2005）『未来を拓く君たちへ　なぜ我々は「志」を抱いて生きるのか』くもん出版．
マイケル・ポラニー（1980）『暗黙知の次元　言語から非言語へ』紀伊國屋書店．

第11章　実習のまとめ

1　事後学習の進め方
——自己覚知を深めるために

(1)　振り返り作業のもつ意味
1）実習は終わっていない

　保健医療福祉現場での配属実習が終了すると，多くの学生は「実習は終わった」と思いがちである．ところが，それで終わりにしてしまうと，実習からの学びは活かされないものになる．学生にとって「配属実習の期間は終了したが，実習は終わっていない」(佐藤，2004) のである．これから示していくように，ただ現場で体験し，学んだというだけでは実習は未完である．体験からの学びを明確化することが必要となる．したがって，事後学習において，振り返り作業をきちんと行い，実習の学びに決着をつけることで初めて実習は完成することになる．この振り返りをどのようにするかで，実習の学びが大きく変わってくる．そのためには，本気になって実習の振り返りをすることが求められる．では，実習を完成させるためには，個々の学生はどのように学べばいいのだろうか．実習をプロセスとしてとらえながら，振り返り作業のもつ意味を事後教育の進め方と結びつけて考えてみよう．

　実習の振り返り作業は，社会福祉援助技術現場実習指導の授業のなかで行われる．この実習指導とは，20名程度を1クラスの単位として，実習の事前学習から始まって，訪問指導，さらに事後指導までを一貫してなされる．また，このクラスにおいては，グループでの学習が基本となる．したがって，グループ学習の方法を活用することで，さまざまな学びの可能性が開けていく．

　最も一般的に行われているのは，1人の学生の実習報告を通して，ディスカッションをしながら他のメンバーが自分の実習と結びつけて学んでいくというものである．また，個別援助の取り組みを事例としてまとめ，発表することもできる．そして，他のメンバーと一緒に事例をいろいろな角度から検討していくという方法がある．学生は，まず報告や発表のためにまとめていくと，書くということで，自分がわかっていること，わかっていないことがハッキリする．この書くことでまとめるということ自体が，振り返りの大事な作業ともなっている．また，卒業後に現場でMSWの仕事をしていくと，職場からも事例をまとめて発表することを求められることが多い．学生時代から，事例のまとめ方，研究の方法を学んでいくことは，実践力を身につけるために欠かせないことになる．

2）「なぜ」という問いから振りかえる

具体的な振り返り作業を紹介していく前に，まず個々の学生にとって振り返り作業のもつ意味を考えてみたい．その最大のポイントになるのが，学生が自分の実習をどのように評価しているかである．たとえば，「私の実習は失敗だった，ダメだった」という学生がいる．その場合に，「自分の思い描いた通りにならなかったからダメだった」というように，問題を具体化しないままで終わらせないことである．たとえば，「なぜ，計画したことができなかったのか」「実習指導者に相談できなかったのか」「なぜ，課題としたことから逃げてしまったのか」という具合に，個別に明確にして検討する必要がある．その確認をすることで，単に「できたか，できなかったか」ではなく，自分の実習における基本的な態度が見えてくる．また，面白いことに不満の評価をもっている学生ほど，振り返りをすることで課題を明らかにしたり，深めることがしやすい．おそらく引っかかっていることがあるからこそ，決着をつけたいという気持ちがあるのだろう．

　他方で，自分の実習を振りかえると，「楽しかった」「よかった」という学生がいる．先の学生と同様に，「なぜ，そのように受けとめているか」ということを質問すると，その理由を具体的に言えないことが多い．特に，よかったと思っている学生ほど，自分のもっているよい感想のために事後学習をきちんとしないことが多い．やはり，具体的に，なぜそう評価しているかを確認していくことが必要となる．そして，個々の学生がどのように学べているかを明らかにすることである．

　このように考えてみると，「できなかった，できた」ということで止めるのではなく，振り返り作業をきちんとすることで，実は「主体的にできたのか」ということが明らかになる．同時に，この作業は見過ごしたり，気になってもそのままにしてきたことを問いかけることになり，楽なことではない．やはり，実習は未だ終わっていない．振り返りを通して，実習の意味は大きく変わるのである．

（2）　課題への取り組みから明らかになること
1）評価を活かした学びをする

　個々の学生は，実習の学びを自己評価するだけではなく，実習のなかですでに自分の行動が評価されている．学生にとって一番印象深いのは，サービスの利用者からの評価であろう．それ以外に，実習指導者，他の職員，さらには関係者，実習指導教員というように多くの人たちから直接的，間接的に評価される．そうした評価を受けとめていくなかで，学生は自分の課題に気づき，学ぶことになる．以前から気になっていたことがズバリ指摘されることもあるし，自分では気づかなかった意外なことが取りあげられることもある．いずれにしろ，この「他人から見られる自分」をどのように受け入れていくかが，個々の学生の成長にとって重要なことになっていく．そして，こうした学びは，就職後に仕事での評価をどのように受けとめるかという課題につながっていく．

　このように実習では，評価が単に結果としてあるのではなく，評価をどのように活用するか

が，学びとつながっている．そのため，実習担当教員や実習指導者が，個々の学生をどのように評価するかが，ポイントになる．基本となるのは，学生の成長の過程を個別的に評価するという視点である．特に，実習のプロセス全体を通して，個々の学生がどのように成長したかという評価が最も大切になる．そこでは，1つの物差しで見るのではなく，あくまでも個別の学生に応じた評価をすることになる．それを総合的に行うのが，実習指導を担当する教員である．もちろん，それが可能となるのは，実習中のさまざまな実習場面における学生の取り組みを，実習指導者がスーパービジョンしてくれているからである．このように，実習全体のプロセスを通して，またある場面においてという具合に，実習指導教員と実習指導者の双方から役割分担された評価があることで，学生の学びの機会は拡がり，深まるのである．

2）課題へ取り組む意味

次に，実習前に予め立てた課題への取り組みから，学生にとって課題へ取り組む意味を具体的に考えてみたい．Aさん（女性）は4年生で，3年生のときにすでに障害者療護施設で実習を行っていた．MSWを目指すため，今回はある地域医療支援病院で実習を行うことになった．事前に学習した病院の機能も念頭に置きながら，彼女は3つの実習課題を立てた．そのうちの1つが，「生活者という視点から医療サービスの利用者理解とMSWの援助を学ぶ」というものだった．そのために，サービス利用者が抱える病気から派生する生活問題を知り，その問題を利用者がどのように受けとめるかを理解したり，MSWが問題をどのように把握し，解決・緩和のためにどのような援助をしているかを学ぶことを計画した．

彼女は実習のなかで，次のような体験をした．面接を同席させてもらった難病患者のYさんが，入院する前にいた社会福祉施設に退院後に戻れないことになった．しかし，本人は元の施設に戻ることを強く希望している．Aさんは，その話を聴いていると感情移入して自分が辛くなってしまった．そして，以前ならばそのまま話を聴いているだけだった．

ところが，今回の実習のなかで，それではダメだと気づくことができた．ただ，感情移入するだけでは，Yさんの生活の見通しは立たない．患者と一緒になって，これからの生活を考えていくことがMSWの役割である．それを実現していくためには，相手の気持ちを受けとめると同時に，患者の将来を含めた生の全体を見ることが求められる．そのことが，実習の課題としてとりあげていたAさんにとっての「生活者という視点から医療サービスの利用者理解」であり，相手を理解するには自分の人にかかわる態度が問われることになるとわかった．

感情移入し，同じ気持ちを表すことをしていれば，相手とのよい関係を続けることができる．そして，よい関係を維持することで援助をしていくと，相手の要望に合わせたものになりやすい．反対に，患者の生の全体を見据えた支援を行うことは，嫌な役割を引き受けることが必要となる．それが相手の生に対して責任ある対応である．理想の援助の姿に囚われていた彼女が，自由になるために避けて通れない大切な課題の発見となった．

課題からの学びを明らかにするためには，あらかじめ課題をきちんと立てること，また実習のなかで課題へチャレンジできているかを確認することが必要となる．その確認が，実習中の

実習指導者，また訪問指導時の教員からのスーパービジョンのなかで行われ，最終的には振り返り作業において，課題への取り組みからの学びをハッキリさせることになる．したがって，実習中に課題を明らかにできなかったり，課題への取り組みが十分にできなかったりしても，最後の振り返りの作業のなかで課題からの学びを明確にすることは可能である．そして，この学びとは，やはり学生が一生懸命に実習をしたからこそ可能となるのである．

(3) 今後の学び，実践に向けた視点──永遠に続く基礎工事への出発

1）真の実践力の養成とは

振り返り作業をきちんと行っていくと，体験学習としての実習が「身をもって学ぶ」ことであるということがわかってくる．「身をもって学ぶということは，楽なことではなく，辛いこと」（佐藤，2004）である．しかし，厳しく，辛いことであるからこそ，真剣な学びとなる．その意味で，実習は修行であると言うことができよう．もちろん，楽しいことが悪いことではないのだが，本気になって学ぶためには他者や自分自身と直面することが必要になる．

このように修行として実習教育を考えると，ある大学附属病院でMSWをしているHさん（女性）の実習が思い出される．彼女は，4年間の成績もトップクラス，対応も大人びていて，何も問題がないように思えた．また，3年生の実習においてもそれなりの評価をもらっていた．4年生になってMSWになりたいので実習をしたいと私の研究室を訪ねてきた．

こうしてHさんはある大学附属病院で実習をすることになったのだが，実習のなかですぐに課題が明らかになった．彼女は考えたり，分析することは確かによくできた．しかし，他者の気持ちを受けとめ，自分の感じたことを伝える，そうしたなかで相手とともにいるということができないのである．そのことが，実習指導者から問いかけられた．この課題と向き合うことは，彼女にとっては辛いことだった．だが，そのとき逃げなかったことで，最終的に振り返り作業のなかで自分の課題としてハッキリさせることができた．そして，それが彼女の現在の実践とつながり，活かされている．

このように実践力の養成とは，単に今の力だけでなく，人間の可能性の実現につながる．そして，修行として問いかけることの意味とは，人間の回復を問い続けたフロム（E.Fromm，1972）のことばを借りれば，「最上の条件下にあってさえも，人間の可能性は一部しか実現されない．人間はいつも，完全な誕生の前に死ぬ（人間における自由／東京創元社）」からなのである．

2）永遠に続く基礎工事への出発

振り返り作業をきちんと行えば，学生は専門職になるための最初の実践的な学びの実習教育のなかで，自明にしていることが疑わしくなる問いをもつことが可能となる．この問いをもつこととは，単に知識を増やしたり，体系立てることとは異なる．情報としての知識を得る問いは，答えを得ることで終わる．それに対して，自明なことを問いかける問いとは「問いへと開かれる学び」（ボルノー．Otto F.Bollnow，1978）となり，終わりのない問いとなる．この問いへ

と開かれるとは，対人援助の基本的な学び方を次のように教えてくれている．私たちは，今の自分をもちこんで，使ってしか他者にかかわることができない．そうしたなかで，自分の姿を自明なことのままとし，その上に乗っかっていれば自分は安定していられる．しかし，自分を磨くこととは，自分の足下がゆらぐなかで，全力で今の自分をコミットさせることで可能となる．その学びが，永遠に続くことになる．したがって，問われているのは人にかかわる基本的な態度であり，それが身についていない対人援助の専門職は，実践力が最も欠けていることになる．

こうした実習の学びとは，専門的な知識や技術の獲得に主眼があるのではなく，対人援助を実践するための基礎が問われている．ただし，ここでいう基礎とは，従来の基礎と応用という区分において示される基礎とは異なる．ここでいう基礎とは，あくまでも応用につながる基礎であり，また応用につながっていない基礎では意味がない．そして，基礎を大切にし，基礎から常に出発することで，さまざまな専門的な対応が可能となるのである．そのため，基礎を学ぶこと，基礎工事は永遠に続くのであり，続けていることが専門性の証ともなるのである．

基礎工事をすることは，基礎から出発することで，学びのつながりを生みだす．たとえば，先に示した生活の理解から，サービスとしての具体的な社会資源の活用を考えることになる．また，その背後にある社会福祉制度や政策の問題に目を拡げてくれる．それまで別々に学んできたことが，一つの問題を通してつながることで，学ぶことの面白さが実感できるし，当然だが意欲も高まっていく．また，高齢者・児童といった個々の分野について学んでいることが，社会福祉サービスの利用者ということで，そこには共通の課題があること，さらにはサービスの活用についてある分野で学んだことが，他の分野の課題として活かせるようにつながることになるのである．こうして一つのことを学ぶことから，さまざまな結びつきをつけて学べることが可能となるし，それがあたりまえにできるようになっていく．

最後に，実習からの学びとして次のことを確認しておきたい．振り返り作業をきちんとすることで，学生は援助実践の「一回性」ということを理解する．私たちの生に限りがあるように，実践もすべて一回性ということに意味がある．二度と同じことがない一回性のなかで責任を果たすのが実践であり，そのことを最初に体験するのが実習である．したがって，実習を完成させることで，振り返りまでの一連のプロセスにおいて責任ある生き方を学ぶことになる．この責任ある生き方を問われるなかで，学生はソーシャルワーカーの第一歩を踏み出しているのである．

2　実習報告書

(1)　実習報告書つくりの意味

1)　実習生への教育プログラムとして

実習生が実習報告書をしたためるプロセスも実習の振り返りの重要なポイントである．実習

体験によって自己の内部に起こったさまざまな感情の嵐をまずは，事後学習の授業で徐々に整理してゆくであろう．他の学生の体験発表や，グループ討議でそれは深められる．そして，最後に自分自身にとってこの実習体験は何であったか，何を学びえたかを文章化するのである．実習指導教員は個々の学生のレポートの添削をしながら，「誰のものでもない，各自の学びの輝き」を引き出すことに努める．

2）実習指導者へのフィードバックとして

報告書の圧倒的な分量は実習指導者から何を学びえたかが綴られている．実習指導者が意図した指導のボールが的確に受け止められて返球されているのか，とんでもない変化球で彼方に飛んで行ってしまったのか，興味深い報告書であることだろう．そして次年度の実習指導の参考になるものでもある．

3）実習校のコンセプトを示す場として

実習報告書は全国の福祉系大学，養成校間で寄贈交換されている．わが養成課程をアピールする機会ともなる．また，実習施設では，そこでの利用者の目にふれる機会もありえる公の意味合いの大きい報告書である．

(2) 実習報告書の構成

上記の意味合いから，この構成は学生個々人の実習体験レポートが中心であるが，「はじめに」とか，「発刊によせて」とか，の名目で実習教育の意義や目的，養成校の特色などが，実習指導教員や，場合によれば学長などからの文章が掲げられている例がある．学生のレポート部分は1人，1～2ページが一般的であるが，大学によっては，力を入れて6～7ページ書かせて，全体のページ数が250ページを超えるものもある．おおむね，機関の特色，概要，実習目的，自己への気づき，実習で学んだこと，今後の課題などが構成テーマになっている．筆者の場合実習施設の概要の中に機関が掲げている理念やコンセプトを調べて書かせた．またテーマは「印象に残ったこと」「実習指導者から学んだこと」「実習全体の気づき」などとした．

実習報告書は実習報告会の参加者に手渡されることから，実習報告会のレジュメが収録されていれば，より，実習の全体像を伝え残すことが出来るであろう．

(3) 実習報告書の具体例

以下に，筆者の前任校である宇部フロンティア大学2006（平成17）年度における医療福祉実習報告書の一部を示しておこう．

実習報告書・実習生のレポート部分

「関わる」ことを諦めない　　　　合屋さゆり

Ⅰ 病院の機能，特色
　病床数：一般　●床，療養型　●床（介護療養病床　●床）　計●床
（略）

Ⅱ 印象に残ったこと
（略）

　Aさんは入院されて，もう数十年経っていらっしゃる方である．入院当初は，体が動かないものの言葉は発することができ「退院したい」「このまま生きていてもしょうがない」など，自らの進行する難病を悲しみ，感情的になられることもあったという．かつては，Aさんが生まれた地域の病院への転院予約をされていたときもあったそうだが，「帰ったら家族に迷惑をかけてしまう」という気持ちが生じ，転院をキャンセルされた．このことは，病状の進行によって増加する家族への遠慮や疎外感といったAさんの想いが，地元に帰りたいという気持ちをも押し殺してしまったのだろう．そして，今では，人工呼吸器を装着し，言葉はおろか，顔の筋肉を何とか動かすことしかできないほどに病気が進行してしまっている．

　私は，Aさんに初めてお会いしたとき，正直，どうコミュニケーションをとったらよいかわからなかった．自己紹介はしてみたものの，第三者がみても動揺しながら話しをしていることがわかるくらい戸惑っていたと思う．なぜなら，私が自己紹介をしていることをAさんが喜んでくれているのか，不愉快に思っているのかさえもわからなかったからだ．私は，どう声をかけたらよいのか，どう関わったらよいのかわからず，これから実習中に毎日関わらなければならないことが憂鬱だった．

　しかし，実習を続け何日間かAさんの病室を訪れるうちに，Aさんの心の動きを知ることができたように思う．実習2日目からはAさんと少しでもコミュニケーションをとろうと思い，淡々と自分のプロフィールを語ってみたり，文字として紙に書いたり，小さな紙にいろいろな絵を描いてAさんに見てもらったりと，さまざまなことを試みてみた．すると，初日に話しかけても無表情だったAさんが，次第ににっこりと笑ってくださったり，別れ際に少し目に涙を浮かべられたりされたのである．

　そして，実習最終日，その日は晴天で，入院患者さんが看護師や介護士と一緒に院内の庭などを散歩する日となった．Aさんも散歩をされているということで，私は車椅子に乗ったAさんに付き添うことにした．庭にはさまざまな夏の花が咲き，その1本をAさんの髪に飾って「Aさん美人ですね」というとAさんは満面の笑みを浮かべながら，外の空気やそよ風を大切に感じていらっしゃるようだった．そして散歩から戻り，Aさんに「今日で実習最後なんですよ．今まで本当にありがとうございました」と伝えると，Aさんの表情が突然変わり，声を出すようにして涙を流された．私は，このようにAさんが涙を流してくださったことを本当にうれしく感じた．そして，もっとAさんと関わりたいと思うようになっていたのである．それと同時に，ALSという難病を抱え長期入院をつづけるAさんのニーズ，想いとはなんだろうかと考えるようになった．かつて，Aさんは「退院したい」という想いを抱えていた．私には，その想いが完全に消失したとは考えられなかった．もし，「退院したい」という気持ちがまだAさんの心の中にあるとするなら，少しでもその想いを叶えてあげたいと思う．しかし，自分の想いを具体的に表現することができないAさんにとって，どうすることが最善なのか，長期入院であればあるほど，Aさんの気持ちを理解するためにも「関わる」ことを諦めてはならないのだろうと考えるようになった．そして，MSWとして，Aさんのような難病を抱えた方が，安心して住み慣れた地域や在宅に戻れるよう，さまざまな社会資源を創出していくことも進めていかなければならないのだと感じた．
（略）

実習報告書・はじめにの部分

(略)

〈学びの中心〉

それぞれの医療機関でそれぞれのスーパイバイザーが個々の学生と1対1の格闘をして下さった．その成果は彼らの報告書に満ちあふれている．

コミュニケーションが困難な難病患者さんに戸惑い悩みながら，必死で思いをくみ取ろうと試行錯誤する姿や，インテーク，アセスメント，ケアプランとケースワークプロセスを順調に進めたと思いきや，スーパーバイザーの指導で，独りよがりだったことに愕然と気づかされる姿とか未熟さや限界を思い知らされ，打ちのめされた場面の数々である．しかし，われを知り，「己の甘さ」に対面させられながら，そこから，また立ち上がろうとする実習生を支えて下さったスーパーバイザーの姿がありありと見えてくる．

それらに共通しているのは，ソーシャルワーカーとしてのまなざし，視点とは何かを体得するプロセスであったといえる．その人柄，人間力を開示し，あとに続く者たちへの指導にあたって下さった各スーパーバイザーの情熱があってこそ，そのプロセスは可能となる．そして，このような学びの機会を与えて下さった機関の関係者，利用者の方々の数々の配慮の上にこれらの実習が成り立ったことが想像されるのである．改めて深く感謝申し上げたい．

実習生は数か月後には現場に立つ．実習でふれた先輩MSWの輝きと厳しさを抱きつつ，歩みだしてほしい．

そして先輩たちがそうであったように，後輩たちへのあこがれの存在になるべく成熟を続けてほしいと願うものである．

3 実習報告会
――大学主催で実施する報告会，学生数が多数でありグループで報告する場合

(1) 事後学習における実習報告会

実習を終えた学生たちは，多くの場合，現場で遭遇した多くの体験に対し，戸惑い，驚き，悲しみ，感動，喜びなど，整理できないさまざまな感情を抱いたまま大学へもどってくる．また，現場の厳しさを理解した"つもり"，自己覚知をした"つもり"，未熟な自分に気づき反省した"つもり"，大学では学べないことを学んだ"つもり"など，体験しただけで何かをわかった"つもり"になっていることもある．

事後学習は，実習の成果を決定づける重要な過程である．学生同士のグループでのふり返りや指導教員とのスーパービジョンを通じて，実習で体験した事柄を検討し，その体験の内容・意味を考える．こうした過程を通じて，個人の体験を普遍化し，言語によって他者と共有できるようになり，また実習での体験を将来に活用することができる．

実習報告会は，こうした実習での体験や考察を多くの聴き手に伝える場である．実習報告会の具体的運営方法は，学生数や大学の方針によって変化する．実習を履修する学生数が少なけ

れば，報告会は個人での報告となるだろうし，そもそも実習報告会という形式をとらずに，講義時間内で報告する場合もあるだろう．ここでは比較的学生数が多い大学において，大学主催でグループによる報告会を実施する場合について検討する．

　実習報告会は，事後学習の最終段階で実施されることが望ましい．グループでのふり返りや教員とのスーパービジョンでは，学生1人ひとりの体験に焦点を当てて考察を深めていくことになり，この過程で気づいたことや学んだことは，個人レポートに表されることが多い．しかし実習報告会では，学生が数名のグループを作成し，実習指導者や学内の先輩・後輩たちに対して報告することになる．"自分が行った実習のふり返り"そして"自分自身への問いかけ"に始まる事後学習は，最終段階で，他者である他の学生と協働して他者である実習指導者や先輩・後輩へ報告する形となる．"ウチ"から"ソト"へと大きく展開するといえる．実習報告会は「個別」の体験が「普遍化」「理論化」され，「他者」と共有される場である．

(2) 実習報告会の意義

1) 他の学生が行った実習を知る

　実習報告会では，他の学生が実施した実習内容について，また他の学生が持つ様々な考え方に触れることができる．180時間の実習は，学生にとっては膨大な時間に感じるかもしれないが，実践のごく一部分に触れるに過ぎない．他の学生の報告を通じて，さまざまな臨床の現場を知ることができる貴重な機会である．

2) 他者の考えにふれる

　報告会の準備の段階で，まずグループメンバーの間で自由に話しあい，さまざまな実習経験や考え方を共有することになる．次にその中から，報告会で報告すべき事柄を絞り込んでいく作業が必要となるが，グループメンバーで検討する過程においても，またさまざまな考え方に触れることができる．特別養護老人ホームで実習を行ったとしても，施設によってサービス提供の方法が異なることもあれば，保健医療機関で実習を行ったとしても，実習生によって理解のしかたや視点が異なることも多い．

　一方で，分野や種別が異なっても共通するソーシャルワークの基本を考えることもできる．個々の体験を検討し，つなぎ合わせていく過程は，改めて「ソーシャルワーク」を考える機会である．

3) 他者へ伝える

　ソーシャルワーカーを目指すならば，「他者へ正確に伝える」技術は，必要不可欠である．ソーシャルワーカーは，クライエントとの1対1での面接ばかりでなく，多数を相手にプレゼンテーションを行う能力も求められる．プレゼンテーションソフトを用いて視覚に訴える，個人情報を守りながら効果的に事例を示すなど，多数を相手にする際の工夫も必要である．

(3) 実習報告会の具体的運営

1）報告形態を決定する

　学生数が多数の場合，限られた時間で実施するためには，同時に複数グループが報告する必要がある．学会のような分科会形式もしくはポスターセッション形式をとると効率的である．高齢者・児童・障害者といった分野毎に分ける，特別養護老人ホーム，児童養護施設といった施設種別毎に分けるなど，分類についても工夫する．使用機材や報告時間，報告資料集や抄録の様式や締め切りなど，報告手段に関する事柄を決定する．

2）学生の参加を促す

　実習関係の講義をふり替えるなどの方法で，できるだけ多くの学生の参加を促す．実習報告会の実施時期や実習を履修している学生の割合，大学の方針にもよるが，下級生や上級生の参加も促す．まだ進路を決めかねている下級生にとっては自らの進路を考える良い機会となり，すでに実習を終えた上級生にとっては，自分たちの実習体験を思い出し近づく就職への新たな心構えをつくる機会となるだろう．上級生は，単に参加者となるだけでなく，アドバイザーやチューターとして準備段階から関わることも有効である．

3）実習指導者への案内

　実習報告会を実施するならば，是非実習指導者にも出席していただけるよう働きかける．大学から公文書として実習報告会への参加を依頼することはもちろん，実習指導の一環として，交通費などの経費は大学側が負担する体制が望ましい．また，是非学生本人から実習指導者へ参加をお願いする手紙を書いてほしい．恥ずかしい，照れる，ましてや面倒くさいなどとは思わないでいただきたい．実習で体験したことから何を学んだのかをきちんと実習指導者へ伝えてこそ，実習の成果があったといえる．実習施設やクライエントに対するなによりのお礼のつもりで，堂々と報告する姿勢を持ちたい．

4）教員の役割

　教員は，グループ報告への助言・指導を行う．報告会での司会・進行は，学生が担当する場合と教員が担当する場合がある．学生が中心となって担当する場合，学生の自主性が発揮され，また将来いろいろな場面で役立つ貴重な経験となるだろう．教員が担当する場合は，予定した時間に沿って進行しつつも，その場に出席されている実習指導者に意見やコメントを求めたり，時には自らが質問やコメントをするという臨機応変な対応ができるという利点がある．

(4) 報告内容を決定する

1）個人からグループへ

　まず個人の実習体験をKJ法などを用いてグループで検討し，グループでの報告概要を決める．具体的な体験内容はそれぞれの学生で異なったとしても，実習中にソーシャルワークについて考察を深めるきっかけとなる出来事があっただろう．例えば「秘密保持」をどう実践するか，考えるきっかけとなる出来事があったはずである．グループ全員が意見を出し合いつつ，

報告するポイントを絞っていく．全員が"共通して"体験したこと，もしくは"全く異なる"体験をしたことを中心に考えていくと良いだろう．

2）「誰に」「何を」「どのように伝えるのか」

参加者のうち，特に「誰に」対して「何を」伝えるのかを考える．「誰に」伝えるかによって，当然伝え方，伝えるべきポイントが異なってくる．例えば「秘密保持」について伝えるにしても，実習指導者に対して伝えるのであれば，実践における「秘密保持」について実習体験から学んだことを伝えることになるだろうし，後輩に対して伝えるのであれば「秘密保持」を理解するために学んでおくべきことを伝えることになる．大学での指導者に対して伝えるのであれば，「秘密保持」に関して，事前の指導で役だったことや指導しておいてほしかったことを伝えることになる．聴き手を想定し，聴き手に伝わりやすい例示を工夫することが求められる．

3）報告と提言

報告会では，自分たちが経験したことから，新たな提言を行うこともできる．実習生の報告がきっかけとなって，次年度からの実習事前学習や実習プログラムが検討される場合もある．

(5) 留意事項

繰り返しになるが，実習報告会は，実習で学んだことを外部に対して報告する場であり，大学内や施設内で報告する場合とは異なることにくれぐれも留意する．ある施設でたまたま遭遇した事実を根拠としてその施設を批判したり，あたかもすべての施設で同じことが起こっているように一般化して報告することは避ける．限られた時間である実習中に，偶然目撃した事実から多くを憶測することは危険であり，ものごとにはさまざまな側面があることも理解しておかねばならない．批判してはいけないということではないし，疑問を正直に提示することは重要である．しかし，そもそも実習先に対して疑問を感じる場面があれば，実習中に質問しておくべきであり，報告会という場で一方的に伝えるべきではないだろう．

事例提示の方法についても，個人が特定できないように注意する．どうしても事例を提示する必要があるのか，その事例を通じて何を伝えたいのか，そのためには利用者に関する情報のうち何を提示する必要があるのかを詳細に検討し，最低限伝えねばならない事柄を決定する．本来，利用者に関する事柄を報告するのであれば利用者の同意が必要となるが，まずは実習施設へ了解を求める．あらかじめ報告内容の概要をまとめ，実習指導者へ連絡して指示を仰ぐようにする．

実習は，個別な体験の集積である．しかし「ソーシャルワーク実習」という視点で実習を見直す時，ソーシャルワークの本質につながるような共通の経験が見つかるはずである．個人の体験をふり返り，深め，それを他者に伝えるという報告会の過程で，大学で学んできた「ソーシャルワーク」を，実感を伴って理解することができるだろう．実習を終えた瞬間が，専門職としての新たな始まりであるとも言われている．実習報告会は，実習生としての立場にひとつ

の区切りをつける機会でもあるとともに，ソーシャルワーカーを目指す者としての新たな出発点となる．

注
＊本章に収録した実習生のレポート例は掲載許諾を得たうえで収録している．ご協力いただいた各氏にここにお礼申しあげたい．

参考文献
［第1項］
佐藤俊一（2004）『対人援助の臨床福祉学——「臨床への学」から「臨床からの学」へ』中央法規出版．
佐藤俊一（2006）「臨床からの学の発想——社会福祉士養成教育の視点から」『介護福祉教育』11(2)：34-35，日本介護福祉教育学会．
佐藤俊一「よい関係で失っているもの」（2006）『医療ソーシャルワークの解決技法　医療社会事業従事者講習会報告書』22：7-8，東京都福祉保健局．
早坂泰次郎編著（1999）『現場からの現象学——本質学から現実学へ』川島書店．
Erich Fromm（1947）*Man for Himself*. New York：Rinehart and Company．E. フロム／谷口隆之助・早坂泰次郎訳（1972）『人間における自由』東京創元社．
Otto F.Bollnow（1978）*Erziehung zur Frage*．森田孝・大塚恵一訳編（1978）『問いへの教育』川島書店．

［第3項］
福山和女・米本秀仁編（2002）『社会福祉援助技術現場実習指導・現場実習』ミネルヴァ書房．
宮田和明・川田誉青・米澤國吉・加藤幸雄・野口定久・柿本誠・石河久美子編（2002）『三訂　社会福祉実習』中央法規出版．

第12章 地域職能団体の取り組み

1 愛知県医療ソーシャルワーカー協会

はじめに

　当協会では実習教育検討委員会で2001年度から2003年度までの3年間「医療ソーシャルワーク実習指導指針」の作成に取り組んだ．作成するにあたり医療ソーシャルワーク実習の実状を調査するアンケートを実施した．調査対象は，①2001年度は実習生を受け入れる病院・クリニック・介護老人保健施設等に所属する当協会の会員②2002年度は実習生を教育する愛知県下の福祉系大学の教員③2003年度は実習を受ける愛知県下の福祉系大学の学生である．それらの結果をもとにした企画「実習指導に関する情報交換会」でアンケート結果等の報告と討論を行った．これらの取り組みによって様々な立場・視点から医療ソーシャルワーク実習の現状と課題を分析した．今回，以上の取り組みの成果として，医療ソーシャルワーク実習指導指針を作成した．

(1) 医療ソーシャルワーク実習の目的と意義
1) 医療ソーシャルワーク実習とは
　医療ソーシャルワーク実習の目的はMSWの養成であり，実習生が将来「MSWになる」ことを前提として，教育機関などで学習したソーシャルワークの価値・知識・技術を保健・医療分野での実践に適用するプロセスを体験することである．従って，専門家になることを必ずしも前提としない「体験学習」や，実践トレーニングを伴わない「見学」とは本来区別されるべきものであろう．しかし実際の現場では，「MSWになる」という意志を明確にする前段階の「MSWの活動を知る（見聞する）」という過程も含めて，MSWの指導を受けながら保健・医療の現場で一定の期間を過ごすことを広く「実習」と称し，多様な学生・研修生を受け入れてきている．

　この「実習指導指針」は，「知る（見聞する）段階」と「本格的に目指す段階」の両方に対応することを考慮して作成した．まずは広い意味での「実習」を受け入れる機関が増えることが，本来的な実習が出来る場の増加や，実習指導の質の向上にもつながると考えたからである．

2) 受け入れ側にとっての実習の意義
　実習を行うことは，実習生にとっての意義はもちろんのこと，指導に当たるMSW自身やワーカーの所属部署，あるいは施設全体にとってもそれぞれに意義があると考える．

　主には，①自分達の仕事を引き継ぐ後進を育成する②自らの「理論と実践」の再検討の機会

を得る③職種および施設・機関としての社会的責任を履行する④MSWの社会的認知を高める⑤MSWの施設・機関内における理解を深める機会を得るといった意義があげられる．実習を受け入れることは，時間，労力，資源の面で負担が生じることでもあり，特に施設側や他部門からの理解と協力を得，実習指導を行いやすくするためにも，担当ワーカーが実習の意義・目的を他者に説明できることが必要であろう．

3）実習の目標

上述の目的・意義が果たされるような実習にするための実習生の獲得目標としては，以下のような事柄が考えられる．

① 専門職としての価値・知識・技術を身につける
② MSWの業務を理解する
③ 「生活」の視点から，また，社会との関連からクライエントへの理解を深める
④ 施設・機関の役割・機能を理解すること，医療・福祉諸制度を理解すること，政策動向の影響を理解することなど，医療福祉の現状への理解を深める
⑤ 専門職として必要な自己洞察・自己覚知を促進する

どのような事柄に重点が置かれるかは，実習生の志向や指導にあたるワーカーの考え，施設の特色等によるが，こうした目標にそって具体的な実習プログラムや指導方法を検討することになる．

（2） 医療ソーシャルワーク実習の事前準備

1）実習を受けるに当たっての事前準備

個人情報利用目的の公表

2005（平成17）年4月1日より個人情報保護法が施行されたことに伴い，実習を受け入れるに当たっては，機関内に掲示される個人情報の利用目的の中に「機関内において行われる学生の実習への協力」等の条項が明示されている必要がある．

実習契約（病院・施設等と大学・実習生との契約）

実習を受けるに当たっては，以下の書類の提出を受け，病院・施設内で受諾の手続きをすすめる．なお，大学の実習指導教員の氏名・連絡先等を確認しておく．[1]

① 実習依頼書・承諾書等→管理者・関係部署への依頼と承諾
② 誓約書（秘密保持，個人情報保護の観点が含まれているもの）
③ 個人票
④ 実習計画書
⑤ その他，必要に応じて健康診断書・実習費用契約・保険契約・宿泊契約等

事前訪問面接

実習生は期待と不安，自信や危惧を併せもって実習にくる．出来るだけ不安を和らげ，実習生が早く現場の雰囲気に慣れるように事前（実習の2週間〜1か月前まで）に面接を行う方がよい．

① 実習計画書を検討する．
② 実習生が何を学びたいかを確認する．
③ 実習生はこれまでにどのような医療ソーシャルワーク実習の体験をしたかを確認する．（今までに行った実習での成果の確認を含む．）
④ 実習日程の確認（実習日程・時間，出勤・退勤時間，休憩時間や場所，休日等）
⑤ 実習中の注意事項（心構え，服装，マナー，実習生を明示した名札，持ち物，昼食，交通手段等の確認）
⑥ 機関の説明・見学（提供できる実習内容の説明を含む．）

2）実習プログラムの作成

実習計画のパターンモデルを参考に，これまで得られた情報をもとに具体的な実習プログラムを作成する．なお，医療ソーシャルワーク実習は流動的なため，プログラムを遂行する過程において計画・目標は必要に応じて見直しをする．

3）他部署への紹介

チーム医療であるため，他部門との関わりは重要．実習プログラムに基づき，協力を得ることが必要と思われるスタッフに対して協力の依頼を行う．

① 実習計画の提示
② 実習生の実習目的・課題の提示とそれに基づく協力依頼の目的・課題の提示
③ 受け持ちクライエントの確認と，実習生の関わりについてのクライエントの了解……実習生の関わりについて，患者さんの同意（書）・施設内に掲示・施設のご案内に明示等の方法による．

4）事前学習について

実習生は事前にどの程度の学習をしたのか事前面接の中で確認し，必要な学習を指示する．また，参考文献の紹介や実習に関係するテーマを与えてレポートの提出を指示する方法もある．

5）実習指導者の事前準備

実習生を責任もって受け入れるには，受け入れるためのハード，ソフト両面の体制整備が必要である．また，受け入れを機会に業務内容を再確認し，不十分な場合には可能な範囲で整備することも望まれる．

① 物理的条件（施設等の整備）
　実習生を受け入れるために，（日常業務において）整備されていることが望ましいもの
　・相談室（専用の部屋）
　・デスク（記録を作成するための事務机）

・面接室（複数のMSWのいる施設では，専用のプライバシーが守られる面接室があること）
・専用の電話
・ロッカー（所持品の保管）
・その他
・実習ノート（日誌）の書式（課外実習の場合）

② 教育・指導に当たるMSWに求められるもの

ア．医療ソーシャルワークに関する基本的知識・技術・技能を持ち，それを伝えることができる能力
・面接の技術，態度の基本
・ソーシャルワーカーの倫理性
・社会資源に関する情報の活用の方法
・面接記録のとり方と整理の方法
・疾病と生活上の問題の関係
・地域社会との連携

イ．実習を学習の過程と認識し，指導することができる能力
・理論と実践の一致の場と認識し，実習生にその両方の習得の重要性を認識してもらう機会としてとらえる．
・支持的な立場から実習効果が高まるように援助する．

ウ．実習生を評価し，実習効果を高めることのできる能力
・時間，約束，規則の遵守．
・実習課題を達成しようとする意欲を引き出す．

おわりに

当協会の実習教育検討委員会で医療ソーシャルワーク実習指導指針について以上の通りまとめた．病院等の医療機関での医療ソーシャルワーク実習を主な対象としたもので，多くの課題が残っている．当協会として今後も更なる議論を重ねてよりよいものにしていきたい．紙面の関係で①実習内容素案②実習中のマナー等についての注意事項③実習指導委託契約書④誓約書については省略する．

愛知県医療ソーシャルワーカー協会

実習教育検討委員会委員（2005年）

委員長　山口みほ（日本福祉大学/西山クリニック）

委員　　近藤修司（愛知県医師会難病相談室）
　　　　眞野　潤（豊明老人保健施設）
　　　　長井香世子（刈谷豊田総合病院）
　　　　尾原麻由生（成田記念病院）

河合秀樹（鵜飼リハビリテーション病院）

2　職能団体による実習報告会

（1）実習報告会に向けての準備

　実習を終えたのちには実習報告書の作成が課される．

　実習報告書については11章第2項の通りであるが，実習報告会に備えて学生自身が実習計画作成過程で明確にした「実習領域・実習施設選択の理由と目的」，「事前学習の内容」，「実習のねらい」，「具体的達成課題」などとの関連を意識して盛り込むことが望ましい．養成校によっては実習報告会フォーマットが用意されている場合もある．

　自身の実習を振り返り経験の構造化を行う作業と，個別ないしはグループでのスーパービジョンを経て出来上がった実習報告書を元に，実習報告会での発表に至るのが一般的であろう．

（2）実習報告会の意義

　実習報告会については，学生にとっても実習指導者にとってもそれぞれ重要な意義を持つものである．

　学生にとっては，報告会発表に向けた準備，実習の振り返りと経験の構造化の過程で自己覚知を深めてゆけることに加え，当日の発表からお互いの実習体験・学びの成果を共有することによって学習効果を高めあえるからである．実習指導者が出席してコメントや指導があれば学習効果は一層高まる．

　実習指導者にとっては，指導した学生以外に他の機関・施設で実習を体験した学生たちの発表を聴いて実習指導教員や学生らと意見交換することができ，自身の実習指導を検証・評価できる機会として意義がある．そこから得られる示唆と考察は，指導者としての能力を向上させることに大いに貢献するはずだからである．実習報告会への参加は，個々の学生を対象にしたスーパーバイザー会議（福山，2002）と相まって，直接の指導経験に幅と深みを与えてくれるものであろう．

（3）職能団体が主催して行った実習報告会の一例

1）栃木県医療社会事業協会主催の「医療ソーシャルワーク実習の実習報告会」

　栃木県医療社会事業協会では，2005（平成17）年度に会員が所属する病院の医療ソーシャルワーク実習受託状況を把握し，養成校指導教員と学生，実習指導者が一堂に会する実習報告会を開催した．2006（平成18）年3月に実施した実習報告会は，養成校ごと，病院ごとの枠を取り払い，指導教員と学生，実習指導者に加えて当該年度に実習生がいなかった病院および今後実習を受託しようと考えているMSWらが出席した点で画期的である．

　今後増加すると予想される病院でのソーシャルワーク実習の依頼を，職能団体として受け入

れ態勢を整えサポートしてゆくことが責務であるとの認識が根底にあってのことである．

2）実習報告会の実際

　平成17年度は栃木県内の5つの病院が，医療ソーシャルワーク実習として3つの養成校から8名の学生を受け入れた．報告会には学生8名全員，3つの養成校の各指導教官あわせて4名，実習受託の4病院中3病院のMSWがあわせて4名，当該年度の受け入れはなかったが実習指導経験のあるMSW 2名，実習指導経験のないMSW 1名の，合計19名が出席した．

　実習指導が未経験のMSWにも参加を呼びかけたのは，職能団体として会員に，実習指導が専門職として担う責務のひとつである教育的機能だとの自覚を促すことも意図している．実習報告会は，実習指導の概要が把握でき，さらに具体的な実習内容と指導方法などへの理解を深めることができる，またとない機会である．これによって実習受託に向けた会員の動機付けが強化され，実習生の受入れが拡大するよう期待してのことである．

　報告会での発表内容は，①実習生；実習での主要体験とそこから学んだこと，感じたことなど，②実習指導者；実習への姿勢・対応（考え方），実習プログラム，指導上の留意点，③養成校教員；学生の事前・事後指導，実習依頼の際の留意事項などである．①～③を踏まえ全員で④実習前後の教育指導，実習プログラムと指導方法，養成校と医療機関の協働のあり方等に関して意見交換を行った．

3）出席者それぞれの立場で表明された実習報告会の意義

　報告会終了後に参加した学生から寄せられた意見・感想から，その意義を抽出すると次のようにまとめられる．

① 実習指導者と指導教員の指導理念や配慮，その意味が理解できた．
② 時間をおいて実習の振り返りの機会をえたこと，他の学生の報告を聞けたこと，複数の現役MSWや他の養成校教員の話が聞け，その後の意見交換などからも新たな気づきが得られ，大変有益だった．

　実習指導者（未経験者を含む）から寄せられた意見・感想から，その意義を抽出すると次のようにまとめられる．

① 直接指導した学生以外に他の病院で実習を体験した学生たちの発表・報告は，今後の実習指導の参考になり有益である．
② スーパーバイザー会議とは別に時間をおいた実習の振り返りの機会であり，指導教員とともに学生とも意見交換しながら自身の実習指導を検証できる点で有意義である．
③ 病院，養成校の枠を超えた経験の共有は，実習受託経験がない，あるいは少ないMSWにとって貴重である．
④ 実習の現状と実施する上での課題を知ることができて有意義である．
⑤ 実習の前後での学生の気づき，実習後の学生の変化を確認でき，実習指導の意義と責任の大きさを再認識した．
⑥ 実習経験が学生の成長に貢献していることが実感でき，指導の甲斐を感じた．指導者と

しての意欲の維持向上になる．

養成校指導教員から寄せられた意見・感想から，その意義を抽出すると次のようにまとめられる．

① 病院と養成校との間で人材育成における協働のあり方や具体的な実習指導に関するすり合わせなどを協議するための良い機会である．
② 養成校と病院との協働のあり方について率直に意見交換できる．
③ 現場の求める実習生や人材のイメージを共有することができた．現場の要請に応えるための教育課程のあり方を考えたい．
④ 指導担当以外の学生の体験・報告を聴き取ることは，指導教員として貴重な経験である．
⑤ 職能団体が主催する都道府県単位の報告会は高く評価できる．継続を望む．

(4) 職能団体が主催して行う実習報告会の意味と効果

養成校ごと，病院ごとの枠を取り払い，指導教員と学生，実習指導者に加えて実習指導未経験のMSWも参加した職能団体主催の実習報告会は，養成校単位で行われる実習報告会とはまた別の気づき・収穫を，学生にも実習指導者にも指導教員にももたらした．また，この例に見るように，職能団体が主催すると実習指導が未経験のMSWにも参加を呼びかけることができる．これから実習を受託しようとする出席者は，実習指導の概要把握，具体的な実習内容と指導方法などを理解する機会を得ることで，今後の実習指導者としての動機付けを強化されることになる．

栃木県医療社会事業協会が行った実習報告会は，出席した養成校指導教員と実習指導者双方から高い評価が得られ，今後の継続を強く支持された企画であった．このような実習報告会の継続開催は，学生への教育効果を高めることはもちろん，今後の医療ソーシャルワーク実習を受託するMSWの拡大にも大いに貢献するものと思われる．

参考文献

［第2項］
日本医療社会事業協会監修，福山和女編（2002）『保健医療ソーシャルワーク実習』川島書店．

終章 社会福祉士養成課程における病院実習の意味

1 社会福祉士養成と医療ソーシャルワーカー業務との関係

　1987年に社会福祉士及び介護福祉士法が制定された際，社会福祉士は，わが国で初めてのソーシャルワーカーの国家資格とされたが，長年，「ソーシャルワーカー」を標榜し，そのアイデンティティを持ちながら働いてきた医療ソーシャルワーカー（MSW）にとっては，縁の薄い資格に留まった．なぜなら，特別養護老人ホームの生活指導員（現，生活相談員）や，児童養護施設の児童指導員など，福祉施設の指導員（現，相談員）職の実務経験者は，たとえば大学を出ていない人でも4年以上その実務経験があれば，厚生省（現，厚生労働省）指定の社会福祉士一般養成施設に入学でき，その卒業により国家試験の受験資格が得られたし，4年制大学卒業者でそれらの福祉施設に指導員職で1年以上の実務経験があれば，社会福祉士一般養成施設に入学した場合に，社会福祉援助技術現場実習の履修が免除されるなど資格取得の方法において一定の配慮がなされたのに対して，医療機関でソーシャルワーカーとして勤務していた者には，何年の実務経験があろうともそのような措置が一切講じられなかったからである．その後，法制定から11年間，この問題は据え置かれた．

　ところが，1998年に，厚生省令・局長通知の改正によって，老人保健施設における相談指導員（現，支援相談員）とともに，病院・診療所で特定の相談援助業務を行っている専任の職員が社会福祉士制度の「実務経験」の対象となり，社会福祉士一般養成施設に入学した場合の実習免除が可能となった．社会福祉士一般養成施設には，夜間通学課程や通信課程も開設されていたため，この改正によって現職のMSWなどがそうした養成施設で学び，国家試験の受験資格を取得しやすくなったのである．

　しかし，ここで1つの問題は依然として残り，また新たな問題も示されることになった．

　残された問題というのは，このように事実上，MSWの業務が社会福祉士制度と結びつくようになったにもかかわらず，社会福祉士養成課程における現場実習の実習先として老人保健施設，病院，診療所は依然として認められないままであったことである．

　そして，新たに示された問題というのは，医療機関における「福祉に関する相談援助業務」の担い手であるMSWの主要な業務のうち，「受診・受療援助」だけが，その業務から除外されたことである（表13-1）．

　表13-2の左側に列挙したのが，医療機関における福祉に関する相談援助業務に認められたものであり，右側に列挙したのが，1989年に厚生省（当時）が設置した検討会で策定され，当時の厚生省健康政策局長名で全国の都道府県知事・政令市市長，日本医療社会事業協会等にあて

表13-1　社会福祉士制度上の実務経験に該当する業務の範囲とMSW業務指針

指定施設での福祉に関する相談援助業務の範囲	医療ソーシャルワーカー業務指針
ア．患者の経済的問題の解決・調整に係る相談援助	1．経済的問題の解決・調整援助
イ．患者が抱える心理的・社会的問題の解決・調整に係る相談援助	2．療養中の心理・社会的問題の解決・調整援助
	3．受診・受療援助
ウ．患者の社会復帰に係る相談援助	4．退院（社会復帰）援助
エ．以上の相談援助業務を行なうための地域における保健医療福祉の関係機関，関係職種等との連携等の活動	5．地域活動

出典：横山（2006）p.3.

表13-2　社会福祉士及び介護福祉士法施行規則（昭和62年厚生省令第49号）等の一部改正（案）に対して寄せられた御意見について　－本稿に関する部分のみ抜粋－

平成18年3月10日　厚生労働省社会・援護局福祉基盤課　発表

厚生労働省に提出された意見※1	厚生労働省の考え方
指定科目に「医療福祉論」を追加するよう告示を改正すべき．「医療福祉論」を他の分野論と同様，指定科目に位置づけて，専門教育が担保される体制をつくるべき．	①社会福祉士一般養成施設等における授業については，「社会福祉士養成施設等における授業科目の目標及び内容について」（※2）の別添1に定めており，社会福祉援助技術現場実習の実施に当たっては，実習生に自己の選択した実習分野と施設について基本的な知識を持たせ，実習先で必要とされる専門援助技術について十分理解させるべき旨通知しているところである．
医療機関における相談援助業務の範囲を見直すべき．医療ソーシャルワーカーのもとでの社会福祉援助技術現場実習を認めるという改正を行うならば，「受診・受療援助」も含めた「医療ソーシャルワーカー業務指針」で規定する業務すべてが社会福祉士の業務として認められるよう，社会局長・児童家庭局長通知（※3）を改正すべき．	②また，この通知では，「医学一般」の授業内容として「保健・医療機関，専門職と福祉職との連携のあり方」を盛り込んでいるため，この通知に基づき，医療福祉に関することを教授することも可能である． ③したがって，ご指摘の点については，現行の通知において対応可能であり，適正な実習指導がなされるよう，引き続き，社会福祉士一般養成施設及び社会福祉士短期養成施設等の指導に努めてまいりたい． ④なお，大学等及び社会福祉士一般養成施設等の個別の判断で「医療福祉論」等を開講することは差し支えない． ⑤社会福祉士は，社会福祉に関する相談援助を行う資格であることから，その受験資格の取得に当たり，病院及び診療所での実務経験のある者については，患者が抱える心理的・社会的問題の解決，調整に係る相談援助等の業務を行う者のみを実務経験の対象としている． ⑥これは，病院及び診療所において行われる社会福祉に関する相談援助業務に着目して，実務経験として認めるものである． ⑦また，医療機関での実習も，実習指導者である一定の要件を満たす社会福祉士等の指導の下，行われることとしており，医療ソーシャルワーカーの指導の下，医療ソーシャルワーカーの養成のために行われるものではない． ⑧したがって，今回の告示改正によって，社会福祉士の業務や養成に当たって必要な知識等が変更されるわけではないため，社会福祉士試験受験に当たって必要な実務経験のうち，病院等における相談援助業務の範囲についての見直しは行わない

※1）本稿に関わる意見のみ記載　※2）昭和63年2月12日 社会局長通知 社庶第26号
※3）昭和63年2月12日 社会局長・児童家庭局長通知 社庶第29号
出典：横山（2006）p.3.

て普及方，協力依頼がなされた「医療ソーシャルワーカー業務指針」が示す「業務の範囲」である．これを対比すると，業務指針の5業務のうち，「受診・受療援助」だけが，「福祉に関す

る相談援助業務の範囲」に含まれなかったことがわかる（「医療ソーシャルワーカー業務指針」は，その後2002年に一部改定されたが，業務の範囲に関しては，退院援助と社会復帰援助とがそれぞれ独立した業務に分けられただけで，その他には変更がなかった）．

したがって，受診・受療援助は，MSWの業務でありながら，社会福祉士制度上の実務経験には含まれない業務と当時の厚生省から見なされたことになる．このような整合性を欠いた扱いは，2006年に至ってさらに不可解な事態を引き起こすこととなった．

2　社会福祉援助技術現場実習の医療機関への拡大

2006年3月末，社会福祉士及び介護福祉士法施行規則が改正され，病院・診療所・介護老人保健施設・地域包括支援センターが2006年度から社会福祉士養成の実習指定施設に加えられることが通知された．これは，社会福祉士養成課程を持つ大学・学校そして，実習受け入れ施設となることになった医療機関などに大きな影響を与える制度改定であった．

そのため，厚生労働省社会・援護局福祉基盤課では，その施行規則の改正案を事前にホームページ上で公開し，2006年2月15日から3月1日までの間，意見募集を行った．

そこには「このまま医療機関での社会福祉援助技術現場実習が認められることになると，受け入れ側の実習指導者となるワーカーは，受診・受療援助業務を実習生にどのように説明し，指導すべきか苦慮することになり，学生にも戸惑いを与えかねず，この業務の位置づけがいよいよ問題になる」との問題意識に基づいた意見や，医療機関での実習を認めるのであれば，社会福祉士養成の指定科目に「医療福祉論」等，「医療ソーシャルワーク論」に相当する専門科目も追加すべきであるという意見，そして「『受診・受療援助』も含めた『医療ソーシャルワーカー業務指針』で規定する業務すべてが社会福祉士の業務として認められるよう，局長通知を改正すべき」という意見などが提出された．

そして，この意見募集で寄せられた意見の要旨とそれに対する厚生労働省福祉基盤課の「考え方」が，同年3月10日同省のホームページで公開された．そのうち，前述した問題に対応する厚生労働省の「考え方」の部分を抜粋したのが表13-2である（厚生労働省側の「考え方」の○囲み数字はここでの便宜上，筆者が付した）（表13-2）．

指定科目への「医療福祉論」の追加を求めたことに対する厚生労働省当局の見解は，端的にいえば，実習指導の中で十分な理解が図れるよう指導することになっているし，「医学一般」の中でも関連事項の教授が可能なので，指定科目化は不要——というものであった．

しかし，実習指導の中で実習先の分野や施設に関して必要な知識・技術を身につけさせるというのは，講義科目のある「老人福祉」「障害者福祉」「児童福祉」などの分野についてもいえることであり，それらの分野ではそれぞれ60時間ずつの講義を指定科目として担保した上で，さらに個別の実習先に対応した実習指導をしているのと比べると，福祉法制に立脚した施設ではない医療現場のフィールドに学生を送り出す割には，あまりに手薄な感が否めない．また，

「医学一般」は，厚生労働省が社会福祉士一般養成施設等に対して，「原則，内科医師」であることを担当教員の要件と定めており，人体の構造・機能，一般臨床医学，医学的リハビリテーション，公衆衛生など多岐に渡る単元を60時間で教授するよう通知している科目である．[1) 2)]「医療福祉論」に造詣の深い医師もいないわけではないが，医学系の内容に比べて「福祉」に関わる部分にどれだけ体系的・専門的な教授が可能かというと，多くを期待するのは時間的にも難しい．

そして，①②③は表中にも記されている通り，社会福祉士一般養成施設等に対して効力をもつ局長通知に基づいているが，法令で「社会福祉士一般養成施設等」という場合，社会福祉士法第7条の規定により「大学」は含まれないため，受験資格別の国家試験合格者数で6割を占める「大学」での社会福祉士養成教育には，厚生労働省が期待するような教育が貫徹するという制度的な保障がない——という社会福祉士養成教育の現行制度上，根本的な大問題が横たわっているのである．そのため規制外の④で初めて「大学」という文言を使っているが，①〜③には用いておらず，当局が「指導に努めてまいりたい」といっても200校近くある福祉系大学に対してはその権限が及ばないという決定的な限界がある．[3)]

一方，「受診・受療援助」も社会福祉士の業務に位置づけるべきではないかという意見に対しては，非常に注目すべき回答が福祉基盤課から示された．表中の⑤⑥を踏まえて⑧の結論に至るということは，「受診・受療援助は病院及び診療所で行われる社会福祉に関する業務ではない」と見なされたことになる．しかし，この「受診・受療援助」は，1991年に日本医療社会事業協会が臨時総会で，「ソーシャルワーカー業務の一部であるが，いかなる場合でも医行為として行うものではない」と決議した業務であり，「ソーシャルワーカー業務としての受診・受療援助」を正しく厚生省や関係者に理解してもらうためとして『受診・受療援助事例集』まで作成して各方面に提出した経緯があるのである．[4)]

ここに，社会福祉士制度と医療ソーシャルワークとの間に看過できない不整合が存在することになる．つまり，「受診・受療援助」は，[医行為]ではなく[ソーシャルワーク業務]であり，厚生労働省が普及を促している「医療ソーシャルワーカー業務指針」の業務でありながら，同じ厚生労働省内の別の部署からは[社会福祉に関する相談援助業務]とは見なされず，ソーシャルワーカーの国家資格である社会福祉士の業務や養成に当たって必要な知識・技術の範疇に含まれない——という解釈が求められているのである．MSWの全国組織が「医行為ではなくソーシャルワーク業務」と主張しているのに，ソーシャルワーカーの国家資格制度から外している厚生労働省福祉基盤課は，この業務を医行為ととらえているのだろうか．あるいは，社会福祉に関する相談援助業務でも医行為でもないとすれば，受診・受療援助とはいったい何物なのか．少なくとも，社会福祉士の業務と見なすわけにいかない相当の理由がなければ，このような解釈は成り立たないはずである．

さらに，それ以上に注目すべき福祉基盤課の見解は，表中の⑦である．

2006年度から社会福祉士養成課程における社会福祉援助技術現場実習として認められること

になった医療機関での実習は当然，社会福祉士養成のための実習ではあるが，「医療ソーシャルワーカーの指導の下，医療ソーシャルワーカーの養成のために行われるものではない」とわざわざ言明したのである．これが，さきほどの⑤⑥⑧の考え方を通すための基本理念といえよう．これにより福祉基盤課は，医療機関が受け入れる社会福祉援助技術現場実習は，MSWを育てる実習ではないと考えていることが明らかとなった．そして，そうとらえるならば，医療ソーシャルワークと社会福祉士制度とが完全に整合しなくてもかまわないということになる．

3 新たな段階に入った医療ソーシャルワーク実習

社会福祉士制度ができて20年，そして精神保健福祉士制度ができて10年になるが，厚生労働省が2005年10月1日時点の病院職員等に関するデータをまとめた「平成17年度医療施設（静態・動態）調査・病院報告」によれば，全国に7,952の病院がある中，「医療社会事業従事者」は7,842人であり，「社会福祉士」は2,648人と報告されている．それをもとに単純に推定すれば，MSWのうち，3人に1人しか社会福祉士の資格をもっていない計算になるが，社会福祉士資格を持ちながらMSW以外の事務系管理職などに就いている職員もいることを考慮すると，その割合はさらに低いものと考えられる．他方，精神病院は全国に1,072か所あるのに対して精神保健福祉士の有資格者数は3,912人であり，1つの精神病院に単純平均で3～4人ずつ精神保健福祉士が配置されていることになる．それに比べると，社会福祉士資格の医療機関への普及率はまだかなり低いといわねばならない．

しかし，これまで述べたような課題を抱えた社会福祉士制度ではありながらも，今後，社会福祉士養成教育を受けて医療機関に就職した世代が中堅になり指導的な立場のMSWになっていく傾向は確実に強まってくるであろうから，その養成教育の質が医療ソーシャルワークの水準にも大きく影響してくるといえよう．

多忙な日常業務と，決して十分とはいえない人員配置の中でMSWは，多くの実習生の受け入れを要請されることになるだろうが，だからといって"自己流"のままで良いともいえない．患者・家族に適切で効果的なソーシャルワーク・サービスが提供でき，他の医療・福祉関係者とも円滑に連携のできるMSWを育てていくには，「医療か福祉か」と切り分ける発想に傾くことなく，「医療と福祉」双方の専門知識を統合的に活用し，文字通り両者の橋渡しができるような現場実践に根ざした教育が不可欠であり，そこに占める医療ソーシャルワーク実習の重要性が極めて大きいのである．

では，その医療ソーシャルワーク実習をより充実したものにしていくには，今後どのような課題を解決していくべきか，最後に提言を述べたい．

4 これからの医療ソーシャルワーク実習のあり方

(1) MSW業務指針を生かした実習教育を

前述した通り，MSWには，全国の実践家が共有し得る業務指針がある．2002（平成14）年に改正されたこの「医療ソーシャルワーカー業務指針」については本書の巻末資料にも収録されているが，その中で具体的に示されている「業務の範囲」と「業務の方法」が現場でどのように実践されているか，また各地域や各医療機関の特徴に応じて特にどの業務に重点が置かれ，どの業務にまだ努力を向ける余地があるかなどをMSWの動きから参与的に学ぶとともに，そうした業務を担えるようになるための基礎的な体験実習の機会が得られるような環境整備が必要といえる．

(2) 個別支援を体験できる実習内容を

理学療法士，作業療法士，看護師，介護福祉士などの実習教育においては，実習の基礎的段階を過ぎてから，いわゆる担当患者（利用者）や受け持ち患者などが選定されて，特定の対象者との個別支援を体験する機会が設けられ，支援計画の立案，実施，評価など，一連の支援過程を指導者の助言，指導を受けながら実習生なりに考え実行している．

また，小・中・高校での教育実習では，特定の単元の授業を実習生が任され，授業案を練った上で実際に児童・生徒の前で授業を行い，現場の教師も参観する研究授業として，終了後に多角的な検討，評価が行われている．

社会福祉士養成の社会福祉援助技術現場実習においても，一部の養成校においては，実習施設側の協力を得ながら，実習期間中に特定の利用者に焦点をあてた体験実習を導入し，「ケース研究」として学生にその経験をまとめさせたりしている例があるが，必ずしもすべての施設でそうした実践的な体験実習が実現できているわけではないのが実情である．

しかし，対人援助専門職を養成する上で，「観る」「聴く」に加えて「行う」というプロセスのない実習教育は非常に不完全なものといわねばならない．

利用者のプライバシー尊重や個人情報保護の観点から，相当の制約や踏むべき手続きはあるとしても，それは上記のような他職種の実習においても同様に遵守されて実施されていることを思えば，ソーシャルワーカー養成の実習だけがそれを避けて通る論拠とするわけにはいかず，相当の条件付けをした範囲内であっても個別支援を体験的に学習させ，その結果を振り返って指導者のスーパービジョンを受け，的確に遂行できた部分や改善すべき点などを検討する機会が確保されるべきといえよう．

(3) 実習形態に柔軟性を

ソーシャルワーカーの担当するケースが進展し，その成果が表れるまでには日数がかかるこ

とが多い．MSWの業務においては，単発的で一問一答的な医療福祉相談が行われることもあるが，関係者との継続的な関わりを要する多くの事例については，前述したような「個別支援のプロセス」を2週間程度の実習期間で体験的に学習することは非常に困難である．

　せめて4週間は確保したいところであるが，今後，社会福祉援助技術現場実習として行う病院実習が増えてきた場合，仮にこれだけで4週間を費やしてしまうと，現行の社会福祉士養成制度上は，実習時間数の要件を満たすことになり，この他に福祉施設・機関など，社会福祉援助の第一次分野といわれる現場での実習を経験しないで養成校を卒業する事態が生じる可能性がある．実際に各養成校が，それぞれのカリキュラムや学事暦の中でどのように学生の実習先と期間を設定するかは，受け入れ施設との調整にもよるため，様々な制約も伴うが，「医療ソーシャルワーカー養成ではなく社会福祉士養成が目的」とする厚生労働省の考え方からすれば，福祉施設・機関で2週間，病院で2週間といった複数の現場配属実習に分けてでも，第一次分野での実習を確保すべきという意見が出ることも予想される．[5)]

　受け入れ側の病院においても，従来の任意実習や単位外実習の場合には，2週間という実習期間で受け入れる例が多かったため，それ以上の実習期間となると，指導にあたるMSWの負担感も高まる可能性がある．

　そこで，ごく一部の養成校ではこれまでにも実施されてきた「通年型」の実習形態を積極的に検討してみるのも有効ではないかと思われる．文字通り「年間を通して」とはいかないまでも，毎週特定の曜日，時間に数か月間通うという方法である．養成校の通常授業の時間割との兼ね合いや，他分野に配属される実習生への事前・事後指導，巡回指導等との調整も必要になるため，現在多くの養成校が実施している「期間集中型」の実習からの移行は容易とはいえないが，先行例を参考にしながら試行的なプログラムを導入することが検討されて良いのではなかろうか．

(4) 実習教育のスタンダードの確立を

　MSWは，自分が患者・家族などから直接得た情報と，医師・看護師・リハスタッフ等，他職種を通じて得た情報をもとにアセスメントを行い，支援計画を立てて，必要な介入や支援を行っていく．患者を全人的に理解し，適切なソーシャルワークサービスを行っていくためには，傷病への理解や，自分が所属する医療機関と周辺の施設・機関の機能，地域の社会資源の状況など，幅広い知識と情報が求められる．

　したがって，決して「ミニ医者」や「ミニ看護師」を養成するわけではないが，少なくとも社会福祉援助の第一次分野へ配属される実習生よりは，昨今の医療制度改革など医療界をめぐる動向や病院スタッフ間で日常的に使用されている「平均在院日数」など，特有の用語が理解できるような教育が必要であることは衆目の一致するところであろう．

　関係者の間では「医療ソーシャルワーク版のクリニカルパスを構築する必要がある」という声さえも聞かれるが，そもそも「クリニカルパス」というものを理解できている学生が福祉系

の養成校にどれだけいるであろうか．

　実習生が医療機関に配属されて意義ある実習ができるように，そしてまた，養成校を卒業してMSWとしての第一歩を踏み出すときに相談援助のプロとして患者・家族らを迎えられるようにするためには，この分野の専門性に十分対応できる実習教育のプログラム，指導方法，評価方法などにある程度の汎用性を備えたスタンダードを確立させる必要がある．

　本書では利用者理解から始まり，病のプロセスや医療機関の機能とそれを取り巻く医療制度の動向など，MSWが日々向き合っている現場の状況についても幅広く取り上げ，この仕事を目指す学生や関係者にとっては単に実習のhow toにとどまらない総合的なガイドブックとしての内容を1冊にまとめることができた．

　それは，多くの医療ソーシャルワークの実践者と教育者との協働によって可能となったものだが，こうした協働が今後も重ねられて，MSWを育てる教育全体のスタンダードが確立されていくことを願うものである．

付記
　本章は，下記の参考文献の横山（2006）で論じた内容の一部に大幅な加筆修正をしたものである．

注
1）昭和63年1月14日社庶第3号厚生省社会局長通知「社会福祉士養成施設等指導要領及び介護福祉士養成施設等指導要領について」別添1「社会福祉士養成施設等指導要領」の「5　教員に関する事項」により，「医学一般」を担当する教員の要件は「原則，内科医師」とされている．
2）昭和63年2月12日社庶第26号厚生省社会局長通知「社会福祉士養成施設等における授業科目の目標及び内容並びに介護福祉士養成施設等における授業科目の目標及び内容について」別添1「社会福祉士養成施設等における授業科目の目標及び内容」より．
3）厚生労働省はこの問題を認識しており，大学に対しても指導権限がもてるように「文部科学省との共管による指定校制を導入することも視野に入れて検討を進める意向」であることが，2006年5月1日付け「福祉新聞」で報じられている．これが実現すれば抜本的な制度改定となり，大学教育への影響は極めて大きい．
4）『受診・受療援助事例集』（社）日本医療社会事業協会制度化委員会，1992年2月作成．
5）2006年から社会福祉士の養成カリキュラムの見直しが厚生労働省，社会保障審議会福祉部会で行われた中で，従来「180時間以上」とされてきた社会福祉援助技術現場実習の時間数についても検討され，2007年4月26日に参議院厚生労働委員会で可決された「社会福祉士及び介護福祉士法等の一部を改正する法律案」には，福祉系大学の教育内容，時間数について文部科学大臣，厚生労働省大臣が基準を設定することが盛り込まれたが，具体的な基準の内容までは明らかにされていない．なお，同改正法案の要綱のうち，社会福祉士の定義規定，養成制度等に関連する部分については，資料4を参照．

参考文献
横山豊治（1998）「医療ソーシャルワーカーが用いる専門的知識・情報に関する一考察」『医療と福

祉』66：52-59.
横山豊治（2005）「保健医療における福祉臨床」『現代のエスプリ』452：139-148.
横山豊治（2006）「医療ソーシャルワークと社会福祉士制度との整合性に関する一考察」『医療と福祉』80：80-84.
小嶋章吾ら（2000）「『医療ソーシャルワーカー業務指針』と今後の業務展開に関する調査研究報告」『医療と福祉』70：24-35.
小嶋章吾（2005）「医療福祉実習の必要性と実際」京極高宣・村上須賀子編著『医療ソーシャルワーカー新時代――地域医療と国家資格』勁草書房：132-140.

資料1　医療ソーシャルワーカー業務指針

（厚生労働省健康局長通知　健康発第1129001号）　平成14年11月29日

医療ソーシャルワーカー業務指針

一、趣　旨

　少子・高齢化の進展，疾病構造の変化，一般的な国民生活水準の向上や意識の変化に伴い，国民の医療ニーズは高度化，多様化してきている．また，科学技術の進歩により，医療技術も，ますます高度化し，専門化してきている．このような医療をめぐる環境の変化を踏まえ，健康管理や健康増進から，疾病予防，治療，リハビリテーションに至る包括的，継続的医療の必要性が指摘されるとともに，高度化し，専門化する医療の中で患者や家族の不安感を除去する等心理的問題の解決を援助するサービスが求められている．

　近年においては，高齢者の自立支援をその理念として介護保険制度が創設され，制度の定着・普及が進められている．また，老人訪問看護サービスの制度化，在宅医療・訪問看護を医療保険のサービスと位置づける健康保険法の改正等や医療法改正による病床区分の見直し，病院施設の機能分化も行われた．さらに，民法の改正等による成年後見制度の見直しや社会福祉法における福祉サービス利用援助事業の創設に加え，平成15年度より障害者福祉制度が，支援費制度に移行するなどの動きの下，高齢者や精神障害者，難病患者等が，疾病をもちながらもできる限り地域や家庭において自立した生活を送るために，医療・保健・福祉のそれぞれのサービスが十分な連携の下に，総合的に提供されることが重要となってきている．また，児童虐待や配偶者からの暴力が社会問題となる中で，保健医療機関がこうしたケースに関わることも決してまれではなくなっている．

　このような状況の下，病院等の保健医療の場において，社会福祉の立場から患者のかかえる経済的，心理的・社会的問題の解決，調整を援助し，社会復帰の促進を図る医療ソーシャルワーカーの果たす役割に対する期待は，ますます大きくなってきている．

　しかしながら，医療ソーシャルワーカーは，近年，その業務の範囲が一定程度明確となったものの，一方で，患者や家族のニーズは多様化しており，医療ソーシャルワーカーは，このような期待に十分応えているとはいい難い．精神保健福祉士については，すでに精神保健福祉士法によって資格が法制化され，同法に基づき業務が行われているが，医療ソーシャルワーカー全体の業務の内容について規定したものではない．

　この業務指針は，このような実情に鑑み，医療ソーシャルワーカー全体の業務の範囲，方法等について指針を定め，資質の向上を図るとともに，医療ソーシャルワーカーが社会福祉学を基にした専門性を十分発揮し業務を適正に行うことができるよう，関係者の理解の促進に資す

ることを目的とするものである．

　本指針は病院を始めとし，診療所，介護老人保健施設，精神障害者社会復帰施設，保健所，精神保健福祉センター等様々な保健医療機関に配置されている医療ソーシャルワーカーについて標準的業務を定めたものであるので，実際の業務を行うに当たっては，他の医療スタッフ等と連携し，それぞれの機関の特性や実情に応じた業務のウェート付けを行うべきことはもちろんであり，また，学生の実習への協力等指針に盛り込まれていない業務を行うことを妨げるものではない．

二、業務の範囲

　医療ソーシャルワーカーは，病院等において管理者の監督の下に次のような業務を行う．

１）療養中の心理的・社会的問題の解決，調整援助

　入院，入院外を問わず，生活と傷病の状況から生ずる心理的・社会的問題の予防や早期の対応を行うため，社会福祉の専門的知識及び技術に基づき，これらの諸問題を予測し，患者やその家族からの相談に応じ，次のような解決，調整に必要な援助を行う．

① 受診や入院，在宅医療に伴う不安等の問題の解決を援助し，心理的に支援すること．
② 患者が安心して療養できるよう，多様な社会資源の活用を念頭に置いて，療養中の家事，育児，教育就労等の問題の解決を援助すること．
③ 高齢者等の在宅療養環境を整備するため，在宅ケア諸サービス，介護保険給付等についての情報を整備し，関係機関，関係職種等との連携の下に患者の生活と傷病の状況に応じたサービスの活用を援助すること．
④ 傷病や療養に伴って生じる家族関係の葛藤や家族内の暴力に対応し，その緩和を図るなど家族関係の調整を援助すること．
⑤ 患者同士や職員との人間関係の調整を援助すること．
⑥ 学校，職場，近隣等地域での人間関係の調整を援助すること．
⑦ がん，エイズ，難病等傷病の受容が困難な場合に，その問題の解決を援助すること．
⑧ 患者の死による家族の精神的苦痛の軽減・克服，生活の再設計を援助すること．
⑨ 療養中の患者や家族の心理的・社会的問題の解決援助のために患者会，家族会等を育成，支援すること．

２）退院援助

　生活と傷病や障害の状況から退院・退所に伴い生ずる心理的・社会的問題の予防や早期の対応を行うため，社会福祉の専門的知識及び技術に基づき，これらの諸問題を予測し，退院・退所後の選択肢を説明し，相談に応じ，次のような解決，調整に必要な援助を行う．

① 地域における在宅ケア諸サービス等についての情報を整備し，関係機関，関係職種等との連携の下に，退院・退所する患者の生活及び療養の場の確保について話し合いを行うとともに，傷病や障害の状況に応じたサービスの利用の方向性を検討し，これに基づいた援

助を行うこと．

② 介護保険制度の利用が予想される場合，制度の説明を行い，その利用の支援を行うこと．また，この場合，介護支援専門員等と連携を図り，患者，家族の了解を得た上で入院中に訪問調査を依頼するなど，退院準備について関係者に相談・協議すること．

③ 退院・退所後においても引き続き必要な医療を受け，地域の中で生活をすることができるよう，患者の多様なニーズを把握し，転院のための医療機関，退院・退所後の介護保険施設，社会福祉施設等利用可能な地域の社会資源の選定を援助すること．なお，その際には，患者の傷病・障害の状況に十分留意すること．

④ 転院，在宅医療等に伴う患者，家族の不安等の問題の解決を援助すること．

⑤ 住居の確保，傷病や障害に適した改修等住居問題の解決を援助すること．

3）社会復帰援助

退院・退所後において，社会復帰が円滑に進むように，社会福祉の専門的知識及び技術に基づき，次のような援助を行う．

① 患者の職場や学校と調整を行い，復職，復学を援助すること．

② 関係機関，関係職種との連携や訪問活動等により，社会復帰が円滑に進むように転院，退院・退所後の心理的・社会的問題の解決を援助すること．

4）受診・受療援助

入院，入院外を問わず，患者やその家族等に対する次のような受診，受療の援助を行う．

① 生活と傷病の状況に適切に対応した医療の受け方，病院・診療所の機能等の情報提供等を行うこと．

② 診断，治療を拒否するなど医師等の医療上の指導を受け入れない場合に，その理由となっている心理的・社会的問題について情報を収集し，問題の解決を援助すること．

③ 診断，治療内容に関する不安がある場合に，患者，家族の心理的・社会的状況を踏まえて，その理解を援助すること．

④ 心理的・社会的原因で症状の出る患者について情報を収集し，医師等へ提供するとともに，人間関係の調整，社会資源の活用等による問題の解決を援助すること．

⑤ 入退院・入退所の判定に関する委員会が設けられている場合には，これに参加し，経済的，心理的・社会的観点から必要な情報の提供を行うこと．

⑥ その他診療に参考となる情報を収集し，医師，看護師等へ提供すること．

⑦ 通所リハビリテーション等の支援，集団療法のためのアルコール依存症者の会等の育成，支援を行うこと．

5）経済的問題の解決，調整援助

入院，入院外を問わず，患者が医療費，生活費に困っている場合に，社会福祉，社会保険等の機関と連携を図りながら，福祉，保険等関係諸制度を活用できるように援助する．

6）地域活動

患者のニーズに合致したサービスが地域において提供されるよう，関係機関，関係職種等と連携し，地域の保健医療福祉システムづくりに次のような参画を行う．

① 他の保健医療機関，保健所，市町村等と連携して地域の患者会，家族会等を育成，支援すること．

② 他の保健医療機関，福祉関係機関等と連携し，保健・医療・福祉に係る地域のボランティアを育成，支援すること．

③ 地域ケア会議等を通じて保健医療の場から患者の在宅ケアを支援し，地域ケアシステムづくりへ参画するなど，地域におけるネットワークづくりに貢献すること．

④ 関係機関，関係職種等と連携し，高齢者，精神障害者等の在宅ケアや社会復帰について地域の理解を求め，普及を進めること．

三、業務の方法等

保健医療の場において患者やその家族を対象としてソーシャルワークを行う場合に採るべき方法・留意点は次のとおりである．

1）個別援助に係る業務の具体的展開

患者，家族への直接的な個別援助では，面接を重視するとともに，患者，家族との信頼関係を基盤としつつ，医療ソーシャルワーカーの認識やそれに基づく援助が患者，家族の意思を適切に反映するものであるかについて，継続的なアセスメントが必要である．

具体的展開としては，まず，患者，家族や他の保健医療スタッフ等から相談依頼を受理した後の初期の面接では，患者，家族の感情を率直に受け止め，信頼関係を形成するとともに，主訴等を聴取して問題を把握し，課題を整理・検討する．次に，患者及び家族から得た情報に，他の保健医療スタッフ等からの情報を加え，整理，分析して課題を明らかにする．援助の方向性や内容を検討した上で，援助の目標を設定し，課題の優先順位に応じて，援助の実施方法の選定や計画の作成を行う．援助の実施に際しては，面接やグループワークを通じた心理面での支援，社会資源に関する情報提供と活用の調整等の方法が用いられるが，その有効性について，絶えず確認を行い，有効な場合には，患者，家族と合意の上で終結の段階に入る．また，モニタリングの結果によっては，問題解決により適した援助の方法へ変更する．

2）患者の主体性の尊重

保健医療の場においては，患者が自らの健康を自らが守ろうとする主体性をもって予防や治療及び社会復帰に取り組むことが重要である．したがって，次の点に留意することが必要である．

① 業務に当たっては，傷病に加えて経済的，心理的・社会的問題を抱えた患者が，適切に判断ができるよう，患者の積極的な関わりの下，患者自身の状況把握や問題整理を援助し，解決方策の選択肢の提示等を行うこと．

② 問題解決のための代行等は，必要な場合に限るものとし，患者の自律性，主体性を尊重するようにすること．

3）プライバシーの保護

一般に，保健医療の場においては，患者の傷病に関する個人情報に係るので，プライバシーの保護は当然であり，医療ソーシャルワーカーは，社会的に求められる守秘義務を遵守し，高い倫理性を保持する必要がある．また，傷病に関する情報に加えて，経済的，心理的，社会的な個人情報にも係ること，また，援助のために患者以外の第三者との連絡調整等を行うことから，次の点に特に留意することが必要である．

① 個人情報の収集は援助に必要な範囲に限ること．
② 面接や電話は，独立した相談室で行う等第三者に内容が聞こえないようにすること．
③ 記録等は，個人情報を第三者が了解なく入手できないように保管すること．
④ 第三者との連絡調整を行うために本人の状況を説明する場合も含め，本人の了解なしに個人情報を漏らさないこと．
⑤ 第三者からの情報の収集自体がその第三者に患者の個人情報を把握させてしまうこともあるので十分留意すること．
⑥ 患者からの求めがあった場合には，できる限り患者についての情報を説明すること．ただし，医療に関する情報については，説明の可否を含め，医師の指示を受けること．

4）他の保健医療スタッフ及び地域の関係機関との連携

保健医療の場においては，患者に対し様々な職種の者が，病院内あるいは地域において，チームを組んで関わっており，また，患者の経済的，心理的・社会的問題と傷病の状況が密接に関連していることも多いので，医師の医学的判断を踏まえ，また，他の保健医療スタッフと常に連携を密にすることが重要である．したがって，次の点に留意が必要である．

① 他の保健医療スタッフからの依頼や情報により，医療ソーシャルワーカーが係るべきケースについて把握すること．
② 対象患者について，他の保健医療スタッフから必要な情報提供を受けると同時に，診療や看護，保健指導等に参考となる経済的，心理的・社会的側面の情報を提供する等相互に情報や意見の交換をすること．
③ ケース・カンファレンスや入退院・入退所の判定に関する委員会が設けられている場合にはこれへの参加等により，他の保健医療スタッフと共同で検討するとともに，保健医療状況についての一般的な理解を深めること．
④ 必要に応じ，他の保健医療スタッフと共同で業務を行うこと．
⑤ 医療ソーシャルワーカーは，地域の社会資源との接点として，広範で多様なネットワークを構築し，地域の関係機関，関係職種，患者の家族，友人，患者会，家族会等と十分な連携・協力を図ること．
⑥ 地域の関係機関の提供しているサービスを十分把握し．患者に対し，医療，保健，福祉，

教育，就労等のサービスが総合的に提供されるよう，また，必要に応じて新たな社会資源の開発が図られるよう，十分連携をとること．
⑦　ニーズに基づいたケア計画に沿って，様々なサービスを一体的・総合的に提供する支援方法として，近年，ケアマネジメントの手法が広く普及しているが，高齢者や精神障害者，難病患者等が，できる限り地域や家庭において自立した生活を送ることができるよう，地域においてケアマネジメントに携わる関係機関・関係職種等と十分に連携・協力を図りながら業務を行うこと．

5）受診・受療援助と医師の指示

医療ソーシャルワーカーが業務を行うに当たっては，4）で述べたとおり，チームの一員として，医師の医学的判断を踏まえ，また，他の保健医療スタッフとの連携を密にすることが重要であるが，なかでも二の4）に掲げる受診・受療援助は，医療と特に密接な関連があるので，医師の指示を受けて行うことが必要である．特に，次の点に留意が必要である．
①　医師からの指示により援助を行う場合はもとより，患者，家族から直接に受診・受療についての相談を受けた場合及び医療ソーシャルワーカーが自分で問題を発見した場合等も，医師に相談し，医師の指示を受けて援助を行うこと．
②　受診・受療援助の過程においても，適宜医師に報告し，指示を受けること．
③　医師の指示を受けるに際して，必要に応じ，経済的，心理的・社会的観点から意見を述べること．

6）問題の予測と計画的対応

①　実際に問題が生じ，相談を受けてから業務を開始するのではなく，社会福祉の専門的知識及び技術を駆使して生活と傷病の状況から生ずる問題を予測し，予防的，計画的な対応を行うこと．
②　特に退院援助，社会復帰援助には時間を要するものが多いので入院，受療開始のできるかぎり早い時期から問題を予測し，患者の総合的なニーズを把握し，病院内あるいは地域の関係機関，関係職種等との連携の下に，具体的な目標を設定するなど，計画的，継続的な対応を行うこと．

7）記録の作成等

①　問題点を明確にし，専門的援助を行うために患者ごとに記録を作成すること．
②　記録をもとに医師等への報告，連絡を行うとともに，必要に応じ，在宅ケア，社会復帰の支援等のため，地域の関係機関，関係職種等への情報提供を行うこと．その場合，3）で述べたとおり，プライバシーの保護に十分留意する必要がある．
③　記録をもとに，業務分析，業務評価を行うこと．

四、その他

医療ソーシャルワーカーがその業務を適切に果たすために次のような環境整備が望まれる．

1）組織上の位置付け

　保健医療機関の規模等にもよるが，できれば組織内に医療ソーシャルワークの部門を設けることが望ましい．医療ソーシャルワークの部門を設けられない場合には，診療部，地域医療部，保健指導部等他の保健医療スタッフと連携を採りやすい部門に位置付けることが望ましい．事務部門に位置付ける場合にも，診療部門等の諸会議のメンバーにする等日常的に他の保健医療スタッフと連携を採れるような位置付けを行うこと．

2）患者，家族等からの理解

　病院案内パンフレット，院内掲示等により医療ソーシャルワーカーの存在，業務，利用のしかた等について患者，家族等からの理解を得るように努め，患者，家族が必要に応じ安心して適切にサービスを利用できるようにすること．また，地域社会からも，医療ソーシャルワーカーの存在，業務内容について理解を得るよう努力すること．医療ソーシャルワーカーが十分に活用されるためには，相談することのできる時間帯や場所等について患者の利便性を考慮する，関連機関との密接な連絡体制を整備する等の対応が必要である．

3）研修等

　医療・保健・福祉をめぐる諸制度の変化，諸科学の進歩に対応した業務の適正な遂行，多様化する患者のニーズに的確に対応する観点から，社会福祉等に関する専門的知識及び技術の向上を図ること等を目的とする研修及び調査，研究を行うこと．なお，三3）プライバシーの保護に係る留意事項や一定の医学的知識の習得についても配慮する必要があること．

　また，経験年数や職責に応じた体系的な研修を行うことにより，効率的に資質の向上を図るよう努めることが必要である．

資料2 養成施設における指定規則

平成18年3月31日付け官報（号外第73号）

社会福祉士の実習指定施設の追加について

　社会福祉士の実習指定施設に「病院」「診療所」「介護老人保健施設」「地域包括支援センター」が追加いたしました．告示文章は下記の通りです．

○厚生労働省告示第三百五号
　社会福祉士介護福祉士学校職業能力開発校等養成施設指定規則（昭和六十二年厚生省令第五十号）第五条第一号ヲ及び第七条第一項第十二号の規定に基づき，社会福祉士介護福祉士学校職業能力開発校等養成施設指定規則第五条第一号ヲ及び第七条第一項第十二号の規定に基づき厚生労働大臣が別に定める施設及び事業（昭和六十二年厚生省告示第二百三号）の一部を次のように改正し，平成十八年四月一日から適用する．
　　平成十八年三月三十一日

　　　　　　　　　　　　　　　　　　　　　　　厚生労働大臣　川崎二郎

　第一項十一号を削り，同項第十号中「又は身体障害者福祉法第十八条第一項第二号」を削り，「に規定する便宜」の下に「又は障害者自立支援法附則第八条第一項第六号に規定する障害者デイサービスのうち同法附則第三十四条の規定による改正前の身体障害者福祉法第四条の二第三項に規定する身体障害者デイサービス」を加え，同項中同号を第十三号とし，第九号を第十一号とし，同号の次に次の一号を加える．
　十二　障害者自立支援法（平成十七年法律第百二十三号）に規定する障害者福祉サービス事業（同法附則第八条第二項の規定により障害者福祉サービス事業とみなされた事業を含む．以下同じ．）のうち同法に規定する児童デイサービス及び障害者デイサービスを行う事業

　第一項中第八号を第九号とし，同号の次に次の一号を加える．
　十　介護保険法（平成九年法律第百二十三号）に規定する**介護老人保健施設**及び**地域包括支援センター**

　第一項中第七号を第八号とし，第三号から第六号までを一号ずつ繰り下げ，同項第二号中「並びに身体障害者デイサービス事業」を削り，同号を同項第三号とし，同項第一号中「並びに児童デイサービス事業」を削り，同号の次に次の一号を加える．

二　医療法（昭和二十三年法律第二百五号）に規定する**病院**及び**診療所**

　第二項第一号中「及び児童デイサービス事業」を削り，同項第二号を削り，同項第三号中「及び老人短期入所事業」を「老人短期入所事業及び小規模多機能型居宅介護事業」に改め，同号を同項第二号とし，同号の次に次の一号を加える．

　三　障害者自立支援法に規定する障害者福祉サービス事業のうち児童デイサービス及び障害者デイサービスを行う事業

　第三項第五号中「（平成九年法律第百二十三号）」を削る．

　第四項中第一号及び第二号を削り，第三号を第一号とし，同号の次に次の一号を加える．
　二　障害者自立支援法に規定する障害者福祉サービスの事業のうち居宅介護，行動援護及び外出介護を行う事業

　第四項中第四号を第三号とする．

資料3　医療ソーシャルワーカー養成課程におけるカリキュラム例

　社会福祉士養成校のなかでも，医療ソーシャルワーカー養成を標榜している大学における科目例を紹介する．参考までに下図に，社会福祉士養成課程を基盤とした医療ソーシャルワーカー養成課程に必要と思われる科目案を示してみたが，実際には各大学ともこれを上回る科目を開講していることがわかる．

図　福祉士指定科目と医療ソーシャルワーカー養成課程における科目案

【医療ソーシャルワーカー養成課程における科目案】
医療福祉論
医療ソーシャルワーク論
医療ソーシャルワーク演習
医療ソーシャルワーク実習〈実習指導〉
公衆衛生学
精神保健学＊
リハビリテーション学＊

【精神保健福祉士養成課程の指定科目】
精神保健福祉論
精神保健福祉援助技術総論・各論
精神保健福祉援助演習
精神保健福祉援助実習
精神医学
精神保健学
精神科リハビリテーション学

【社会福祉士養成課程の指定科目】
社会福祉援助技術論
社会福祉援助技術演習
社会福祉援助技術現場実習
老人福祉論・障害者福祉論・児童福祉論・介護概論

【共通科目】
社会福祉原論・地域福祉論
社会保障論・公的扶助論
社会学・心理学・法学・医学一般

1）基本的な考え方は，日本社会事業学校連盟医療福祉教育検討作業委員会『医療福祉教育のあり方』(1993)をもとにしている．
2）医療ソーシャルワーカーの一員である精神保健福祉士の養成課程との整合性を考慮しながら，同時に，同じ福祉士制度である介護福祉士の養成課程における科目を準用している（＊印）．
3）日本医療社会事業協会が実施する「保健医療分野におけるソーシャルワーク専門研修」の内容をもとにした提案（横山豊治「医療ソーシャルワーカーに必要な養成カリキュラム案」，京極高宣・村上須賀子『医療ソーシャルワーカー新時代』勁草書房，2005年，130頁）を参考にした．

川崎医療福祉大学（2006年度）

科目名	単位	学年
（専門科目）		
医療ソーシャルワーク	2	3
医療福祉現場実習Ⅰ	2	3
医療福祉現場実習Ⅱ・Ⅲ	5	4
患者学（当事者理解）	2	2
患者の心理学	2	3
リハビリテーション論	2	2

科目名	単位	学年
（基礎教育科目）		
生命倫理学Ⅰ・Ⅱ	4	1・3
医学概論	2	1
医学一般	2	1
医療福祉学概論Ⅰ・Ⅱ	4	2・3
公衆衛生学	2	1
医学用語概論	2	1
生命科学A・B	4	1・3

資料3　医療ソーシャルワーカー養成課程におけるカリキュラム例

国際医療福祉大学医療福祉学部（2006年度） ※全て選択科目

科目名		単位	学年
医療ソーシャルワーク論	社会福祉士・医療ソーシャルワーク学習コースの科目	4	3〜
専門ゼミ（2クラス）		4	3
医療福祉実習（病院実習）		4	4
内科学概論	医療福祉学科の開講科目	2	3
外科学概論		2	2
整形外科学概論		2	2
老年医学概論		2	3〜
薬理学概論		2	2
栄養学概論		2	2
患者＝医療従事者コミュニケーション論	医療経営管理学科の開講科目	2	2
保健・医療文化論		2	3
医学用語学		2	1 2
医療福祉システム論		4	1
死生学概論	総合教育科目	2	1〜
国際医療福祉論		2	1〜
疫学・保健医療統計論		2	1〜
生命倫理		2	1〜
医学／医学史		2	1〜
公衆衛生学	専門基礎科目	2	1〜
リハビリテーション概論		2	1〜
医療管理学		2	1〜
保健医療福祉制度論		2	1〜
医療情報学概論		2	2〜
関連職種連携論		2	2〜
関連職種連携実習		1	4

広島国際大学医療福祉学部（2006年度） ※全て選択科目

科目名	単位	学年
保健医療社会学	2	1〜
医療福祉情報処理演習	2	2〜
病院・医療管理学概論	2	2〜
ヘルスプロモーション	2	2〜
医学用語概論	2	2〜
メディカルイングリッシュ	2	2〜
地域保健	2	2〜
リハビリテーション環境支援論	2	3〜
内科学概論	2	3〜
外科学概論	2	4

資料3　医療ソーシャルワーカー養成課程におけるカリキュラム例

新潟医療福祉大学社会福祉学部（2006年度）

科目名	科目群	単位	学年
生命科学	教養科目群	2	1
QOL論	医療福祉基礎科目群	1	1
生活科学		1	1
医療福祉と人間		1	1
医療福祉連携論		1	2
医療福祉サービス論		1	1
保健医療福祉特論		1	1
医療福祉コミュニケーション		1	2
総合ゼミ		1	4
保健福祉計画論Ⅰ	専門基礎科目群	2	3
保健福祉計画論Ⅱ		2	3
保健医療ソーシャルワーク論	専門専攻科目群	2	3
保健医療施設実習		2	4
保健医療施設運営論Ⅰ		2	4
保健医療施設運営論Ⅱ		2	4

資料4　社会福祉士及び介護福祉士法の一部を改正する法律案の要綱

「社会福祉士及び介護福祉士法の一部を改正する法律案」は，厚生労働省，文部科学省より2007年4月13日に国会に提出され，4月26日に参議院厚生労働委員会で可決された．以下にその要綱案の一部を抜粋する．

1．定義規定の見直し
　　社会福祉士の業務として，福祉サービスを提供する者または医師その他の保健医療サービスを提供する者その他の関係者（以下，福祉サービス関係者）との連絡及び調整を明確化する．（法第2条第1項関係）

2．義務規定の見直し
　①　社会福祉士及び介護福祉士は，その担当する者が個人の尊厳を保持し，その有する能力及び適性に応じ自立した日常生活を営むことができるよう，常にその者の立場に立って，誠実にその業務を行わなければならないこととする．（法第44条の2関係）

　②　社会福祉士は，その業務を行うに当たっては，その担当する者に，福祉サービス及びこれに関連する保健医療サービスその他のサービスが総合的かつ適切に提供されるよう，地域に即した創意と工夫を行いつつ，福祉サービス関係者等との連携を保たなければならないこととする．（法第47条第1項関係）

　③　社会福祉士及び介護福祉士は，社会福祉及び介護を取り巻く環境の変化による業務の内容の変化に適応するため，知識及び技能の向上に努めなければならないこととする．（法第47条の2関係）

3．社会福祉士の養成にかかる制度の見直し
　社会福祉士試験の受験資格を得るために修めることの必要な厚生労働大臣の指定する社会福祉に関する科目及び社会福祉に関する基礎科目について，必要な基準を定めるため，文部科学省令，厚生労働省令で定めることとする．（法第7条第1号及び第2号関係）

事項索引

あ行

IVH（中心静脈栄養） ……………………… 23
IADL ………………………………………… 23
ICU症候群 …………………………………… 15
亜急性期病床 ………………………………… 44
亜急性期病棟 ………………………………… 151
悪性関節リウマチ …………………………… 25
悪性腫瘍（がん） …………………………… 28
アセスメント ………………………………… 24
アドボケーター（advocator） …………… 113
アルマ・アタ宣言 …………………………… 111
医業外収支 …………………………………… 36
医行為 ………………………………………… 210
維持期リハ …………………………………… 154
医師法 ………………………………………… 34
医事法規 ……………………………………… 34
一般病床 ……………………………………… 33
一般病棟 ……………………………………… 44
意図的な感情の表出 ………………………… 153
イネーブラー（enabler） ………………… 113
意欲の指標（Vitality Index） …………… 23
医療安全 ……………………………………… 113
　　──委員会 …………………………… 113
　　──相談支援センター …………… 114
医療関係法規 ………………………………… 34
医療機能評価 ………………………………… 28
医療区分 ………………………………… 44, 157
医療施設調査・病院報告 ………………… 211
医療社会事業従事者 ……………………… 211
医療社会事業部 …………………………… 119
医療制度改革 ………………………………… 37
　　──関連法案 ………………………… 39
医療ソーシャルワーカー業務指針 …… 209
医療ソーシャルワーク実習 ……………… 56
医療ソーシャルワーク論 ………………… 55
医療チーム …………………………………… 75
医療費公費負担制度 ………………………… 25

医療費適正化政策 …………………………… 17
医療福祉連携室 …………………………… 118
医療福祉論 …………………………………… 55
医療法 ………………………………………… 34
医療保護入院 ………………………………… 45
医療療養病床 ………………………………… 39
医療連携室 ………………………………… 118
胃瘻 …………………………………………… 23
インテーク ……………………………… 64, 73
院内連携 …………………………… 112, 117
インフォームド・コンセント ……… 7, 113
well-being（福祉） ………………………… 51
エア・マット ……………………………… 183
ADL区分 ……………………………………… 44
エビデンス（evidence；論拠） ………… 131
エンド・オブ・ライフ …………………… 28
エンパワメント …………………………… 27
延命治療 ……………………………………… 44
応急入院 ……………………………………… 45
往診医 ………………………………………… 24

か行

介護支援専門員 …………………………… 120
介護福祉士 ………………………………… 212
介護保険制度 ………………………………… 38
介護療養型医療施設 ………………………… 38
介護療養病床 ………………………………… 39
解釈 …………………………………………… 124
回転率 ………………………………………… 36
介入方法 ……………………………………… 74
回復期リハ ………………………………… 154
回復期リハビリテーション病棟 ………… 44
開放病棟 ……………………………………… 45
かかりつけ医 ……………………………… 103
簡易宿泊所 ………………………………… 171
感染症病床 …………………………………… 33
カンファレンス …………………………… 71
管理栄養士 ………………………………… 111

事項索引

緩和ケア（パリアティブ・ケア）………… 19, 28
　　──病棟 ………………………………… 28
　　──病棟承認施設 ……………………… 28
ギアチェンジ ……………………………… 29
気管切開 …………………………………… 23
危機介入 …………………………………… 7
逆紹介 ……………………………………… 114
逆転移 ……………………………………… 75
救急指定 …………………………………… 151
急性期医療機関 …………………………… 21
急性期リハ ………………………………… 154
共感 ………………………………… 76, 153
業務独占 …………………………………… 106
業務日誌 …………………………………… 144
居宅介護支援事業所 ……………………… 180
クリニカルパス …………………………… 213
ケア・プラン ……………………………… 78
ケアマネジメント ………………………… 7
ケアマネジャー …………………………… 24
ケアワーカー ……………………………… 157
刑事責任 …………………………………… 140
傾聴 ………………………………………… 76
経鼻経管栄養 ……………………………… 23
契約書 ……………………………………… 66
ケースカンファレンス …………………… 151
ケース記録 ………………………………… 144
結核病床 …………………………………… 33
県医療社会事業協会 ……………………… 56
減価償却費 ………………………………… 36
健康保険制度 ……………………………… 37
言語聴覚士 ………………………………… 112
言語療法士 ………………………………… 64
高額療養費 ………………………………… 2
厚生労働省 ………………………………… 34
　　──社会・援護局福祉基盤課 ……… 209
公的扶助 …………………………………… 37
後天性免疫不全症候群 …………………… 28
広汎性発達障害 …………………………… 83
コーディネート …………………………… 27
国際ソーシャルワーカー連盟（IFSW）… 139
国民皆保険制度 …………………………… 37
国民健康保険法 …………………………… 40
個人情報の保護に関する法律（個人情報保護法）
　…………………………………………… 138, 72
個人情報保護 ……………………………… 67
個人票 ……………………………………… 66
コラボレーション（collaboration）……… 113
根拠に基づいた医療や検査（Evidence-Based Medicine）こ ………………………………………… 7
混合診療 …………………………………… 40
コンサルテーション ……………………… 51
コンプリメント …………………………… 137

さ　行

在院日数の削減 …………………………… 17
済生会 ……………………………………… 40
在宅医療 …………………………………… 17
在宅酸素 …………………………………… 23
財団法人日本医療機能評価機構 ………… 28
作業療法士 ………………………………… 64
酸素モニター ……………………………… 23
ジェノグラム ……………………………… 65
支援計画 …………………………………… 74
支援相談員 ………………………………… 159
支援チーム ………………………………… 75
歯科医師法 ………………………………… 34
視機能療法士 ……………………………… 64
自己覚知 …………………………………… 77
自己洞察 …………………………………… 76
自己導尿 …………………………………… 23
四肢麻痺 …………………………………… 19
施設サービス計画 ………………………… 160
事前訪問 …………………………………… 58
実習委託費 ………………………………… 72
実習計画書 ………………………………… 66
実習費 ……………………………………… 68
実習評価表 ………………………………… 67
指定介護療養医療施設 …………………… 157
視能訓練士 ………………………………… 112
社会資源 …………………………………… 24
社会的入院 ………………………………… 37
社会福祉援助技術現場実習 ……………… 56
社会福祉援助技術実習指導 ……………… 56
社会福祉学 ………………………………… 3
社会福祉士 ………………………………… 4
　　──及び介護福祉士法 ………………… 2

――指定科目 ………………………… 2
――実習指定施設 ……………………… 2
――養成課程 …………………………… 56
社会復帰援助 …………………………… 107
自由開業医制 …………………………… 37
就業規則 ………………………………… 67
集中治療室（ICU） …………………… 44
就労支援 ………………………………… 152
受診・受療援助 …………………… 107, 207
主訴 ……………………………………… 74
守秘義務 ………………………………… 67
受容 ………………………………… 76, 153
巡回指導 ………………………………… 134
障害年金 ………………………………… 26
傷害保険 ………………………………… 68
小規模多機能 …………………………… 39
褥創処置 ………………………………… 23
助産所 …………………………………… 33
叙述体 …………………………………… 143
人工呼吸器 ……………………………… 23
人生の質（quality of life）…………… 12
身体障害者手帳 ………………………… 26
診断群分類別包括評価（DPC）…… 38, 43-44
診療技術部門 …………………………… 35
診療所・介護老人保健施設 …………… 2
診療部門 ………………………………… 35
診療報酬 ………………………………… 28
診療報酬改定 …………………………… 39
診療報酬制度 …………………………… 36
診療録（カルテ）……………………… 66
スーパーバイザー ……………………… 53
スーパーバイジー ……………………… 132
スーパービジョン ……………………… 52
スケーリング・クエスチョン ………… 136
ストマ …………………………………… 23
ストレングス ……………………… 74, 75
スピリチュアル ………………………… 28
生活指導員 ……………………………… 207
精神科急性期治療病棟 ………………… 45
精神病床 ………………………………… 33
精神保健福祉援助実習 ………………… 66
精神保健福祉士 ………………………… 164
成年後見人制度 ………………………… 151

説明体 …………………………………… 143
センシティブ情報 ……………………… 140
占床率 …………………………………… 36
総合相談部 ……………………………… 72
ソーシャルスキル ……………………… 2
措置入院 ………………………………… 45

た　行

ターミナルケア（終末期ケア）……… 28
第一義的分野 …………………………… 111
第1次医療法改正 ……………………… 38
退院援助 ………………………………… 106
退院問題 ………………………………… 104
体験実習 ………………………………… 125
第3次医療法改正 ……………………… 38
大腿骨頸部骨折 ………………………… 44
第二義的分野 …………………………… 111
第2次医療法改正 ……………………… 38
代弁的機能 ……………………………… 113
第4次医療法改正 ……………………… 38
WHO（世界保健機構）………………… 28
短期入所療養介護 ……………………… 160
地域医療 ………………………………… 17
――支援病院 …………………… 33, 38
――連携室 ……………………… 118
地域ケア会議 …………………………… 120
地域中核病院 …………………………… 21
地域福祉権利擁護事業 ………………… 151
地域包括支援センター ………………… 39
地域密着型 ……………………………… 39
地域連携 ………………………………… 117
――室 …………………………… 107
小さなステップ ………………………… 136
逐語記憶 ………………………………… 76
逐語体 …………………………………… 143
チャプレン（牧師）…………………… 157
中央社会保険医療協議会 ……………… 41
調停的機能 ……………………………… 113
通所リハビリテーション ……………… 78
DRG-PPS ……………………………… 38
DPC（診断群分類別包括評価）… 38, 43-44
デイケア ………………………………… 182
デイサービス …………………………… 24

出来高払い ………………………………… 37
転移 ………………………………………… 76
点数出来高払制度 ………………………… 36
同一視 ……………………………………… 76
投影 ………………………………………… 75
統御された情緒関与 …………………… 153
疼痛管理 …………………………………… 23
糖尿病 ……………………………………… 27
　　──性腎症 …………………………… 27
　　──性網膜症 ………………………… 27
闘病記 ……………………………………… 84
特殊疾患病床 ……………………………… 45
ドクターショッピング …………………… 15
特定機能病院 ……………………………… 21

な 行

ナースコール …………………………… 183
二次医療圏 ……………………………… 114
日常生活動作（ADL）…………………… 21
日本医療社会事業協会 …………… 106, 207
日本社会福祉士養成校協会 …………… 167
日本精神保健福祉士協会 ……………… 163
入院基本料 ………………………………… 43
入院時面接 ………………………………… 53
任意実習 ………………………………… 213
任意入院 …………………………………… 45
認知能力 …………………………………… 23
認定調査 …………………………………… 78
脳血管疾患 ………………………………… 44
脳卒中ケアユニット（SCU）…………… 44
能力付与的機能 ………………………… 113
ノーマライゼーション ………………… 160

は 行

媒介的機能 ……………………………… 113
ハイケアユニット（HCU）……………… 44
賠償保険 …………………………………… 68
配食サービス ……………………………… 24
バイステックの7つの原則 ……………… 75
Vitality Index（活動指数）……………… 21
反動形成 …………………………………… 75
BADL ……………………………………… 22
非言語面 …………………………………… 64

被爆体験記 ………………………………… 84
ヒポクラテスの誓い …………………… 138
ヒヤリ．ハット ………………………… 114
病院実習 …………………………………… 3
評価基準 ………………………………… 163
病床 ………………………………………… 36
病診連携室 ……………………………… 107
フィードバック …………………………… 75
ブローカー（broker）…………………… 113
平均在院日数 ……………………………… 36
包括的医療 ………………………………… 37
包括払い方式（マルメ）………………… 41
膀胱留置カテーテル ……………………… 23
訪問看護 …………………………………… 24
　　──ステーション …………………… 33
訪問リハビリ ……………………………… 24
ホームヘルプサービス …………………… 24
保健医療福祉計画 ………………………… 97
保健師 ……………………………………… 64
保健師・助産師・看護師法（保助看法）… 34
保護的機能 ……………………………… 113
ホスピス …………………………………… 28
　　──緩和ケア ………………………… 29
ボランティア ……………………………… 30

ま 行

マグナカルタ（MagnaCarta）………… 111
ミュージック・ケア（集団音楽療法）… 11
民事責任 ………………………………… 140
無料低額診療事業 ……………………… 151
　　──施設 ……………………………… 33
明確化 ……………………………………… 76
メディエイター（mediator）…………… 113

や 行

要介護度 …………………………………… 19
要約体 …………………………………… 143
予防給付 …………………………………… 39

ら 行

来談者 ……………………………………… 73
ライブスーパービジョン ………………… 75
リウマチ …………………………………… 25

――友の会 ………………………………… 25
理学療法士 ………………………………… 11
リスクマネージャー ……………………… 114
リハビリテーション ……………………… 6
療養担当規則 ……………………………… 36
療養病床 ……………………………… 33, 44
臨床心理士 ………………………………… 111

老人性痴呆疾患病棟 ……………………… 45
老人保健法 ………………………………… 41
ロールプレイ ………………………… 77, 127

わ　行

ワーカビリティ …………………………… 2
ワークショップ …………………………… 59

人名索引

あ 行

足立叡 …………………………………… 100
荒川義子 ………………………………… 130

さ 行

佐藤豊道 ………………………………… 128

た 行

ディヤング，P.（DeJong, P.） …………… 136

は 行

バイステック，F.P.（Biestek, F.P.） ……… 138, 153
早坂泰次郎 ……………………………… 101
フランクル（Frankl, V.） ………………… 13
フロム，E（Fromm, E.） ………………… 190
ボルノー，O.F.（Bollnow, O.F.） ………… 190

や 行

山崎章郎 ………………………………… 13

執筆者一覧

はじめに　村上須賀子，竹内一夫，横山豊治，前田美也子→奥付参照

序　章
- 1　横山豊治→奥付参照
- 2　竹内一夫→奥付参照

第Ⅰ部

第1章
- 1　佐藤俊一（さとう・しゅんいち）淑徳大学　総合福祉学部
- 2　村上須賀子
- 3　村上須賀子

第2章
- 1　若林浩司（わかばやし・こうじ）東京大学医学部付属病院　地域医療連携部
- 2　村上須賀子
- 3　正司明美（しょうじ・あけみ）山口県立大学　社会福祉学部

第3章
- 1　武内昶篤（たけうち・のぶあつ）社会福祉法人多摩済生医療団
- 2　山路克文（やまじ・かつふみ）皇學館大学社会福祉学部
- 3　石光和雅（いしみつ・かずまさ）静岡済生会総合病院　保健福祉部
- 4　黒木信之（くろき・のぶゆき）名古屋第二赤十字病院　医療社会事業課

第Ⅱ部

第4章
- 1　竹内一夫
- 2　小嶋章吾（こじま・しょうご）国際医療福祉大学　医療福祉学部
　　眞砂照美（まさご・てるみ）広島国際大学　医療福祉学部
- 3　永野なおみ（ながの・なおみ）国際医療福祉大学　医療福祉学部
- 4　丸田育美（まるた・いくみ）宇部フロンティア大学　人間社会学部

第5章
- 1　山舘幸雄（やまだて・さちお）岩手晴和病院　社会復帰支援科
- 2　東海林吉利子（しょうじ・よりこ）獨協医科大学病院　医療相談部
- 3　草野裕子（くさの・ゆうこ）老人保健施設　希望の園　支援相談員

第6章

1　眞砂照美

2　村上須賀子

3　眞砂照美

4　眞砂照美

5　髙橋恭子（たかはし・やすこ）神奈川県立保健福祉大学　保健福祉学部

第7章

1　米村美奈（よねむら・みな）淑徳大学　国際コミュニケーション学部

【現場からのメッセージ】河宮百合恵（かわみや・ゆりえ）安芸市民病院　地域連携室

2　室田人志（むろた・ひとし）同朋大学　社会福祉学部

【現場からのメッセージ】杉田恵子（すぎた・けいこ）医療法人医真会本部　医療福祉連携相談センター

3　荷見千草（はすみ・ちぐさ）日本大学医学部附属板橋病院　医療福祉相談室

4　攝待幸子（せったい・ゆきこ）岩手県立大学　社会福祉学部　非常勤講師

【現場からのメッセージ】平原成美（ひらはら・なるみ）興生総合病院　医療福祉相談室

5　片岡靖子（かたおか・やすこ）久留米大学　文学部

【現場からのメッセージ】畑中寿美（はたなか・とみ）三重県厚生連　健康福祉担当

6　米村美奈

【現場からのメッセージ】奥村ますみ（おくむら・ますみ）富山大学付属病院　地域医療連携室

7　鳥羽信行（とば・のぶゆき）長野大学　社会福祉学部

【現場からのメッセージ】橘直子（たちばな・なおこ）山口赤十字病院　医療社会事業課

8　竹中麻由美（たけなか・まゆみ）川崎医療福祉大学　医療福祉学部

【現場からのメッセージ】大垣京子（おおがき・きょうこ）早良病院　医療社会福祉部

9　高野龍昭（たかの・たつあき）東洋大学　ライフデザイン学部

10　竹中麻由美

第8章

1　セノガ典子（せのが・のりこ）桜町病院　医療福祉科

2　松下康一郎（まつした・こういちろう）岡山労災病院　医事課医療相談室

3　大石桃子（おおいし・ももこ）信愛病院　医療社会事業部

4　吉田麻希（よしだ・まき）淀川勤労者厚生協会福祉部

第9章

1　金子努（かねこ・つとむ）県立広島大学　保健福祉学部

2　西村いづみ（にしむら・いづみ）県立広島大学　保健福祉学部

第10章

1-（1）角野智子（かどの・ともこ）大阪市立大学医学部附属病院　医事運営課

1-（2）奥村晴彦（おくむら・はるひこ）大阪社会医療センター付属病院　医事課

1-（3）片岡靖子

2-（1）梶原敏臣（かじわら・としおみ）呉共済病院　地域医療連携室

2-（2）遠藤正樹（えんどう・まさき）医療法人社団康明会　常務理事

第11章

1　佐藤俊一

2　村上須賀子

3　竹中麻由美

第12章

1　愛知県医療ソーシャルワーカー協会

2　栗本孝雄（くりもと・たかお）石橋総合病院　地域医療連携室

終　章　横山豊治

編著者略歴

○村上須賀子（むらかみ・すがこ）
摂南大学大学院経営情報学研究科修士課程修了．
広島市民病院などで医療ソーシャルワーカーなどの臨床経験の後，広島国際大学医療福祉学部助教授を経て，
現　在　県立広島大学保健福祉学部人間福祉学科教授
主　著　『医療福祉総合ガイドブック2007』（共編著，医学書院，2007），『実践的医療ソーシャルワーク論──ヒロシマに学ぶ』（共編著，金原出版，2004），『新時代の医療ソーシャルワークの理論と実際』（大学教育出版，2005），『医療ソーシャルワーカー新時代』（共編著，勁草書房，2005）ほか

○竹内一夫（たけうち・かずお）
関西大学大学院社会学研究科修了．
淀川キリスト教病院医療ソーシャルワーカーなどの臨床経験の後，川崎医療福祉大学大学院医療福祉学研究科教授を経て，
現　在　平安女学院大学生活福祉学部教授
主　著　『医療福祉概論』（共編著，川島書店，1999），『福祉実習ハンドブック』（共編著，中央法規出版，1999）ほか

○横山豊治（よこやま・とよはる）
東洋大学大学院社会学研究科博士前期課程修了．
リハビリテーション加賀八幡温泉病院，静岡済生会総合病院の医療ソーシャルワーカーなどの臨床経験の後，
現　在　新潟医療福祉大学社会福祉学部准教授
主　著　『成長するソーシャルワーカー』（共著，筒井書房，2003），『日本の医療ソーシャルワーク史』（編集・分担執筆，日本医療社会事業協会，2003）『医療ソーシャルワーカー新時代』（分担執筆，勁草書房，2005）ほか

○前田美也子（まえだ・みやこ）
龍谷大学大学院社会学研究科社会福祉学専攻博士後期課程（社会福祉学博士）修了．
婦人画報社，関西福祉大学助教授などを経て，
現　在　武庫川女子大学文学部准教授
主　著　『国際医療福祉最前線』（分担執筆，勁草書房，1999）『コミュニティ・ソーシャルワークの基礎』（共著，トムソンラーニング，2002）ほか．

ソーシャルワーカーのための病院実習ガイドブック

2007年6月20日　第1版第1刷発行

編著者　村上須賀子
　　　　竹内一夫
　　　　横山豊治
　　　　前田美也子

監　修　NPO日本医療ソーシャルワーク研究会

発行者　井村寿人

発行所　株式会社　勁草書房
112-0005　東京都文京区水道2-1-1　振替　00150-2-175253
（編集）電話 03-3815-5277／FAX 03-3814-6968
（営業）電話 03-3814-6861／FAX 03-3814-6854
本文組版　プログレス・理想社・中永製本

©MURAKAMI Sugako, TAKEUCHI Kazuo,
　YOKOYAMA Toyoharu, MAEDA Miyako　2007

ISBN978-4-326-60200-1　Printed in Japan

JCLS　＜㈱日本著作出版権管理システム委託出版物＞
本書の無断複写は著作権法上での例外を除き禁じられています．
複写される場合は，そのつど事前に㈱日本著作出版権管理システム（電話03-3817-5670，FAX03-3815-8199）の許諾を得てください．

＊落丁本・乱丁本はお取替いたします．
http://www.keisoshobo.co.jp

R. ジャック著，小田兼三ほか訳	3,675円
施設ケア対コミュニティケア	60127-1

小田兼三，宮川数君編著	2,625円
社会福祉援助技術論	60183-7

相澤讓治，栗山直子編著	2,520円
家族福祉論	60149-3

相澤讓治，井村圭壯編著	2,520円
社会福祉の基本体系 第3版 【福祉の基本体系シリーズ①】	60154-7

井村圭壯，相澤讓治編著	2,835円
福祉制度改革の基本体系 【福祉の基本体系シリーズ②】	60144-8

井村圭壯，相澤讓治編著	2,520円
高齢者福祉の基本体系 【福祉の基本体系シリーズ③】	60170-7

井村圭壯，相澤讓治編著	2,520円
総合福祉の基本体系 【福祉の基本体系シリーズ④】	60191-2

井村圭壯，谷川和昭編著	2,520円
地域福祉の基本体系 【福祉の基本体系シリーズ⑤】	60193-6

井村圭壯，藤原正範編著	2,520円
日本社会福祉史 【福祉の基本体系シリーズ⑥】	60197-4

井村圭壯，谷川和昭編著	2,520円
社会福祉援助の基本体系 【福祉の基本体系シリーズ⑦】	60199-8

京極高宣，村上須賀子編著	2,100円
医療ソーシャルワーカー新時代	60187-5

―――――――――――――――――――――勁草書房刊

＊表示価格は2007年6月現在，消費税は含まれております。